하나님나라 복음에 입각하여
세계관적 접근을 바탕으로
총체적 기독교 신앙을 양육하는

하나님나라
제자훈련

인도자 지침서

[개정증보판]

하나님나라 제자훈련
인도자 지침서

초   판 1쇄 발행 2016년 09월 25일
초   판 3쇄 발행 2018년 11월 11일
개   정 판 3쇄 발행 2025년 02월 25일
개정증보판 1쇄 발행 2025년 05월 20일

지은이   이종필
펴낸이   김춘자
펴낸곳   목양북

등록 2024년 3월 22일 제 2024-047호
주소 경기도 용인시 처인구 양지면 학촌로53번길 19
전화 070-7561-5247 팩스 0505-009-9585
이메일 mokyang-book@hanmail.net

Copyright ⓒ 킹덤처치연구소 2025

ISBN 979-11-989353-9-7 (03230)

· 본 저작물은 신저작권법에 의하여 한국 내에서 보호받는 저작물이므로 무단전재와 복제를 엄격히 금합니다.
· 책값은 뒤표지에 있습니다.
· 잘못된 책은 교환하여 드립니다.

하나님나라 복음에 입각하여
세계관적 접근을 바탕으로
총체적 기독교 신앙을 양육하는

개정증보판

하나님나라
제자훈련
인도자 지침서

이종필 지음

킹덤처치연구소

차례

추천의 글 · 6
들어가는 글 · 11

1부
하나님나라 제자훈련 양육자를 위한 가이드 · 19

- 01   하나님나라 제자훈련의 배경과 필요성 · 20
- 02   교회의, 교회에 의한, 교회를 위한 하나님나라 제자훈련 · 21
- 03   하나님나라 제자훈련의 정의와 세 가지 전제 · 22
- 04   하나님나라 제자훈련의 내용 요약 · 25
- 05   효과적인 하나님나라 제자훈련을 위한 양육 지침 · 28
- 06   Q&A Chapter 1. 양육에 대해서 · 31
- 07   Q&A Chapter 2. 공동체에 대해서 · 37
- 08   Q&A Chapter 3. 목회자에 대해서 · 42

2부
하나님나라 제자훈련 워크북 해설 · 47

제1권 복음과 기독교 세계관

- 01   복음이란 무엇인가? · 49
- 02   기독교 신앙의 세계관적 접근 · 61
- 03   기독교 세계관의 유일성 · 75
- 04   기독교 세계관의 특징 · 87
- 05   기독교 세계관의 기본 내용 (1) 인간에 대하여 · 99
- 06   기독교 세계관의 기본 내용 (2) 세상역사에 대하여 · 111

제 2권 복음적 삶의 기초

- 01 그리스도인이 된다는 것의 의미 · 123
- 02 신앙과 삶의 일치 · 133
- 03 세상 속의 그리스도인 · 145
- 04 복음을 통한 공적 영역의 회복 · 157
- 05 하나님나라를 구하는 기도 · 169
- 06 복음을 증거하는 삶 · 181

제 3권 세상에 대한 유일한 이야기 : 성경

- 01 하나님의 말씀인 성경 · 193
- 02 창조와 타락 · 205
- 03 이스라엘을 통한 하나님의 구원 계획 · 215
- 04 예수 그리스도를 통한 구원 · 225
- 05 하나님나라의 도구, 교회 · 237
- 06 성령을 따라 살아가는 삶 · 249
- 07 하나님나라의 완성 · 257

부록

- 01 이단으로부터 자유한 건강한 교회 · 268
- 02 하나님나라 제자훈련 레포트 샘플 모음 · 275
- 03 테스트 문제 샘플 · 297
- 04 양육PPT 자료 다운로드 · 299

추천의 글

✲

개척의 불모지인 강남에 교회를 개척하여 오로지 말씀으로 건강하고 강력한 공동체를 세운 이종필 목사가 자신의 노하우를 『하나님나라 제자훈련』으로 정리했다는 소식을 듣고 감사하지 않을 수 없다. 하나님나라를 구현하는 아름다운 교회를 세우려는 그의 열정은 결국 가시적인 열매를 맺고 있고, 그 핵심적인 스피릿이 이 교재에 녹아 있다. 성경적인 동시에 상황적이며, 이론적인 동시에 실천적이며, 신학적인 동시에 교회적인 이 교재야말로 위기에 빠진 한국교회의 많은 성도들을 양육하기에 매우 적절하다. 그의 수고에 찬사를 보낸다.

김인중 목사 | 안산동산교회 원로목사

✲

'하나님나라'는 주님께서 전하신 복음의 핵심 내용입니다. 그래서 복음이 선포되는 곳에서는 '하나님나라'가 증언됩니다. 만약 그렇지 못하다면 그것은 복음에 대해 잘못 이해한 것입니다. 주님의 제자로 살아가는 사람들은 '하나님나라'를 증언해야 할 소명이 있습니다. 그 삶은 사람들이 부러워할 만한 것이 못될 수도 있습니다. 하지만 진정한 제자라면 포기할 수 없는 삶입니다. 이종필 목사님은 이 책에서 진정한 제자가 반드시 알아야 할 '하나님나라'의 원리와 실천에 대해 매우 정확하게 정리하고 있습니다. 단순히 성경 안의 기록이 아니라 우리의 삶과 문화 속에서 드러나야 할 '하나님나라'의 복음에 대해 분명하게 가르치고 있습니다. 이 책을 읽으시고 나누시는 분들에게 성령께서 감동을 주셔서 한국교회가 새롭게 증언해야 할 '하나님나라'의 일꾼들이 되실 수 있기를 간절히 바랍니다. 이런 귀한 책을 저술해 주신 이종필 목사님의 사역 위에도 귀한 은총이 있기를 기원합니다.

성석환 교수 | 장로회신학대학교 기독교와 문화 교수, 도시공동체연구소장

*

이종필 목사는 총신신대원을 다닐 때 교계 현실을 잘 모르는 다소 천진난만한 신학도였다. 그래서 그는 늘 환한 미소로 밝고 열정적인 모습으로 내 앞에 나타났다. 신학교를 졸업하고 현장 목회사역을 하면서, 그는 오늘날의 목회자들이 강조하는 '복음'이 정말 '복음'인지 고민하였고, 혼신의 힘을 다해 부흥을 이루려는 '교회'가 정말 '교회'인지 고민하면서 살아왔다. 그는 이제 그가 깨달은 복음과 교회를 이 책 속에 담아보았다. 『하나님나라 제자훈련』은 조지 프리드만이 말한 것처럼 '정말 취약한 시대(fragile time)'를 사는 오늘날의 젊은이들에게 복음을 전하고 양육하여 교회 공동체를 이루는 사역을 위한 저자의 실전 제자 훈련서이다. 단순히 복음을 제시하기 위함이 아니라, 말씀을 받는 자들의 현재의 삶을 스스로 이해하고, 그들의 고민과 질문을 받아들이면서 함께 걸어가고자 하는 의지를 담은 교재이다. 이 책을 통하여 한국교회의 제자도가 조금씩 터전을 쌓아가고, 함께 기독교 신앙을 전하고 훈련하는 많은 동역자들을 통해 오늘날 예수의 제자도가 더욱 성숙하고 풍성해지고 보완되기를 바라는 저자의 마음이 잘 드러나 있다.

김정우 교수 | 총신대학교 신학대학원 구약학 교수, 한국신학정보연구원장

✳

　아직까지 기본 신앙교육에서부터 하나님나라 신학에 입각한 성경의 세계관적 지향을 담아내는 교재가 없었다. 학문적 신학에서도 이 작업을 체계적으로 수행해 놓지 못한 상태에서 회중들의 현실을 하나님나라의 비전을 갖고 치열하게 대면해 온 목회자이며 말씀운동가인 저자가 용기 있게 돌파구를 열어주었다. 이에 치하하지 않을 수 없다. 저자는 말씀묵상과 정통적 교의를 아우르며 목양적 차원에서 하나님나라의 통전적 신앙을 제시할 수 있도록 돕고 있다. 『하나님나라 제자훈련』은 그리스도의 복음을 전하지만 하나님나라를 가르칠 줄 모르고 개인주의적 구원관과 사적 경건으로 일관하는 기이한 대중 복음주의를 제도적 비판이 아닌 목회와 신앙교육의 실질적 콘텐츠로 넘어서게 해주는 귀중한 무기이다. 본서의 구성과 의도를 진지하게 상고하며 대화할 때 내가 하고 싶은 말을 할 수 있게 해주는 효과적인 교재임을 경험하게 될 것이다.

오형국 목사 | 한국성서유니온선교회 광주지부 총무

✳

　암 환자가 다리 긁고 있는 형국입니다. 삶과 역사를 위한 유일한 대답을 무겁게 위임받은 교회가 당분간 무능함에서 벗어나기 어려워 보이는 이유입니다. 이 땅 교회가 성도들을 잃고 있는 이유는 하나님 사용자들을 양산하였기 때문입니다. 표방하는 단어들과 수식은 경건해 보이나 속살은 하나님 사용법입니다. 홍수에 소중한 가산이 쓸려가듯 우리 자녀들을 잃고 있는 이유도 동일합니다. 이들은 자신의 행복을 위한 하나님 사용법을 배우느라 하나님께 사용 받는 영광을 배우지 못합니다. 그리하여 하나님보다 나아보이는 공부와 관계, 돈과 행복의 도구들에 고민 없이 마음을 내어줍니다. 이종필목사의 『하나님나라

『제자훈련』은 이 치명적인 질병에 직면하고 가장 중대한 복음, 하나님나라의 세계관으로 우리를 세밀하고 확고하게 이끌어주는, '삶의 실천으로 써내려간' 역작입니다. 자신이 삶과 교회공동체의 사역으로 펼쳐가려 몸부림하는 것을 정리한 것이므로 신뢰를 실어 추천할 수 있습니다.

정갑신 목사 | 예수향남교회 담임목사

✳

오늘날의 기독교의 위기는 복음을 부분적으로 편식한 데에 기인한다고 본다. 이종필 목사는 이 부분을 정확히 짚고 향후 나아갈 방향을 제시해 주었다. 『하나님나라 제자훈련』은 하나님나라의 복음을 포괄적으로 살아낼 수 있도록 친절하게 안내하는 역할을 할 것으로 기대된다. 기독교 위기의 시기에 꼭 필요하고 필수적인 내용이라고 생각한다. 오늘의 하나님의 백성들이 온전한 복음을 회복하고 삶의 공적 영역에서 실천할 수 있도록 돕는 교재가 편찬된 것은 좋은 소식이다. 이 책을 통하여 온전한 복음을 회복하고 삶의 한복판에서 복음을 몸으로 살아내는 하나님의 백성들이 쏟아져 나올 때 한국교회의 회복이 가능할 수 있을 것이다. 지난 날의 한국교회의 역사에서 간과된 부분들을 짚어주고 미래를 위한 대안을 제시한다는 점에서 널리 읽히고 학습되기를 바라는 책이다.

장남혁 교수 | 서울장신대학교 선교신학 교수

✳

한국교회에서 시행되고 있는 많은 기독교 교육교재는 "성장"을 목표로 한다. "성장"은 영적 성장이란 이름으로 그리스도인 개인의 경건과 하나님과의 관계에 초점을 맞춰 진행

된다. 하지만 성경에서 "성장"의 의미는 무엇인가? 성경에서 그리스도인에게 요청되는 성장은 개인 성장이 목표가 아니라 개인 성장을 통한 하나님나라 회복을 목표로 하고 있다. 즉 개인이 목표가 아니라 공공에 초점이 맞춰 있는 것이다. 이런 면에서 이종필 목사의 『하나님나라 제자훈련』은 예수가 선포한 하나님나라의 의미를 체계적으로 분석함으로 개인보다는 "공공"에 초점을 맞추고 나 자신을 위한 신앙이 아닌 하나님나라 회복을 위한 신앙으로 훈련하기 위한 좋은 교재이다. 또한 성경공부 교재임에도 불구하고 최근의 하나님나라에 대한 연구들이 책 안에 잘 녹아들어 있다. 하나님나라에 대해 체계적으로 배우고 싶은 성도들과 교회에서 쉽지만 가볍지 않은 교재를 찾고 있는 교역자들에게 강력히 추천하는 바이다.

신성관 목사 | 『Simply Bible』, 『Simply Gospel』 저자

✷

이종필 목사는 세상의 길들 속에서 복음의 길을 내고 그 길로 사람들을 초청하고 인도하는 세르파 같은 사람이다. 또한 복음의 능력을 경험하고 복음의 일꾼으로 사는 것을 최상의 기쁨으로 아는 분이다. 이런 이 목사님이 하나님나라 제자를 만들기 위한 목적으로 책을 집필했다. 뜨거운 가슴을 가지고 수년간 제자 훈련 현장에서 가르치고 적용한 핵심 내용들이 들어 있다. 목사의 제자가 아니라 교회와 세상 속에서 전천후로 예수님을 따르는 제자로 만들고 그렇게 살고 싶다면 『하나님나라 제자훈련』을 실천하라. 반드시 참 열매를 맺는 것을 볼 것이다.

임재환 선교사 | Olive Ministry 공동대표

들어가는 글

『하나님나라 제자훈련 인도자 지침서』 개정판을 펴내며

맘몬내러티브 시대에 세계관적 목회를 위한 하나님나라 제자훈련

    사람들은 사회의 다양한 현상들을 관찰하여 다양한 신조어를 만들어낸다. 유사한 개념이 없었던 것은 아니지만, 최근 젊은 세대들의 마음에 가장 큰 영향을 미친 신조어는 '흙수저'다. 사람들의 입에 자신도 '흙수저'라는 자조적인 말이 오르내리는 것을 거의 매일 들을 수 있다. 이런 신조어를 경험할 수 있는 일들은 많다. 전에 우리 교회 성도들이 아주 허름한 차량을 타고 강남의 한 극장에 간 적이 있다. 영화가 끝나고 주차타워에서 차를 기다리는데, 비싼 외제차부터 차를 빼주는 바람에 영화를 보는 시간만큼 기다렸다. 이런 현실을 경험하면서 사람들은 자신이 '흙수저'가 아닐까 자조적으로 실감한다.

    '흙수저' 같은 류의 신조어들은 성도들의 마음 속에 어떤 일을 일으키는가? '나는 흙수저라 노력해도 잘 되기는 글렀구나. 이번 생에는 망했다(이생망)'라는 생각의 노예가 되게 하거나, 다른 하나는 '돈이 하나님보다 세다. 지금의 수입으로는 부족하다. 뭔가 한방에 인생 역전이 가능한 것들을 찾아야겠다'라는 생각에 사로잡히게 한다. 이런 식으로 맘몬내러티브는 기독교인들의 마음 속에도 깊이 자리 잡아 결국 하나님의 자리를 차지하고 개인의 삶을 파괴하며, 교회까지도 생명력을 잃게 만든다. 맘몬내러티브는 단순히 돈을 벌고 소비하는데 목숨을 바치게 만드는 것이 아니라, 우리 삶의 의미를 사라지게 만들어 많은 젊은이들이 삶의 목적을 잃고 정체성의 혼란에 빠져 정신적인 질병으로 고통을 당하게 만들고 있다.

이런 상황에서 목회자들은 어떤 사역을 해야 하는가? 성도들에게 성경적 세계관을 심어주는 세계관적 목회 사역을 해야 한다. 가나안 사람들은 바알신화에 담긴 욕망내러티브 안에 살았다. 바벨론 사람들은 마르둑 신화에 담긴 권력내러티브 안에 살았다. 그들의 세계관은 폭력과 억압의 삶의 방식을 만들어냈다. 하나님께서는 이런 세상에 살고 있는 이스라엘 백성에게 율법이 담긴 하나님 나라 이야기, 즉 성경을 주셨다. 아브라함부터 시작되는 하나님나라 이야기는 애굽과 가나안과 메소포타미아의 세계관을 깨트리는 메타내러티브였다. 우리의 목회사역은 맘몬내러티브에 잠식당한 성도들과 교회를 일깨우는 세계관적 목회여야 한다. 그 방법은 근본적인 질문들에 답하며, 세상의 지배적 내러티브들에 대항하는 킹덤내러티브(하나님께서 세상을 다스리심이 드러나는 메타내러티브)를 성경으로부터 구성하여 전하는 방식이다. 그렇게 세계관적 목회는 킹덤내러티브를 따라 살아가는 성도들을 만들어내고, 그들이 이룬 공동체가 세상의 대안이 되도록 하는 것이다.

근원적인 질문에 답하는 방식의 훈련으로서의 하나님나라 제자훈련

인간은 영적인 존재이기에 누구나 내면에 근원적인 질문을 가지고 있다. 이는 과학으로 설명할 수 있는 사실을 넘어선다. 근원적인 질문에 대한 답변은 메타내러티브로만 가능하다. 세상에 유일하게 신뢰할만한 메타내러티브는 성경이다. 우리는 성경을 통해 근원적인 질문에 답해야 한다. 마이클 고힌과 크레이그 바르톨로뮤는 성경이 유일한 참 이야기라고 강조한다(세계관은 이야기다, 39p). 하나님 나라 제자훈련 워크북 3권의 제목은 '세상에 대한 유일한 이야기 : 성경'이다.

철학자 요슈타인 가아더는 그의 책 『소피의 세계』에서 다음의 질문을 제시했다. '인간이란 무엇인가? 세계는 어디에서 생겨났는가? 우주에는 신이 존재하는가? 세계는 스스로 존립한다고 말할 수 있는가? 의식이란 무엇인가? 세계는 내가 감각을 통해 보는 것과 똑같다고 확신할 수 있는가? 올바른 삶이란 무엇인가? 죽은 뒤에도 삶이 존재할까?' 리처드 미들턴과 브라이언 왈시는 『포스트모던 시대의 기독교 세계관』에서 좀 더 핵심적으로 네 가지 근본적인 세계관적 질문을 제시한다. '우리는 어디에 있는가? 우리는 누구인가? 무엇이 잘못되었나? 어떻게 해결할 것인가?' 인간은 이러한 근원적인 질문에 대해 답을 찾아야 한다. 그러기 위해서는 답을 제시하는 좀 더 큰 이야기, 메타내러티브가 필요하다. 세계관적 목회를 하려면 세상에 대한 유일한 이야기인 성경을 메타내러티브로, 즉 킹덤내러티브로 제시하는 사역적 혁신을 이뤄야 한다.

한 가지 주목할 것이 있다. 장 리오타르, 자끄 데리다, 미셸 푸코로 대표되는 포스트모던 철학자들은 20세기의 차별과 폭력 등의 세상의 문제가 기존의 메타내러티브(대표적인 것이 성경)에서 발생한다고 보았다. 그들은 유럽에서 성경을 기초로 한 메타내러티브를 파괴하려는 자신들의 프로젝트를 완성시켰다. 유럽 사회로부터 우리나라까지 절대적인 권위를 가진 메타내러티브는 파괴되었다. 그 결과는 무엇인가? 긍정적인 면이 전혀 없다고 할 수는 없으나, 포스트모던 프로젝트는 사회를 혼란에 빠트렸다. 우선 우리 마음 속에 있는 근원적인 질문에 대해 답을 찾을 수 없게 되었다. 우리의 삶의 기반, 정체성이 파괴하는 결과를 초래했다. 구더기를 잡으려고 초가삼간을 태운 격이다. 나아가 세상을 해석하는 메타내러티브를 필요로 하는 인간의 본질적인 필요에 따라 사람들은 저마다의 메타내러티브를 만들고 그 노예가 되어 살아가고 있다. 하나님나라 제자훈련은 근원적인 질문을 다루며, 성경의 한 구절이 아니라 성경 전체 이야기를 통해 인생의 답을 찾아가는 방식의 훈련이다.

세상의 지배적 내러티브를 킹덤내러티브로 대체하는 하나님나라 제자훈련

성경은 진리의 계시로서 모든 근원적인 질문에 가장 확실한 답을 제시한다. 포스트모던 사회를 살아가는 이들에게는 근원적인 질문에 답하는 메타내러티브로서의 성경을 받아들이는 데 두 가지의 문제가 있다. 하나는 성경이 근원적인 질문에 답하는 유일한 진리인가에 대해 동의하기 어렵다는 것이고, 다른 하나는 근원적인 질문에 대한 답을 찾도록 하나의 큰 이야기로 성경을 읽는 방법에 익숙하지 않다는 것이다. 따라서 목회자들은 왜 성경만이 진리인지에 대해 이 시대의 질문에 답변하면서 철저히 변증해야 한다. 그리고 교리 교육을 넘어 성경 전체를 큰 이야기로 읽을 수 있는 새로운 양육방법을 발전시켜야 한다. 결국 포스트모던 시대에 세계관적 목회의 핵심은 변증과 이야기사역이다.

크리스토퍼 라이트는 "구약 성경이 말하는 이야기는 결국 만물과 시간과 인류를 모두 다 품는 궁극적이고 우주적인 이야기다 … 구약의 본문을 읽을 때 우리는 메타내러티브, 즉 거대한 이야기를 받아들이라는 권유를 받는다"고 말했다. (하나님의 선교, 54-55p) 성경을 유일한 메타내러티브로 받아들이도록 권유하고, 인생과 세상을 해석하는 유일한 이야기로 읽도록 돕는 사역이 필요하다. 그렇지 않으면, 성도들이 단순히 종교적 규칙을 지키는 이들로 전락하게 된다. 현대교회의 모습을 보라. 예배와 성경읽기와 기도는 있지만, 왠지 세상을 닮아 있는 것 같은 느낌을 지울 수 없다. 교회 안에서 주일 성수와 십일조 등을 율법적으로 지키는 이들은 있지만(이제는 그런 성도들조차 많이 없어지고 있다), 하나님의 부르심을 따라 살아가는 이들은 적다. 하나님 나라 제자훈련을 통해 변증과 이야기사역에 초점을 맞춘 세계관적 목회는 새로운 대안이 될 수 있다.

성경은 창조와 하나님 나라에 대한 반역을 통해 나타난 인류의 문제, 그 문제를 해결하기 위해 오신 예수님을 통한 하나님 나라의 성취를 넘어 세상의 끝까지 완벽한 이야기를 제시한다. 구약은 하나님의 통치 속에 온 인류가 회복되는 하나님 나라를 그리고 있으며, 결국 신약은 예수님께서 그 나라를 성취하시기 위해 오셨고, 사도들은 십자가에 죽으시고 부활하신 예수님을 복음으로 제시하며 교회를 통해서 하나님 나라를 구현하며, 세상의 끝까지 세상을 회복하는 하나님의 통치의 복음을 따라 살아가도록 가르치고 있다. 목회자는 성경이야기를 킹덤내러티브로 전달하여 그리스도인이 성경을 통해 근원적인 질문에 답을 제시하여 참된 진리 안에서 하나님의 통치에 순종하며 살아가도록 도와야 한다.

『하나님나라 제자훈련』의 모든 내용은 필자의 창작물이 아니다. 필자가 성장하며 20세기 후반과 21세기 초반에 교회와 신학교에서 배운 내용들, 그리고 직접 목회를 하며 비교적 젊은 세대들과의 시간 속에서 배웠던 실질적인 가르침들에 근거하고 있다. 필자의 역할은 시대의 변화에 맞추어 새로운 접근법을 적용하고, 예전에 다루지 않았던 새로운 문제들을 추가하여 편집하는 것이었다. 지난 1999년 처음 이런 교재를 기획했고, 오랜 집필과 양육임상의 과정을 거쳐 2016년에 완성된 형태로 교재가 나왔다. 처음에는 워크북과 인도자 지침서를 겸한 형태로 나와서 많은 관심을 받았고, 워크북과 인도자 지침서가 분리되어 다시 나왔다. 이제 양육 현장의 목소리를 담아 Q&A를 추가하고, 수정판 워크북에 맞춰 인도자 지침서를 새롭게 출간하게 되니 참 감사하다. 이 지침서로 좀 더 효과적으로 하나님 나라 제자훈련이 진행되는 데 큰 도움이 되길 바란다. 필자가 개척한 교회도 비교적 건강한 교회로 성장해 가고 있으며, 많은 동역자들이 영혼들을 양육하며 교회를 세워가고 있으니 그 동안의 수고는 해산의 기쁨으로 바뀌게 되었다. 특히 킹덤처치연구소 앱을 활용하는 동역자들이 1500명, 킹덤처치세미나를 수료한 동역자들이 1000명에 육박하고, 킹덤처치 양육과정을 적극적으로 도입한 교회들이 200여 교회에 달하는 등 새로운 제자훈련의 바람이 일어나 참 감사하다. 한국교회의 미래를 위해 널리 쓰임 받는다면 더 바랄 것이 없겠다.

2025년 5월

이종필 목사 | 칼빈대학교, 세상의빛교회, 킹덤처치연구소

1부

하나님나라 제자훈련 양육자를 위한 가이드

01 하나님나라 제자훈련의 배경과 필요성

2005년 말 다양한 배경과 경험을 가진 소수의 청년들이 모였다. 거기에 몇 명이 전도되어 공동체가 형성되었다. 2006년 3월 설립예배. 같이 예배하고 모여서 교제하면 마음과 뜻이 하나되는 새로운 교회가 될 줄 알았다. 그렇게 어설프게 세상의빛교회가 강남에서 시작되었다. 2000년 전후로 청년사역을 하면서 당시의 20-40대 젊은 층이 교회의 다양한 윤리적 문제들로 떠나는 것을 보았고, 사회의 엘리트가 될수록 신앙에 대한 의심과 회의를 해결하지 못하고 신앙에 대해 고민하는 것을 보았기에 그런 문제가 없는 건강한 교회를 세우고자 하는 마음으로 교회를 개척했다. 하지만 같이 예배를 드리고 교제를 많이 나눠도 건강한 공동체와는 거리가 멀어졌다. 공동체 안에 벽이 있었고, 새가족이 오면 이전에 왔던 헌가족(?)이 나가는 현상이 2년 정도 반복되었다. 왜 그럴까 정말 고민되었다. 울면서 기도하고, 치밀하게 분석했다. 교회가 건강하게 세워지기 위해 극복해야 할 요소들이 보이기 시작했다.

우선 같이 예배를 드리고 있지만 각자 복음에 대한 생각, 교회에 대한 이상이 서로 다르다는 것을 알게 되었다. 교회에 대한 상처와 목회자에 대한 부정적인 경험도 있었으며, 기독교 신앙에 대한 회의도 우리 앞에 버티고 있었다. 이런 문제들을 해결하면서 신앙적 확신을 주고 동시에 공동체가 나아가야 할 방향을 정교하게 제시하는 훈련의 시간이 필요하다는 것을 절감했다. 이런 과정에서 하나님나라 제자훈련의 내용은 구체화되기 시작했다. 예전에 출간된 교재들은 빠른 사회변화의 파도에 유효기간이 다해가고 있었다. 기성세대로 접어드는 세대들에게 꼭 필요한 내용들을 담기 위해 다양한 연구와 실험을 진행했다. 그렇게 교재를 만들고 내용을 수정하고 실제로 양육해 보면서 성도들의 변화와 공동체의 변화를 관찰했다. 그리고 더 나은 구성과 양육 방법론들을 구체화해 나가기 시작했다. 그렇게 하나님나라 제자훈련은 2016년에 출간되었다. 이제 많은 목회자들의 의견을 반영하여 처음 교재를 보완하여 인도자 지침서와 학습자용 워크북으로 완전히 분리하여 교회를 위한 좀 더 실용적인 교재가 나오게 되었으니 너무나 감사하다.

02 교회의, 교회에 의한, 교회를 위한 하나님나라 제자훈련

지하예배당에서 청년 15명 정도와 함께 시작한 세상의빛교회는 2년 정도의 방황기를 거쳐 양적으로나 질적으로나 성장하기 시작했다. 물론 대형교회를 생각한다면 정말 작은 교회에 불과하다. 하지만 서울 강남 도심 한복판에서 포스트모던의 물결과 교회에 대한 회의를 뚫고 20-50대 한국교회 허리층이 주를 이루는 열정적인 공동체가 탄생했다는 것에 의미를 둔다면 세상의빛교회의 부흥은 큰 의미가 있다. 세상의빛교회는 하나님나라 제자훈련을 수료한 이들을 중심으로 교회의 멤버십을 구성하고, 2008년 이후 본격적으로 하나되어 성장하기 시작했다. 성도들은 하나님나라 제자훈련을 통해 온 세상을 회복하는 복음에 대한 확신을 갖게 되었다. 성도들의 삶에 회복이 일어났다. 나쁜 습관들과 부정적인 생각들이 사라지고, 하나님의 뜻을 물으며 결정하고 살아가는 하나님나라의 삶이 시작되었다. 신앙에 대한 확신은 평화와 기쁨이 넘치는 삶을 선물했고, 새로운 삶을 경험한 성도들이 주님 나라를 위해 헌신하기 시작했다. 제자훈련을 통해 기독교 신앙이 무엇인지 처음 알게 되었다는 성도들의 고백이 줄을 이었다. 뿌연 안경을 쓰고 살다가 이제야 선명한 안경을 쓰고 살아가는 것 같은 느낌이 든다는 고백도 있었다. 숫자적으로도 성장하여 250명 성도들이 출석하는 교회가 되었다. 수십 명이 매 년 여러 나라로 단기선교를 떠나고, 한 달에 두 번 소외된 이웃들을 위한 봉사에 거의 전 성도들이 참여하고 있다. 모든 성도들이 예배 후 소그룹으로 모여 삶을 나누며, 하나님의 통치를 따르는 삶을 결단하는 공동체가 되었다. 그보다 더욱 중요한 것은 기독교신앙에 대한 의심이 사라졌고, 성도들간의 갈등이 현저하게 줄어들었고, 불화에 고통당하던 많은 가정들이 회복되고, 성도들이 행복한 삶을 고백하며, 직분 등으로 서로를 시기하는 모습에서 벗어나 서로를 사랑하며 하나님나라의 비전으로 똘똘 뭉친 공동체가 되었다.

화려함과 사치의 극치를 보여주는 강남에서 여전히 초라한 지하예배당을 고수하고 있지만, 새가족들은 공동체에서 뭔가 다름을 느낀다고 입을 모은다. 그렇게 하나님나라 제자훈련은 세상의빛교회를 휘감고, 성도들의 삶을 통과하여 빛을 보게 되었다. 숫자를 추구하고 빠른 외적 성장을 추구한다면 하나님나라 제자훈련은 답이 아닐 수도 있다. 하지만 견실한 공동체, 하나님나라를 지향하는 건강한 교회로 성장하는 것을 목표로 한다면 권하고 싶다. 하나님나라 제자훈련은 교회 현장에서 변화를 만들어냈다. 하나님과 성경과 교회에 대한 의구심을 거둬내고, 개인주의적 생활패턴으로 살아가던 이들이 회심하여 하나님나라를 위해 헌신하도록 인도하는 역할을 감당했다. 하나님나라 제자훈련은 교회의 제자훈련이며, 교회에 의해 나온 제자훈련이며, 교회를 위한 제자훈련이다.

03 하나님나라 제자훈련의 정의와 세 가지 전제

하나님나라 제자훈련은 한국교회 성경적 제자훈련의 전통을 계승하는 동시에 포스트모던 시대에 맞는 새로운 방식의 제자훈련이라 말할 수 있다. 역사적으로 교회는 그 시대의 질문에 답변하며 기독교 신앙을 변증했다. 성령의 인도하심을 따르는 선배들의 부단한 헌신 속에, 교회는 때로 실패하는 듯 보였지만 복음은 늘 승리했다. 우리 한국교회에도 급변하는 이 시대에 제자훈련의 전통을 계승하면서, 동시에 새로운 방식으로 기독교 신앙을 변증하고 새롭게 떠오르는 신앙에 대한 질문들에 답해야 하는 상황에 왔다. 배타적 진리체계인 기독교 신앙이 포스트모던 시대에 좀 더 강한 도전과 비판을 받고 있다. 교회가 윤리적 문제들로 인해 교회 공동체 안에서도 교회에 대한 회의가 나타나고 있다. 내세적이고 기복적인 신앙적 가르침에 실망하는 성도들은 교회의 공적 책임에 관심을 갖기 시작했다. 새로운 방식의 양육교재가 절실한 상황이다. 하나님나라 제자훈련은 이런 배경에서 제자를 양육하여 건강한 교회를 세우는 데 가장 적합한 내용으로 구성되어 있다. 하나님나라 제자훈련은 크게 세 가지 전제를 기초로 한다.

1) 하나님나라 관점으로

하나님나라 관점이란 성경을 이해하는 핵심적인 개념을 예수께서 선포하신 하나님나라로 보는 것이다. 하나님나라는 하나님의 통치를 벗어나 온갖 죄의 결과로 신음하는 세상을 구원하시기 위해 하나님께서 선지자들을 통해 세상에 약속하신 구원의 실체다. 하나님나라는 언약의 방식으로 이스라엘의 역사를 통해 계시되었고, 죽으시고 부활하신 예수 그리스도를 통해 성취되어 교회를 통해 이 땅에 확장되며, 예수 그리스도의 최종 재림 때에 완성될 것이다. 하나님나라 관점으로 복음을 이해하면 십자가에 죽으시고 부활하신 예수의 구원을 현세와 내세에 걸쳐 포괄적으로 이해할 수 있고, 하나님나라가 예수 그리스도를 통해 타락한 창조세계에 임할 것이라는 확신 속에서 사명을 가지고 살아갈 수 있다.

2) 세계관적 접근을 바탕으로

세계관적 접근을 바탕으로 제자훈련을 한다는 것은 기독교 신앙을 세상 전체와 관련시켜 설명하고 세상 전체를 새롭게 바라보고 변화시키겠다는 것이다. 교회 안에 깊이 뿌리 내린 '예수님을 믿고 죄를 사함 받아서 사후에 천국에 간다'는 식의 복음 진술은 간단 명료하고 많은 이들에게 내세에 소망을 주었지만, 지금 살고 있는 세상과 신앙의 관계를 깊이

고려하지 못하게 한 것이 사실이다. 하나님나라의 도구로서의 교회의 역할을 잘 설명하지 못했다. 기독교 신앙을 세계관적으로 접근한다는 것은 성경 전체가 말하는 복음의 신념체계를 세상의 모든 영역과 연결시켜 우리의 세계관을 바꾸는 방식으로 설명한다는 것이다. 복음은 예수님을 통해 하나님나라가 세상에 임한다는 소식이며, 장차 예수 그리스도의 재림으로 완성된다는 소식이다. 따라서 복음은 지금 이 세상 전체에 변화를 가져온다. 이스라엘 백성에게 율법이 자신을 비롯한 인간과 땅과 소유와 자연 만물을 바라보는 시각을 바꾸는 역할을 한 것처럼, 세계관적으로 접근하여 설명되는 기독교 신앙은 새로운 세계관을 형성하여 자본주의 세계관으로 물든 세상에서 기독교인이 어떻게 살아야 할지를 잘 설명해 준다.

3) 총체적 기독교 신앙을 양육하는

기독교 신앙은 진리다. 하지만 우리가 신앙을 이해하는 방식은 우리 내면의 사고방식에 영향을 받는다. 총체적인 복음 이해를 위해 세 가지가 고려되어야 한다. 첫째, 현세와 내세이다. 한국인들에게는 거대하게 동양의 유교와 불교의 사고방식이 자리 잡고 있다. 한국교회는 하나님나라(천국)를 주로 내세적으로 이해해 왔다. 불교적 사고에서는 현세에 하나님나라가 올 수 없기 때문이다. 현세와 내세를 아우르는 총체적 복음이 필요하다. 둘째, 은혜와 행위다. 한국교회는 오직 은혜를 강조하는 종교개혁 전통에 서 있다. 그러나 은혜에 치우쳐 행위를 이단시하면 편협해진다. 행위를 구원의 수단으로 가르치면 성경에서 벗어나지만 하나님의 은혜는 우리의 삶(행위)을 변화시킨다. 은혜와 행위가 이분법적으로 구분되지 않는 총체적 사고가 필요하다. 셋째, 교회와 세상이다. 교회와 세상을 이분법적으로 가르치지 말고, 교회 안에서나 교회 밖에서나 하나님의 정의와 공의의 통치가 임하도록 복음을 이해하고 양육해야 한다. 현세와 내세, 행위와 은혜, 세상과 교회에 대해 총체적으로 이해하는 총체적 신앙을 양육하면 교회가 더 건강해 질 수 있다. 총체적 기독교 신앙을 양육하는 훈련과정은 교회를 더 건강하게 하여 세상을 회복하는 데 기여할 것이며, 교회의 생명력을 회복하여 부흥의 길로 나아가게 할 것이다.

04 하나님나라 제자훈련의 내용 요약

하나님나라 제자훈련 교재는 인도자 지침서 한 권과 학생용 워크북 세 권으로 구성되어 있다. 인도자 지침서는 1부, 2부, 부록으로 구성되어 있다. 1부에서는 양육에 대한 전체 개요를 담았으며, 처음 진행하는 분들이 궁금해하시는 부분인 양육, 공동체, 목회자의 성장에 대한 Q&A와 전체 개요를 담았다. 2부에서는 자세한 각 과의 목적으로 시작하여 내용에 대한 자세한 설명이 소개되어 있다.

본 책의 부록에는 학생용 워크북에는 없는 이단에 대한 내용이 나온다. 19주차까지 마치고 20주차 모임에서 인도자 지침서에 나오는 내용으로 강의를 준비하여 진행한다. 강의와 더불어 훈련생들이 주위에서 흔히 접할 수 있는 이단들을 미리 간단히 조사하도록 하여 스스로 발표하는 시간을 갖도록 한다. 주위에서 기승을 부리는 이단들은 꼭 다루는 것이 좋다. 특히 신천지와 하나님의 교회, 구원파는 꼭 다뤄야 할 것이다. 이렇게 하면 총 20과를 진행하는 셈이다. 또 양육에 필요한 테스트문제와 레포트 샘플을 담았다. 양육에 대한 PPT자료 다운로드 받는 방법도 소개되어 있다.

1) 1권 - 복음과 기독교 세계관(6과)

새로운 시대에 맞게 새로운 방식으로 복음을 설명하고 기독교 신앙을 변증한다. 나아가 기독교 신앙을 세계관으로 접근하여 기독교 신앙이 얼마나 위대한 진리이며, 인간과 세상을 설명하는 가장 완벽한 계시인지 논증하여 성도들에게 신앙의 확신을 준다. 기독교 신앙과 성경에 대하여 지성적인 공격이 심각해진 상황에서 기독교 신앙에 대해 지성적 근거를 마련해 주는 것은 흔들리지 않는 신앙의 근거가 된다. 배타적 진리체계가 신앙 외부에 있는 이들에게 지속적으로 박해와 비난을 받게 되는 것은 당연한 일이다. 중요한 것은 성령의 역사로 예수를 믿게 된 이들에게 믿음의 근거를 마련해 주는 일이다.

  1과 복음이란 무엇인가
  2과 기독교 신앙의 세계관적 접근
  3과 기독교 세계관의 유일성
  4과 기독교 세계관의 특징
  5과 기독교 세계관의 기본 내용(1) - 인간에 대하여
  6과 기독교 세계관의 기본 내용(2) - 세상 역사에 대하여

2) 2권 - 복음적 삶의 기초(6과)

　기독교신앙과 복음에 대한 분명한 확신이 생겼다면 우리는 그리스도인으로 살아가는 일에 대해 고민해야 한다. 세상이 정교한 눈으로 교회와 기독교인들의 삶을 주시하고 있다. 2권에서 다루는 문제는 다음과 같다. 언약에 기초해서 그리스도인을 정의하고, 너무나 중요한 문제인 신앙과 삶의 일치를 다룬다. 교회가 세상에서 어떤 역할을 감당해야 하며, 교회의 성도들은 자신들의 분야에서 어떤 역할을 하는 것이 하나님의 뜻인지를 살펴본다. 그리스도인은 세상 속에서 세상의 방식을 거부하고, 복음을 통해 가정과 교회를 넘어서 세상 모든 영역이 하나님나라로 회복되도록 공적 역할을 감당하는 방식에 대해 배우고 하나님나라를 구하는 기도와 복음을 전하는 삶을 살아갈 수 있는 길을 훈련한다.

1과 그리스도인이 된다는 것의 의미

2과 신앙과 삶의 일치

3과 세상 속의 그리스도인

4과 복음을 통한 공적 영역의 회복

5과 하나님나라를 구하는 기도

6과 복음을 증거하는 삶

3) 3권 - 세상에 대한 유일한 이야기 : 성경(7과)

기독교 신앙은 성경에 근거한다. 기독교 세계관을 장착하고 세상을 살아가기 위해 가장 좋은 방법은 성경을 세상에 대한 유일한 이야기로 이해하는 것이다. 성경은 창조부터 세상의 끝까지 예수님의 구원을 중심으로 한 거대하고 유일한 이야기다. 따라서 3권은 성경의 권위와 가치에 대한 다양한 도전들에 대응하여 성경이 하나님의 말씀임을 분명히 논증하고, 창조와 타락 - 이스라엘 - 예수님의 구원 - 교회 - 성령 - 완성의 순서로 성경 전체의 내용을 성경 이야기의 순서대로 배운다. 기독교 세계관으로 세상을 살아가기 위한 틀을 형성하게 될 것이다.

1과 하나님의 말씀인 성경

2과 창조와 타락

3과 이스라엘을 통한 하나님의 구원 계획

4과 예수 그리스도를 통한 구원

5과 하나님나라의 도구, 교회

6과 성령을 따라 살아가는 삶

7과 하나님나라의 완성

05 효과적인 하나님나라 제자훈련을 위한 양육 지침

1) 적절한 질문을 통해 성도들의 생각을 파악하고 강의를 진행하라

진행에 관한 기본적 내용은 교재에 나와 있으며, 일반적으로 제자훈련은 한 번 모임에 1시간 반에서 두 시간 정도가 필요하다. 각 과를 시작하면서 교재에 나오는 질문과 답변을 통해 훈련생들이 가지고 있는 생각과 경험을 파악하고, 교재의 본론 내용을 앞에 했던 대화에 비추어 설명하면 더욱 효과적이다. 하나님나라 제자훈련에서 중요한 것은 기독교 신앙의 기본 내용을 주입하고, 세계관의 틀을 형성하는 것이다. 중간 부분의 목회자의 강의가 잘 준비되어야 한다.

각 장을 다루기 위해 최소 1시간 30분 이상이 필요하다. 말씀묵상과 찬양(10분) / 각 장의 포인트를 설명하고 대화하는 시간(10분) / 깊이 들어가기 내용에 대한 인도자의 강의 및 설명(50분) / 적용 및 토론(20분)으로 진행하는 것이 적당하다. 모임의 성격에 따라 적절히 조절하기를 추천한다. 각 과 중간 중간에 간단한 질문이 세 개 정도 나온다. 간단히 정리하며 다음 내용으로 넘어가도록 한다. 워크북에 인도자 Question이 나오는데 각 과의 내용과 교회의 목회적 정황에 맞는 질문을 만들어서 나누면 적용에 더욱 효과적이다.

2) 보고서를 통해 훈련생들과 소통하라

매 주 만나서 훈련을 진행하는 동안에 교재의 내용에 집중한다면 인도하는 목회자와 성도들의 소통은 보고서를 통해서 한다.
- 워크북 1권과 더불어 내는 보고서는 『믿고 싶지만 믿어지지 않는 이에게』(이종필, 아르카)를 읽고 자신의 신앙 여정을 고백하는 보고서다. 이를 통해 목회자는 성도들의 삶의 여정을 이해하고 어떻게 복음으로 도움을 줄 수 있을지 알게 된다.

- 워크북 2권과 더불어 내는 보고서는 『훈련』(이종필, 목양)을 읽고 자신의 환경과 상처와 경험들을 통해 형성된 다양한 영적 문제와 직면하고 자신이 훈련되어야 할 부분에 대해 영적 고백을 기록한다.
- 워크북 3권과 더불어 내는 보고서는 『비전, 위대한 인생의 시작』(이종필, 목양)을 읽고 하나님나라의 비전을 바라보며 살았던 여호수아를 통해 자신들의 미래를 믿음으로 그려보는 것이다.

성도들은 의외로 보고서를 통해 자신의 이야기를 솔직히 털어 놓는다. 양육하는 목회자는 보고서를 통해 만남보다 더 진실한 소통을 할 수 있다. 이러한 소통은 제자훈련을 마친 이후 신앙적으로 성장하고 동역할 때 큰 유익이 된다. 성도들과의 진실한 소통을 통해 양육자는 설교와 상담 등 모든 사역에 있어 방향 설정에 유익을 얻게 될 것이다.

보고서 제목	기한	읽고 요약할 책	내용
나의 신앙 여정	제1권 복음과 기독교 세계관 4과가 끝나기 전에	『믿고 싶지만 믿어지지 않는 이에게』 아르카, 이종필 지음	자신이 어떻게 그리스도인이 되게 되었는지 혹은 지금까지 그리스도인으로 살아왔는지 정리합니다. 자신의 과거를 요약하며, 어떠한 신앙적 배경이 있고, 어떻게 하나님을 만났으며, 교회 생활의 변동은 어땠는지, 아직도 기독교에 대한 확신이 없다면 이유는 무엇인지 기록해 봅니다. (책 요약 A4 2장, 자신에게 적용 2장)
나에게 필요한 훈련	제2권 복음적 삶의 기초 4과가 끝나기 전에	『훈련』 목양, 이종필 지음	책을 읽고 기독교 신앙에 훈련이 왜 필요한지 정리합니다. 책이 다루는 11가지 주제들 각각에 대하여 자신의 삶에 적용하고, 하나님나라를 누리는 삶을 위해 자신에게 어떤 훈련이 필요한지 두 가지 주제를 선택하여 적용해 봅니다. (책 요약 A4 2장, 자신에게 적용 2장)
나의 미래 계획서	제3권 세상에 대한 유일한 이야기: 성경 4과가 끝나기 전에	『비전 위대한 인생의 시작』 목양, 이종필 지음	책을 읽고 요약합니다. 그리고 복음이 자신의 삶에 어떻게 적용되며, 어떤 부르심이 있는지 훈련 기간 동안 생각한 내용을 기록합니다. 나아가 그 부르심을 위해 어떻게 살아가야 할지 구체적으로 계획을 세워 봅니다. (책 요약 A4 2장, 자신에게 적용 2장)

(보고서 샘플은 인도자 지침서 부록에 제공)

3) 훈련생들 서로 간의 소통을 위한 시간을 가지라

하나님나라 제자훈련은 그룹을 지어 진행하는 것이 좋다. 부득이하게 일대일이나 대그룹으로 진행해야 할 때도 있을 것이다. 하지만 소그룹으로 진행하는 제자훈련은 건강한 교회를 위한 기독교 세계관을 형성하는 동시에, 건강한 교회를 위한 공동체를 형성하는데 큰 도움이 된다. 성도들은 서로의 이야기를 듣고, 만나서 교제하면서 신앙의 동역자를 얻는다. 시간을 내서 특별한 교제의 시간을 갖는다면 더욱 좋을 것이다.

4) 가능하다면 시험을 통해 배운 것을 익히도록 하라

하나님나라 제자훈련은 하나님나라 복음에 입각하여 세계관적 접근을 바탕으로 총체적 기독교 신앙을 양육한다. 한국교회 성도들에게 생소한 내용이 많다. 필자는 교회에서 중간과 마지막에 간단하게 문제를 주고, 책에서 답을 찾아 외우도록 했다. 중요한 내용을 꼭 공유하기 위해서이다. 시험을 통과 못한 훈련생은 없었다. 물론 은혜(?)가 필요한 경우도 있다. 시험은 확실히 좋은 효과가 있었다. 교회 상황이 허락한다면 시도해 보는 것이 좋을 것이다. 시험 문제 샘플은 인도자 지침서 부록에 있다.

5) 참고도서를 통해 풍성히 준비하라

이 교재를 통해 기독교 신앙을 가르치려면 다음과 같은 책을 먼저 읽는 것을 추천한다. 이 교재의 내용은 이 책들뿐만 아니라 많은 선배들의 책들에 전적으로 의존하고 있으며, 교재라는 특성상 각주를 달지 않았음을 밝힌다.

(1) 성경은 드라마다 (마이클 고힌/크레이그 바르톨로뮤, IVP)

(2) 세계관은 이야기다 (마이클 고힌/크레이그 바르톨로뮤, IVP)

(3) 세상 속의 그리스도인 (자크 엘룰, 대장간)

(4) 니고데모의 안경 (신국원, IVP)

(5) 복음이란 무엇인가 (김세윤, 두란노)

(6) 나는 왜 그리스도인이 되었는가 (존 스토트, IVP)

(7) 하나님나라 관점으로 구약관통/신약관통 (이종필, 넥서스크로스)

06 Q&A Chapter 1. 양육에 대해서

Q : 교회에서 제자훈련과 성경교육(성경관통)을 어떻게 운영하나요?

세상의빛교회에서는 제자훈련과 성경관통을 체계적으로 운영하여 성도들이 신앙을 배우는 데 그치지 않고, 삶 속에서 실제로 실천할 수 있도록 돕고 있습니다. 특히 하나님 나라 관점으로 일관되게 기독교 신앙과 성경전체를 가르쳐 세계관이 형성되며, 하나님 나라를 구현하는 킹덤처치의 비전에 성도들이 하나됩니다.

1. 제자훈련 (19주 과정)

새가족의 필요에 따라 기간과 시간을 정하여 훈련생 신청을 받습니다. 현재 세상의빛 교회에서는 매년 10월부터 2월까지 매주 주일 저녁에 진행합니다. (다양한 교회에서 성도들의 상황에 따라 다양한 시간 대에 동시에 여러 개의 반을 운영하기도 합니다.) 훈련생들은 교재 내용 뿐 아니라 서로 교제하며 공동체를 이뤄갑니다. 목회자의 목회 비전을 이해하며 공감하며 동역자로 성장해 갑니다. 함께 배우고 나누는 시간을 통해 신앙이 더욱 단단해지는 경험을 하게 됩니다.

2. 성경통독 (12주 과정 혹은 12시간 집중강의 및 통독)

매년 초반에 진행되는 성경통독 강의는 성경 전체를 한눈에 조망할 수 있도록 돕는 집중 강의입니다. 두 차례에 걸쳐 총 12시간 동안 진행되며, 성경을 처음부터 끝까지 모두 읽기보다는 핵심적인 구절을 읽고 하나님나라 관점을 이해할 수 있도록 구성되어 있습니다. (12주 과정으로도 진행됩니다.)

3. 성경개관 (15주 과정)

성경개관 과정은 성경통독, 제자훈련과 별도로 운영되며, 15주 동안 교재(원리편, 구약편, 신약편)를 따라 성경 전체를 8구분으로 나누어 하나님나라 원리로 조망하며 개관합니다.

이러한 과정을 통해 하나님나라 백성으로서의 정체성을 갖고 기독교적 세계관을 형성하도록 돕고자 합니다.

> "킹덤 양육과정은 제자훈련, 성경통독, 성경개관 프로그램을 유기적으로 구성하여 성도들에게 하나님 나라 관점을 지속적으로 심어주어 복음을 믿고 살아가게 합니다."

Q : 양육과정을 다 마무리한 분들이 반복적으로 다시 듣게 하시나요?

제자훈련은 단순한 교육 과정이 아니라, 교회 문화 자체를 변화시키는 것을 목표로 합니다. 반복적인 훈련을 통해 성경적 세계관이 성도들의 삶 속에 깊이 자리 잡도록 합니다. 이를 통해 성도들은 신앙을 삶에 적용하며, 공동체 내 섬김을 넘어 모든 성도들이 아웃리치(선교 및 이웃봉사)로 자연스럽게 연결될 수 있도록 합니다. 즉, 하나님 나라가 구현되는 공동체의 문화를 형성합니다. 거의 대부분의 성도들이 소그룹을 통해 공동체에 소속되며, 반 이상의 성도들이 단기선교와 로스트사역(이웃들을 돕는 사역)에 동참하여 이웃을 사랑하는 삶을 살아갑니다.

1. 제자훈련의 실질적인 적용

제자훈련은 성도들이 신앙을 실제 삶과 공동체 안에서 실천할 수 있도록 설계되었습니다. 훈련을 통해 다음과 같은 실천을 하도록 돕습니다.

- 교회 내 리더십 형성 : 하나님 나라를 누리는 성도로 성장하여 주일성수와 십일조를 넘어 교회 내 봉사를 넘어 모두가 적극적으로 동역자가 되도록 훈련합니다.
- 가장 중요한 것은 삶 속에서의 실천 : 가정과 사회에서 신앙적 가치관을 적용하며 살아가도록 합니다. 특히 전 성도들이 이웃을 사랑하는 삶을 살아가도록 훈련됩니다.

2. 킹덤처치 문화 형성

공동체가 말씀으로 양육되고 서로를 사랑하고 각자의 사명을 가지고 세상으로 나아가는 문화를 만드는 것은 건강한 공동체를 형성하는 중요한 과제입니다. 반복적인 양육과 참여는 다음과 같은 건강한 킹덤처치 문화를 형성하는 밑거름이 됩니다.

소그룹 및 아웃리치

대형교회의 경우, 소그룹 사역이 전체 성도들에게 충분히 확산되지 않는 한계를 지니고 있습니다. 소그룹과 아웃리치가 자연스러운 교회 문화로 정착되기 위해서는 성도 60~70% 이상이 참여해야 합니다. 아웃리치는 해외 선교뿐만 아니라 지역 사회 복지, 노숙인 돌봄 등 다양한 방식으로 확장될 수 있습니다.

신앙과 삶의 일치

제자훈련은 신앙을 삶 속에서 실천하는 것을 목표로 합니다. 이를 통해 성도들은 각자의 삶의 자리에서 신앙을 적용하게 됩니다. 부부는 가정에서, 직장인은 자신의 일을 소명으로 여기는 것으로, 학생은 학업을 하나님께 받은 사명으로 감당하도록 교육합니다.

3. 제자훈련의 지속성이 가져오는 효과

제자훈련은 한 번으로 끝나는 과정이 아니라, 성도들이 필요할 때마다 반복적으로 참여할 수 있는 열린 과정입니다. 신앙이 약해졌을 때 회복할 기회를 제공하며, 새가족이 교회에 왔을 때 도우미로 함께 참여하며 새가족 또한 교회에 잘 정착하고 공동체에 자연스럽게 유입될 수 있습니다.

또한, 연초 성경통독, 부흥회, 수련회 등과 함께 신앙의 흐름을 지속적으로 이어나가며, 교회 공동체가 건강한 신앙 안에서 성장할 수 있도록 돕습니다.

> "제자훈련의 결과는 단순한 교육이 아니라, 킹덤처치 문화를 만드는 것입니다."

Q : 제자훈련이 연세 있으신 분들에게는 어려울 수 있는데, 어떻게 운영하고 계신가요?

어르신들에게는 조금 차별화된 방식을 적용합니다. 훈련 과정에는 적극적으로 참여하도록 유도하되 레포트 제출과 시험은 면제하고 책 읽기까지만 과제로 내드립니다. 이는 어르신들이 배제되었다는 느낌을 받지 않도록 하기 위함이며, 동참하기만 하면 적절한 방식으로 내용을 나누며 충분한 훈련 효과를 거둘 수 있습니다.

1. 세대별 차별? 접근 방식을 다르게 하자!

청소년, 성인, 어르신 모두 함께 제자훈련 양육과정에 포함하되 눈높이에 맞춰 내용을 조절할 것을 권면 드립니다. 어르신들께는 내용을 단순화하고 부담을 완화시켜드리며, 청소년은 쉽게 이해할 수 있도록 예시를 들어 설명하고, 성인에게는 보다 심화된 내용을 제공할 수 있습니다.

2. 세대 간 통합된 제자훈련 운영

현재 세상의빛교회에서는 청소년부터 노년까지 한 과정에서 함께 진행하고 있습니다. 세대 간 통합을 목표로 질문과 토론을 통해 상호 이해를 증진시킬 수 있습니다.

3. 다양한 연령층과 소통할 수 있는 훈련 능력 개발

어르신들에게 쉽게 전달할 수 있다면, 청소년에게도 효과적으로 전달 할 수 있습니다.

세대 간 통합된 양육을 진행하시게 된다면, 세대별 맞춤형 전달 능력을 개발하는 훈련과 함께 연령에 상관없이 모든 세대가 함께 성장할 수 있는 제자훈련 문화를 형성하실 수 있습니다.

> "제자훈련은 특정 연령층만의 것이 아니라,
> 세대 간 통합을 이루면서도 각자의 눈높이에 맞게 조정하여 진행합니다."

Q : 양육은 주중에 하시나요? 아니면 주일에 하시나요?

세상의빛교회 초창기에는 평일과 토요일에도 제자훈련을 진행했으나, 가장 높은 참석률을 보인 요일은 주일이었습니다. 이에 따라 주일을 활용한 제자훈련이 정착되었으며,

이는 신앙적·공동체적 측면에서 긍정적인 효과를 가져왔습니다.

1. 주일 제자훈련의 효과

첫째, 성도들이 주일 저녁까지 교회에 머물며 신앙 훈련을 받음으로써 자연스럽게 주일 성수의 습관을 형성할 수 있습니다. 여행이나 개인적인 약속보다 신앙 훈련을 우선하게 되어, 주일을 거룩하게 지키는 문화가 정착됩니다. 둘째, 예배 후부터 저녁까지 함께 시간을 보내면서 자연스럽게 친밀감이 형성됩니다. 성도들 간의 자발적인 식사 모임과 교제가 활발해지며, 교회 내 공동체성이 더욱 강화됩니다. 자녀들도 교회에서 함께 어울릴 수 있는 시간을 가지며, 놀이 공간을 통해 자연스럽게 공동체의 일원으로 성장할 수 있습니다.

2. 성경 교육 및 일관된 관점의 다양한 훈련과정

주일을 활용하여 제자훈련 외에도 성경관통, 성품훈련, 리더십과 서양고전 등의 양육과정을 병행하며, 성도들이 신앙을 입체적으로 접근하여 전인격적인 성장을 이루어 가도록 돕습니다.

> "주일을 적극 활용하여 제자훈련, 성경 교육을 통합 운영하면
> 주일 성수 정착, 공동체 형성, 신앙 성장의 시너지 효과를 극대화할 수 있습니다."

Q: 혹시 부교역자 또는 평신도가 양육과정을 진행하기도 하나요?

1. 양육담당

성인 성도들의 제자훈련은 담임목사가 직접 진행을 합니다. 부교역자는 각 담당 부서의 제자훈련을 책임집니다. 예를 들어 청소년 담당 목회자는 같은 양육 교재를 사용하되,

청소년을 대상으로 직접 진행하게 됩니다. 제자훈련은 목회 리더십과 연결이 되며, 교회의 문화와 방향성을 결정하는 중요한 요소입니다. 과거에는 강력한 개인적 리더십이 가능했으나 현대는 합리적 설명과 삶의 모범이 더 중요한 시대입니다. 제자훈련을 통해 교회의 문화를 형성하고 비전을 공유하는 과정이 필수적입니다.

2. 목회자가 직접 양육을 해야 하는 이유

『하나님나라 제자훈련』은 평신도 리더들이 쉽게 가르칠 수 있는 수준이 아닙니다. 목회자가 양육을 진행하면서 목회자의 신학적 깊이와 함께 리더십이 직접 전달됩니다. 양육은 단순한 성경공부가 아니라 교회 문화와 방향성을 양육에 반영하는 것입니다. 성경관통과 다른 양육과정들도 마찬가지로 단순한 지식 전달이 아니라 교회의 문화와 연결되어야 합니다. 이렇게 교회의 문화를 형성하고 비전을 공유하여 건강한 공동체를 형성합니다.

> "부교역자는 자신의 담당 부서에서 제자훈련을 진행하되, 전체적인 방향은 담임목사가 주도하며, 제자훈련을 통해 목회적 리더십과 교회의 문화를 형성합니다."

07 Q&A Chapter 2. 공동체에 대해서

Q: 소그룹은 어떻게 훈련되어야 하나요?

소그룹은 신앙의 성장을 돕고 공동체를 형성하는 중요한 장입니다. 이를 위해 4W 구조를 적용하여 체계적으로 운영합니다.

- Welcoming (환영) 소그룹 모임을 시작하며 따뜻한 분위기를 조성
- Worshipping (찬양) 함께 찬양하며 하나님을 경배하는 시간
- Word (말씀) 설교 내용을 되새기고 삶에 적용할 부분을 나눔
- Work (실천 및 기도제목 나눔) 가정과 사회에서 신앙을 어떻게 실천할 것인지 결단 기도 제목을 공유하고 서로를 위해 중보 기도

1. 소그룹을 통한 교회 문화 변화

소그룹은 소통과 치유, 모방과 변화를 이루는 과정입니다. 변화된 성도를 통해 소그룹이 변화되고 나아가 교회 문화가 건강하게 세워질 수 있습니다.

- 소통 : 성도들이 서로 신앙과 삶을 나누며 진정한 공동체 형성
- 치유 : 나눔을 통해 영적·정서적 치유 경험
- 모방 : 신앙적으로 성숙한 리더를 따라 배우며 변화
- 변화 : 개인과 공동체가 성장하여 킹덤처치(하나님 나라를 구현하는 교회)로 발전

2. 킹덤처치로 나아가기 위한 소그룹의 역할

교회의 궁극적인 목표는 단순한 훈련이 아니라, 성도들의 삶에 하나님의 주권을 세워감으로 교회 전체가 하나님 나라를 구현하는 킹덤처치로 세워져 가는 것을 목적으로 합니다. 이를 위해 가장 핵심적인 것은 소그룹입니다. 배가하고 전도하거나 성경공부하는 모임이 아니라, 자신의 삶을 말씀에 적용하는 소그룹입니다. 건강한 교회 문화를 형성하기 위해, 교회의 전체적인 비전과 방향성을 공유한 적합한 리더를 세우고 지속적인 훈련과 점검을 통해 성도들이 성장할 수 있는 건강한 소그룹을 만들어가야 합니다. 소그룹은 친

교를 넘어, 구성원들이 자신의 삶을 신앙과 연결하여 돌아보게 하며, 교회가 개인을 넘어 공동체로 세워지고, 함께 비전을 가지고 세상과 이웃에게로 나아가는 중요한 역할을 감당합니다.

> "소그룹은 단순한 교제 모임이 아니라, 성도들의 삶을 변화시키는 핵심적인 도구이며, 이를 통해 교회는 킹덤처치로 나아갈 수 있습니다."

Q: 소그룹 리더들은 따로 리더만의 양육이나 훈련들이 있는 건가요?

제자훈련을 수료한 성도들을 대상으로 리더로 세워져 가는데 필요한 추가적인 평가를 진행합니다.

첫째, 소그룹 참여 태도 및 신앙 실천 여부를 관찰합니다. 소그룹은 성경 공부(GBS) 방식이 아니라, 설교를 삶에 적용하고 나누는 방식으로 진행됩니다. 성도들이 개인의 삶에서 신앙을 실천하고 있는지 점검하며 소그룹 내에서의 적극적인 참여와 나눔의 깊이를 살펴봅니다.

둘째, 삶의 고민과 유혹을 솔직하게 나눌 수 있는지 살펴봅니다. 신앙은 이론이 아니라 실제 삶에서 실천될 때 성장합니다. 성도들이 신앙적 고민과 현실의 유혹을 소그룹원들과 솔직하게 나누며, 함께 기도하고 격려하는 문화를 조성하는 것이 중요합니다. 깊은 신앙적 나눔과 치유가 가능하도록 남녀를 분리하여 소그룹을 구성합니다.

소그룹 과정 평가는 단순한 점검이 아니라, 성도들의 신앙 성장과 공동체 강화를 위한 필수 과정입니다. 이를 통해 제자훈련이 단발적인 교육에 그치지 않고, 지속적인 삶의 변화로 이어지도록 합니다.

1. 소그룹 평가 기준
- 소그룹 내에서 진정성 있게 삶을 나누고 실천하는가?
- 신앙을 삶에서 실천하며, 가정과 사회에서 신실한 삶을 살아가는가?
- 아웃리치(단기선교, 지역 봉사 등)에 적극적으로 참여하는가?
- 소그룹 리더로서 적합한 성품과 태도를 갖추었는가?
  예) 소그룹에서 대화 독점, 비윤리적 발언, 주제와 무관한 이야기 등을 하는 사람은 리더로 세우지 않음, 가정이나 신앙생활에서 큰 문제가 지속되는 경우도 리더로 적합하지 않음

2. 소그룹 리더 양성 및 훈련 과정
- 리더로 적합한 성도들을 선별하여 추가적인 훈련 진행

〈훈련 방식〉
- 소그룹 리더 모임 : 일주일 또는 2주일에 한 번씩 모임 진행
- 리더들을 위한 책 발제 및 토론 : 소그룹 사역에 대한 책을 읽고 발표하도록 유도
- 강의 및 교육 : 목회자의 직접 강의 또는 외부 강사 초빙
- 기도회 및 실전 훈련 : 소그룹 리더로서의 역할 수행 및 성장

> "소그룹 리더는 신앙과 삶의 모범이 되는 다양한 측면의 평가가 필요합니다."

Q : 제자훈련하면 교회가 많이 바쁘잖아요.
그러면 다른 행사나 이런 것들을 줄이시는 편이신가요?

교회의 핵심 사역이 제자훈련과 양육에 집중될 수 있도록, 불필요한 봉사 부담을 줄이고 효율적인 운영 방식을 채택합니다. 주일에는 제자훈련과 양육이 원활하게 이루어질 수 있도록 교회 봉사를 최소화하며 성도들에게 과도한 봉사 부담을 주지 않음으로써, 양육 중심의 교회 문화를 형성합니다.

1. 청년들은 혹사시키지 않고 신앙 성장에 집중

기존 한국 교회의 문제점 중 하나는 청년들을 과도한 봉사에 투입하는 것이었습니다.
해결책으로, 청년들이 소그룹과 제자훈련을 통해 신앙적으로 성장할 수 있도록 양육을 최우선으로 합니다. 봉사 참여는 자발적인 활동 중심으로 운영하여, 청년들이 신앙을 강요가 아닌 기쁨으로 받아들이도록 합니다. 신앙이 납득되고 하나님 나라를 누리는 청년들은 사회에서도 건강한 일원으로 살아가며 평생 주님 나라를 위해 다양하게 헌신하게 됩니다.

2. 양육이 이루어지면 교회 분위기가 자연스럽게 변화

기존에는 봉사만 하던 성도들도 양육을 통해 신앙의 질적 변화를 경험하게 됩니다. 의무감으로 하던 교회 봉사가 하나님 나라의 가치를 위한 동역으로 바뀝니다. 번아웃 현상이 거의 나타나지 않습니다. 성도들이 지속적으로 양육을 받으면, 교회 전체가 하나님 나라의 가치로 변화하게 됩니다.

3. 양육 시스템의 점진적 변화

교회 문화는 단기간에 급격하게 변화하기 어렵습니다. 따라서 양육 중심의 운영을 단계적으로 정착시켜야 합니다. 처음부터 급격한 변화를 시도하는 것이 아니라, 양육을 지속적으로 강조하며 서서히 교회 문화를 변화시키는 것입니다. 교회의 문화를 대변하는 사역을 조금씩 세워나가야 합니다. 그 과정 속에 시간이 지나면서 기존 교회에서도 하나님 나라를 구현하는 문화가 자리 잡게 됩니다.

> "양육을 시작하세요, 변화는 점진적으로 일어납니다."

08 Q&A Chapter 3. 목회자에 대해서

Q : 제자훈련을 지속적으로 운영하기 위해 목회자 스스로도 성장해야 할 텐데, 연구와 학습을 어떻게 이어가면 좋을까요?

1. 전달력 향상

성도 맞춤형 접근이 핵심

설교와 양육의 핵심은 성도들이 이해하고 공감할 수 있도록 맞춤형으로 전달하는 것입니다. 이를 위해 지속적인 양육과 설교의 경험이 필요합니다. 하나님 나라 제자훈련은 좀 생소할 수 있습니다. 인문학적 지식을 가지고 설교와 양육에 접목하는 것은 처음에 익숙하지 않습니다. 그러나 계속된 시도를 통해 목회자는 성장합니다. 성도의 눈높이에 맞게 성경과 신학적 개념을 쉽게 풀어 설명할 수 있도록 스스로 훈련되면 좋습니다.

설교/강의/양육과정에서의 전달이 효과적으로 되지 못하는 요인

설교가 효과적으로 전달되지 못하는 경우, 다음과 같은 원인이 있습니다.

- 청중 맞춤 전달 부족 : 성도들이 어려워하거나 부담을 느껴 이해도가 낮아집니다.
- 강의 수준 조절 실패 : 너무 어려우면 흥미를 잃고, 너무 쉬우면 깊이가 부족해집니다.

팀 켈러(Tim Keller) 설교/강의 방식 참고적 설명

팀 켈러의 설교 방식은 설교 주제에 대해 일반적인 세상의 관점을 설명하고, 성경적 해법을 제시하는 구조를 따릅니다.

- 전반부 : 성도들이 공감할 수 있는 현실적인 문제를 제기
- 중반부 : 세상의 해법과 그 한계를 설명
- 후반부 : 성경적 해법을 제시하여, 신앙적 방향을 제시

이를 위해 우울, 불안, 노후, 건강, 부부관계, 자녀교육 등 현실적인 주제에 대한 연구가 필요합니다. 전반적인 인간 삶에 대한 연구(인문학적 독서)가 큰 유익이 될 수 있습니다.

전문적 지식을 쉽게 전달하는 훈련 필요

설교와 강의에서 중요한 것은 단순히 지식이 풍부한 것이 아니라, 쉽고 자연스럽게 전달하는 능력입니다. 전문적인 내용을 쉽게 설명하는 능력을 훈련하여, 성도들이 자연스럽게 이해하고 신앙을 삶에 적용할 수 있도록 돕는 훈련이 필요합니다. 신학적 깊이를 유지하면서도 성도들에게 친숙하고 이해하기 쉬운 방식으로 전달될 때, 더 큰 영향력을 발휘할 수 있습니다.

2. 목회적 접근 방법 개선

성도들의 니즈를 반영한 설교/양육 방식

설교/양육이 효과적이려면 성도들이 원하는 주제를 중심으로 접근해야 합니다. 하나님 나라 제자훈련은 복음과 교회, 기독교 세계관에 대한 변증에서 시작합니다. 변증에 익숙해지는 것이 필요합니다. 설교의 주제도 성도들이 궁금해하는, 성도들에게 도움이 될 수 있는 주제들을 다뤄야 합니다. 강해설교의 경우에 적용을 어떻게 하느냐가 중요합니다. 성도들의 삶에 적합한 적용이 되어야 합니다. 성도들이 관심 있는 주제를 다루면 자발적 참여와 양육의 지속성을 높일 수 있습니다.

양육 과정에서의 피드백을 체크하라.

초기에 참여하지 못한 성도들도 중간에라도 함께하고 싶어 하는 흐름이 만들어집니다. 참여하지 않았던 성도들이 "지금 들어가도 되나요?"라고 묻는다면, 양육이 자연스럽게 확장되고 있다는 신호입니다.

양육 과정에서 목회자의 자기 점검 필수

양육을 진행하면서 성도들이 흥미를 잃고 빠져나간다면, 목회자가 먼저 자기 성찰을 해야 합니다.

"내가 내용을 잘 전달하고 있는가?"
"성도들이 이해하기 쉬운 방식으로 설명하고 있는가?"

지속적인 점검과 개선을 통해 양육의 질을 높이고, 더 많은 성도가 관심을 가질 수 있도록 하는 것이 중요합니다.

형식보다 내용이 중요

양육에서 중요한 것은 연령대나 시간대 같은 형식적 요소가 아니라, 전달 방식과 내용입니다. 깊이 있는 내용을 다루되, 쉽고 재밌게 전달하는 방식이 필요합니다. 신학적 깊이가 있으면서도, 성도들이 부담 없이 이해하고 실천할 수 있도록 돕는 것이 핵심입니다.

3. 인문학적 지식의 필요성

목회자는 끊임없이 자기 계발을 해야 하며, 이를 위해 인문학적 지식을 지속적으로 학습할 필요가 있습니다. 전공 및 배경이 인문학과 거리가 멀더라도 충분히 학습 가능합니다.

킹덤인문학세미나 수강 및 연구를 통해 사고의 깊이를 넓힐 수 있으며, 2~3년 동안 꾸준히 공부하신다면 설교 및 양육의 수준이 비약적으로 향상될 수 있습니다.

정리
- 교회적 특성을 반영한 설교와 양육 필요
- 설교는 성도들의 관심을 반영하여 쉽게 전달하는 것이 핵심
- 양육 과정에서 성도들의 참여를 유도하는 전략적 접근 필요
- 지속적인 인문학 학습을 통해 설교 및 양육 능력을 향상해야 함

2부

하나님나라 제자훈련 워크북 해설

1. 각 과의 목적을 잘 숙지하십시오.
2. 여는 대화를 통해 훈련생들의 경험과 생각을 파악하십시오.
3. 깊이 들어가기를 통해 훈련생들에 맞게 각 과의 내용을 설명하시고, 질문을 통해 부족한 부분을 채워가십시오.
4. 인도자용 각 과의 7. 적용 및 토론은 워크북 각 과의 중간에 Qustion으로 위치해 있습니다.
5. 여는대화 질문은 개정 전 워크북과 약간의 차이가 있으니 인도자용을 참고하셔서 적용하십시오.

제 1 권 복음과 기독교 세계관

복음은 하나님나라에 대한 소식이다. 하나님을 반역하여 하나님의 통치를 떠난 인류가 만들어낸 세상에 예수 그리스도를 통해 하나님나라가 임했고, 예수 그리스도의 재림을 통해 하나님나라가 완성된다. 이 소식이 복음이다.

복음은 우리에게 성경을 통해 기독교적 세계관을 정립하고 살아갈 것을 명령한다. 기독교 세계관이란 하나님의 말씀대로 세계를 바라보고, 하나님의 통치를 따라 나와 공동체와 이 세상에 하나님나라가 임하게 하는 데 필요한 사고와 행동의 틀을 정립하는 것이다.

1. 복음이란 무엇인가?
2. 기독교 신앙의 세계관적 접근
3. 기독교 세계관의 유일성
4. 기독교 세계관의 특징
5. 기독교 세계관의 기본 내용 (1) - 인간에 대하여
6. 기독교 세계관의 기본 내용 (2) - 세상역사에 대하여

CHAPTER 01 복음이란 무엇인가?

1. 이 과의 목적

모든 인간은 내면에 본질적인 결핍이 있다. 그리고 그 결핍을 채우고 행복을 얻기 위해 노력한다. 하지만 세상에서 얻은 모든 해법들은 인간을 만족하게 하지 못하며, 오히려 더 큰 갈증 속에서 무기력하게 만든다. 많은 사람들이 인간의 이러한 본질적인 문제를 파악하지 못한 채 인생의 허무함 속에서 방황하고 있는 것이 오늘의 현실이다. 더욱 심각한 문제는 복음에 대해 알고 있다고 여기는 수많은 그리스도인들조차 자신의 내면의 문제들을 해결하지 못하고 세상의 욕망을 따르고 있다는 것이다.

이것을 해결하기 위해서는 먼저, 인간에게 이러한 본질적인 문제가 있음을 깨닫게 하고 이 불행의 원인이 영적인 것에 있음을 발견하게 해야 한다. 스스로 복음이 필요한 상태임을 자각하는 것이 필요하다. 그리고 오직 성경의 복음만이 진정한 해답임을 깨닫게 한다. 인간의 결핍을 채울 수 있는 것은 오직 하나님이시며 예수 그리스도를 통한 하나님의 통치를 회복하는 것이다. 이 복음이 인간에게 참 행복을 주는 근본인 것이며 이 후의 모든 훈련과정들은 이 복음의 진리를 더 깊이 깨닫고 확신하는 가운데 그 진리를 누리게 하는 것이다. 본 과에서 양육자는 복음이 우리의 이생과 내세에 유일한 좋은 소식이며, 성경 전체가 복음임을 확신하도록 하자.

2. 다함께 찬양하기

『찬양』 "이 곳에 임하신 하나님나라"

이 곳에 임하신 하나님나라 가난한 맘으로 바라보리라

먼저 그 나라 그 뜻 구하며 나의 삶 드리리

주님이 맡기신 하나님나라 믿음의 눈으로 바라보리라

하늘의 뜻이 이 땅 가운데 완성될 그 날까지

믿음 다하여 그 위에 서리라 하나님의 나라는 무너지지 않으리

믿음 다하여 그 나라 세워 가리라 주님 곧 오실 때까지

3. 말씀 묵상하기

마태복음 13:44

"천국은 마치 밭에 감추인 보화와 같으니 사람이 이를 발견한 후 숨겨 두고 기뻐하며 돌아가서 자기의 소유를 다 팔아 그 밭을 사느니라"

4. 이 과의 포인트 잡기

1) 복음의 필요성에 대해 생각해 본다.
2) 복음이란 무엇인지 정리한다.

5. 여는 대화

1) 당신이 생각하는 복음이란 무엇입니까? 나눠 봅시다.
   ▶ 제자훈련을 들어가면서 복음이란 무엇인가에 대해 정립하는 것이 필요하다. 훈련생들이 세상과 인생의 모든 문제를 해결하는 복음에 대해 이해하는 정도가 어떠한지

파악하며 훈련생들에게 이 과의 의도를 인식하게 한다.

2) 당신은 어떤 과정을 통해 교회에 다니게 되었고 지금은 왜 교회에 다니십니까?
▶ 훈련생들의 복음 이해의 배경에 대해 파악한다. 어떤 신앙적인 환경을 거치며 지금과 같은 복음 이해가 형성되었는지 나누며, 복음을 통해 어떤 유익을 얻고 있는지 파악한다.

6. 깊이 들어가기

1) 복음의 필요성

① 복음 없는 세상

이 세상은 뭔가 잘못되었다. 인간은 이 세상에서 그 어떤 노력으로도 스스로 행복하게 살아갈 방도를 찾는데 실패했다. 어느 시대 어느 곳에서도 인간은 평화를 누리며 살아가지 못했다. 그것은 개인적으로나 사회적으로나 마찬가지였다. 이것은 우리 모두가 동의할 수 있는 사실이다. 인간이 스스로 행복하게 살아갈 수 없다는 사실, 또한 행복하게 살아갈 수 있는 세상을 만들어낼 수 없다는 사실이 복음을 요청한다(롬 5:12b).[1] 이 세상에는 진정한 복음, 즉 좋은 소식이 필요하다. 수많은 철학자들과 정치가들이 좋은 소식을 만들어내려고 노력했지만 실패했기 때문이다.

② 복음의 필요성

신약 성경의 복음(유앙겔리온)이라는 말은 로마가 아우구스투스를 통해 세상에 평화가 왔다는 '좋은 소식'을 표현하는 말이었다. 이렇게 정치가들은 자신들의 통치체제를 통해

---

[1] "이와 같이 모든 사람이 죄를 지었으므로 사망이 모든 사람에게 이르렀느니라"(롬 5:12b)

복음을 구현하려 했다. 또한 철학자들은 인간이 스스로 어떻게 더 완전한 세상에 도달할 수 있는지에 대한 지혜들을 구해왔다. 헤겔은 그의 『역사철학강의』에서 세계는 인간의 정신활동을 통해 끊임없이 발전할 것이라고 가르쳤다. 하지만 세상의 정치가들과 철학자들의 제안에 따르는 복음은 오지 않았다. 세상은 발전하는 듯 보이지만 그 외적 형태만 조금씩 변할 뿐 본질적으로 더 강렬하게 복음을 필요로 하고 있다. 인간의 문제는 스스로 해결할 수 없는 것이라는 사실이 분명해졌다. 우리에게는 진정한 복음이 필요하다. 진정한 복음은 스스로 해결할 수 없는 인간의 문제를 해결할 수 있는 것이어야 한다(롬 1:16a).[2]

2) 세 가지 본질적 문제와 그 원인

① 인간의 세 가지 본질적 문제

인간은 스스로 해결할 수 없는 세 가지 문제를 가지고 있다. 본질적인 외로움, 인생의 허무함, 미래에 대한 두려움이다. 인간은 스스로 자신의 필요를 충족시킬 수 없다. 하나님과의 관계가 단절된 상태에서 관계적 인간에게 찾아오는 본질적인 외로움, 궁극적 의미를 찾는 인간에게 찾아오는 인생의 허무함, 남은 인생과 이생의 최종 단계인 죽음과 그 이후의 내세를 위해 필요한 어떤 것도 스스로 보장할 수 없는 상태에서 느끼는 미래에 대한 두려움을 해결할 수 없다. 따라서 인간은 본질적으로 그 모든 문제를 해결하기 위해 종교를 찾는다. 각 사회에서 모든 세대에 걸쳐 종교가 만들어져 왔으며 소비되어 왔다는 사실이 인간에게 스스로 해결할 수 없는 문제들이 존재한다는 강력한 증거이다. 하지만 사람들은 종교를 통해 문제들을 해결하지 못했다. 종교들을 통해 우리는 욕망을 추구함으로 더 외롭고, 더 허무하며, 더 불안한 삶을 살아간다. 또한 스스로 좋은 세상을 만들고자 하는 노력은 절망에 도달한다. 인간이 자신들의 문제를 욕망을 통해 해결하려 하면서 세상은 더

---

[2] "내가 복음을 부끄러워하지 아니하노니 이 복음은 모든 믿는 자에게 구원을 주시는 하나님의 능력이 됨이라"(롬 1:16a)

경쟁적이고, 더 각박한 세상이 되고 있다.

② 인간의 본질적 문제의 원인

인간에게 이러한 문제가 생긴 이유는 사람들에 의해 발견될 수 없었다. 하나님의 계시로부터 우리는 이 문제의 원인을 발견할 수 있고, 그 문제들을 어떻게 해결할 수 있는지 답을 찾을 수 있다. 성경은 이 문제들의 원인이 인간이 하나님의 통치로부터 벗어났기 때문이라고 말한다(창 6:5).[3] 인간이 하나님을 떠나 반역적인 삶을 살아가려 했기 때문에 본질적 문제에 직면했다고 말한다. 이것이 죄의 본질이다. 하나님을 떠난 인류가 살아가는 이 세상에는 복 대신 저주가 찾아왔다. '아담에게 이르시되 네가 네 아내의 말을 듣고 내가 네게 먹지 말라 한 나무의 열매를 먹었은즉 땅은 너로 말미암아 저주를 받고 너는 네 평생에 수고하여야 그 소산을 먹으리라'(창 3:17) 저주란 하나님의 복이 결여된 상태를 말한다.

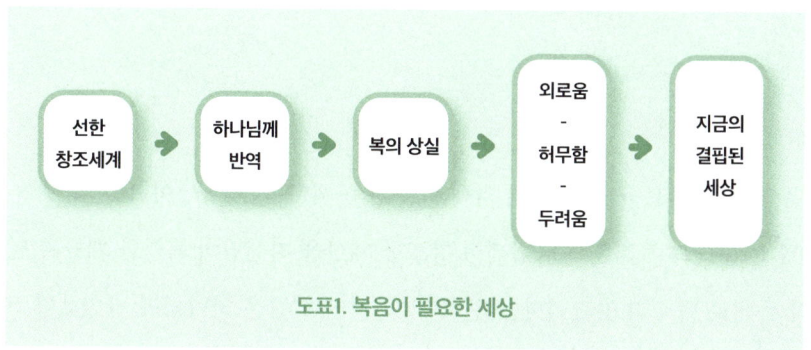

도표1. 복음이 필요한 세상

---

[3] "여호와께서 사람의 죄악이 세상에 가득함과 그의 마음으로 생각하는 모든 계획이 항상 악할 뿐임을 보시고"(창 6:5)

3) 본질적 세 가지 문제에 대한 성경적 설명

① 본질적인 외로움

인간은 하나님의 창조물이다. 인간은 본래 하나님의 형상으로 창조되었으며, 하나님과의 관계 안에서 교제하며 살아야 하는 존재이다. 또한 동료 인간들과 진정한 사랑의 교제 안에서 살아야 하는 존재이다(창 2:18).[4] 하지만 하나님처럼 되려는 인간의 반역이 하나님과의 교제를 단절시켰다. 하나님과의 단절을 야기한 인간은 자신의 욕망으로 인간 상호 간의 관계마저 단절된 상태에 이르게 되었다. 인간은 이렇게 하나님과의 관계와 동료 인간과의 관계에서 스스로 소외되어 본질적 외로움 속에서 살아가게 되었다. 인간은 에덴에서 쫓겨났으며, 저주 받은 세상에서 살게 되었다. 스스로 참된 생명에 이를 수 없게 되었다. 그들이 만들어낸 세상은 서로 다투고 경쟁하며 죄로 가득한 불행한 곳이 되고 말았다. '라멕이 아내들에게 이르되 아다와 씰라여 내 목소리를 들으라 라멕의 아내들이여 내 말을 들으라 나의 상처로 말미암아 내가 사람을 죽였고 나의 상함으로 말미암아 소년을 죽였도다'(창 4:23)

② 인생의 허무함

인간은 피조물이다. 즉 하나님에 의해 창조된 존재이며, 하나님이 그에게 부여한 목적이 있다(창 1:26).[5] 그 목적은 하나님께서 창조한 세상을 자신만의 독특한 재능과 달란트로 하나님의 뜻대로 다스리고 관리하는 일이다. 하지만 인간은 하나님께 반역했다. 이제 인간은 스스로 자신의 인생의 목적을 찾아야 하는 상황에 처해졌다. 인간은 모든 필요한 것이 하나님에 의해 채워지는 에덴에서 쫓겨났다. 인간의 목적은 자신의 욕망을 채우는 것

---

4 "여호와 하나님이 이르시되 사람이 혼자 사는 것이 좋지 아니하니 내가 그를 위하여 돕는 배필을 지으리라 하시니라"(창 2:18)
5 "하나님이 이르시되 우리의 형상을 따라 우리의 모양대로 우리가 사람을 만들고 그들로 바다의 물고기와 하늘의 새와 가축과 온 땅과 땅에 기는 모든 것을 다스리게 하자 하시고"(창 1:26)

이 되었다(엡 2:3).[6] 자신이 창조된 목적을 벗어나 하나님의 복을 잃어버리고, 자신의 욕망을 채우며 살아가는 인간은 본질적으로 허무함을 느낄 수밖에 없다. 허무함에 대한 해결책은 쾌락이었다. '그러므로 내가 이것을 말하며 주 안에서 증언하노니 이제부터 너희는 이방인이 그 마음의 허망한 것으로 행함 같이 행하지 말라 그들의 총명이 어두워지고 그들 가운데 있는 무지함과 그들의 마음이 굳어짐으로 말미암아 하나님의 생명에서 떠나 있도다 그들이 감각 없는 자가 되어 자신을 방탕에 방임하여 모든 더러운 것을 욕심으로 행하되'(엡 4:17-19)

③ 미래에 대한 두려움

인간은 피조물이다. 피조물은 스스로에게 필요한 것을 스스로 공급할 수 없다. 따라서 하나님에 의해 주어지는 복은 인간에게 필요한 모든 것을 채우는 것이었다. 인간은 본질적으로 유일하게 미래와 영원에 대한 개념을 가지고 있다(전 3:11).[7] 미래에 내세에 대한 개념을 가지고 있는 인간이 창조주를 반역함으로 미래를 살아갈 때 필요한 것들과 내세를 보장받을 수 없게 되었다. 여기에서 도저히 해결할 수 없는 미래에 대한 두려움에 봉착한다. 이생에서의 남은 삶과 죽음 이후 내세에 대한 두려움에서 벗어날 수 없게 된 것이다. 따라서 근심과 염려에 사로잡히게 되었고, 그것을 해결하려 하지만 해결할 수 없는 불행한 삶을 살아가고 있다. '너희 중에 누가 염려함으로 그 키를 한 자라도 더할 수 있겠느냐'(마 6:27)

인간은 외로움과 허무함과 두려움을 해결하기 위해서 노력한다. 스스로 해결해 보려 노력한다. 하지만 유한한 인간이 이러한 문제를 해결할 방법은 없다. 하나님과 단절된 유

---

[6] "전에는 우리도 다 그 가운데서 우리 육체의 욕심을 따라 지내며 육체와 마음의 원하는 것을 하여 다른 이들과 같이 본질상 진노의 자녀이었더니"(엡 2:3)
[7] "하나님이 모든 것을 지으시되 때를 따라 아름답게 하셨고 또 사람들에게는 영원을 사모하는 마음을 주셨느니라 그러나 하나님이 하시는 일의 시종을 사람으로 측량할 수 없게 하셨도다"(전 3:11)

한한 인간이 자신의 문제를 해결하기 위해 이기적이 되어가면서 서로와 단절되고 악한 사회가 형성된다. 그래서 우리에게는 구원의 소식, 즉 복음이 필요하다. 그 구원의 소식은 우리 인간에게서 나올 수 없다는 것이 역사 속에서 이미 증명되었다.

> "주님은 나를 부르시고 크게 외치셔서, 들을 수 없었던 나의 귀를 열어 주셨습니다. 주님은 내게 빛을 비추사 볼 수 없던 눈을 뜨게 해주셨습니다. 당신의 아름다운 향내음을 나의 가슴으로 들이키고 난 후 나는 더욱 당신을 사모하게 되었습니다. 주의 영을 맛본 이후로 나는 더욱 주의 말씀에 주렸고 목이 말랐습니다. 주께서 나를 만지셨고 나는 당신의 평안으로 불타올랐습니다." _어거스틴

4) 성경이 제시하는 복음 : 하나님나라

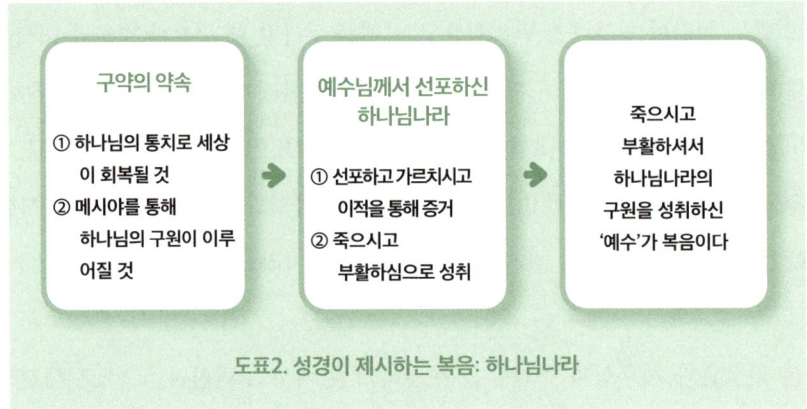

도표2. 성경이 제시하는 복음: 하나님나라

① 구약에서 제시된 복음의 약속

인간의 모든 문제는 하나님의 통치를 떠나 반역한 것에서 시작되었다. 구약은 이스라엘이라는 민족을 통해 하나님께서 세상을 어떻게 구원할 것인가 하는 소식을 계시하고 있

다. 하나님의 구원의 소식, 즉 복음의 핵심은 두 가지이다. 하나는 하나님께서 인간의 반역을 뒤집고 다시 세상을 통치하게 될 것이라는 소식이다. '좋은 소식을 전하며 평화를 공포하며 복된 좋은 소식을 가져오며 구원을 공포하며 시온을 향하여 이르기를 네 하나님이 통치하신다 하는 자의 산을 넘는 발이 어찌 그리 아름다운가'(사 52:7) 다른 하나는 이스라엘에게 계시된 메시야를 통해 구원이 성취될 것이라는 예언이다. '우리는 다 양 같아서 그릇 행하여 각기 제 길로 갔거늘 여호와께서는 우리 모두의 죄악을 그에게 담당시키셨도다'(사 53:6) 이 복음은 이스라엘과 맺은 언약으로 계시되었고, 선지자들은 메시야를 통해 이루어질 구원의 성취를 새 언약이라고 명했다.

② 예수께서 선포하신 하나님나라

예수께서 세상에 오셔서 '하나님나라'를 선포하셨는데(막 1:15),[8] 이것은 바로 하나님의 구원의 소식, 즉 하나님께서 예수 그리스도를 통해 인간의 반역을 뒤집고 다시 세상을 다스리심으로 복이 임하게 된다는 좋은 소식, 즉 복음이다. 복음은 예수 그리스도를 통해 성취될 하나님나라에 대한 소식이다. 복음의 핵심 키워드는 '예수 그리스도'와 '하나님나라'다. 이 하나님나라에 대한 좋은 소식, 즉 하나님나라의 복음은 하나님의 뜻을 따라 예수께서 십자가에 달려 죽으시고 부활하셔서 예수를 주로 영접하는 자의 죄를 사하여 하나님의 백성이 되게 하시고(요 1:12),[9] 성령으로 이 땅을 통치하고 다스림으로 인간의 모든 문제를 해결하시고 복(하나님나라)을 주시며(요 14:16),[10] 죽음 이후에 영원한 생명을 주신다는 소식이다(고전 15:52-53).[11]

---

8   "이르시되 때가 찼고 하나님의 나라가 가까이 왔으니 회개하고 복음을 믿으라 하시더라"(막 1:15)
9   "영접하는 자 곧 그 이름을 믿는 자들에게는 하나님의 자녀가 되는 권세를 주셨으니"(요 1:12)
10 "내가 아버지께 구하겠으니 그가 또 다른 보혜사를 너희에게 주사 영원토록 너희와 함께 있게 하리니"(요 14:16)
11 "나팔소리가 나매 죽은 자들이 썩지 아니할 것으로 다시 살아나고 우리도 변화되리라 이 썩을 것이 반드시 썩지 아니할 것을 입겠고 이 죽을 것이 죽지 아니함을 입으리로다"(고전 15:52-53)

③ 복음은 죽으시고 부활하심으로 하나님나라를 성취하신 예수의 소식

결론적으로 하나님나라의 복음은 예수께서 죽으시고 살아나셨다는 소식이다. '내가 받은 것을 먼저 너희에게 전하였노니 이는 성경대로 그리스도께서 우리 죄를 위하여 죽으시고 장사 지낸 바 되셨다가 성경대로 사흘 만에 다시 살아나사'(고전 15:3-4) 왜냐하면 우리를 위해 죽으시고 부활하신 메시야 예수께서 구약에서 계시된 하나님의 구원의 소식, 즉 하나님나라를 성취하신 구원자이시기 때문이다. 이것이 성경 전체가 제시하고 있는 복음이다. 이것이 개인과 세상 전체를 지금의 문제로부터 구원할 수 있는 유일한 소식이다. 따라서 우리는 예수를 믿음으로 구원을 얻어 하나님나라의 참된 생명을 누릴 수 있게 된다.

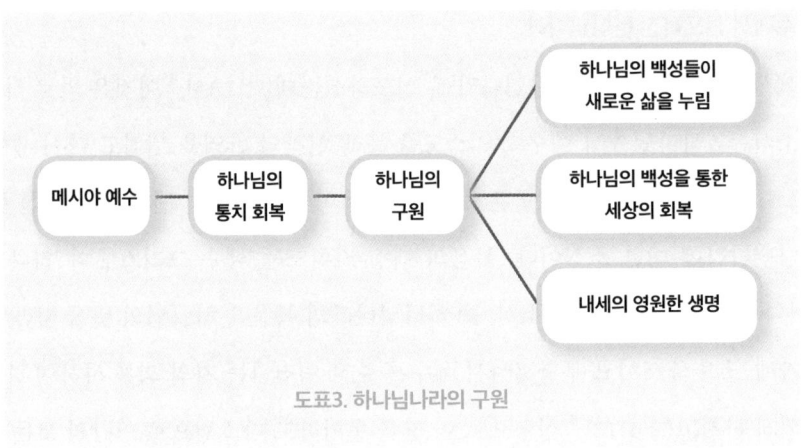

도표3. 하나님나라의 구원

> "그렇다면 진정한 자유란 많은 사람들이 생각하는 것과는 정반대이다. 그것은 나 자신이 살기 위해 하나님과 다른 사람들에 대한 모든 책임으로부터 자유로워지는 것이 아니다. 왜냐하면 이것은 계속해서 나 자신의 자기중심성에 노예가 되는 것일 뿐이다. 대신 진정한 자유는 하나님과 다른 사람들을 사랑하는 가운데 책임 있게 살기 위해 나의 어리석고 하찮은 자아로부터 자유로워지는 것이다." _존 스토트

7. 적용 및 토론

1) 이 세상에 복음이 필요합니까? 어떤 부분에서 그렇게 생각하십니까?
2) 당신은 인간의 세 가지 본질적인 문제를 언제 느꼈습니까? 이 문제에 대해 동의하십니까?
3) 당신은 성경이 제시하는 구원의 방식을 이해하며 동의하십니까?

8. 내용 정리하기

1) 인도자 Question (인도자가 제시하는 질문으로 의견을 나눕시다.)
2) 간증을 읽고 결단하기 (워크북에 제시)

9. 기도하며 마무리 하기 (워크북에 제시)

CHAPTER 02
기독교 신앙의 세계관적 접근

1. 이 과의 목적

　세계관이라는 용어에 대해 이해하든 이해하지 못하든 인간은 각자가 세상을 바라보는 세계관을 가지고 살아가고 있다. 그리스도인들도 이 세상에 살고 있기 때문에 우리는 우리가 인식하지 못하는 사이에 세상의 관점, 즉 세속적인 세계관에 지대한 영향을 받고 있다. 모더니즘과 포스트모더니즘의 세계관으로 인류는 하나님과 성경보다 자신들의 능력으로 더 나은 삶을 살 수 있다는 교만함에 빠져 있고, 자신들의 생각을 정당화시킴으로 윤리적인 타락의 극단으로 치닫고 있다. 게다가 돈이 중심이 되는 자본주의적 세계관을 통해 인간, 직업, 교육, 예술 등 모든 영역이 돈으로 가치매김 되는 세상 속에 살고 있다. 이 속에서 우리는 무의식적으로 세상의 가치들을 따라가게 되며, 결국 하나님의 통치와 복음의 진리를 경험하지 못하게 된다. 이것은 그리스도인의 실존에 매우 중요한 문제임을 깨닫게 하자. 그리스도인으로서 이러한 세계관의 문제에 대응하기 위해 기독교의 진리를 세계관적으로 접근하고, 기독교 세계관이 내면에 확립되게 하는 훈련이 필요함을 강조해야 한다. 이를 통해 우리는 세속적 세계관의 문제점과 그 뒤에 있는 사단의 일들을 분별할 수 있다. 양육자는 세상 속에서 영향력 있는 그리스도인으로 확신 있게 살아 갈 수 있도록 기독교 신앙을 세계관적으로 접근하여 설명하며, 기독교 신앙의 기본 뼈대를 습득할 수 있는 준비를 갖추도록 인도하면 좋을 것이다.

2. 다함께 찬양하기

『찬양』 내 맘에 눈을 여소서

내 맘에 눈을 여소서 내 맘에 눈을 열어

주 보게 하소서 주 보게 하소서 (X2)

주 이름 높이 들리며 영광의 빛 비춰 주시며

권능 넘치길 보기 원하네 거룩 거룩 거룩

거룩 거룩 거룩 거룩 거룩 거룩

거룩 거룩 거룩 주 보게 하소서

3. 말씀 묵상하기

골 3:9-10

"옛 사람과 그 행위를 벗어 버리고 새 사람을 입었으니 이는 자기를 창조하신 이의 형상을 따라 지식에까지 새롭게 하심을 입은 자니라"

4. 이 과의 포인트 잡기

1) 세계관이란 무엇인지 정의한다.
2) 왜 기독교 신앙을 세계관적으로 접근하는지 이해한다.

5. 여는 대화

1) 당신의 경험을 통해 볼 때 기독교인들만의 독특한 점은 무엇이었습니까?
▶ 훈련생들에게 기독교 신앙이 어떻게 인식되어 있는지를 파악하는 과정이다. 서로의 답을 들으며 세속적인 세계관과 기독교 세계관의 차이에서 기독교인들의 독특한 삶

의 방식이 나오는 것을 확인한다. 또한 훈련생들의 답변 속에서 경험된 기독교 세계관이 적절한지, 혹 비기독교적 세계관은 어떤 것이 있는지도 파악한다.

2) 동성애가 뜨거운 이슈로 떠올랐습니다. 동성애가 확산되는 이유는 무엇이라고 생각합니까?
▶ 동성애 이슈를 통해 현대인들의 사고에 영향을 미치는 현대의 사상들, 세계관의 근간이 되는 이론들이 있음을 공감한다. 또한 훈련생들에게 그러한 기본적인 지식이나 공감대가 있다면 간단히 그러한 사상들, 이론들에 대해 의견을 들어보면서 기독교 신앙을 세계관적으로 접근하는 이유에 대해 전달한다.

6. 깊이 들어가기

1) 세계관의 정의

① 세계관의 정의

세계관(worldview)이란 '세상을 바라보는 관점'이라고 간단히 말할 수 있을 것이다. 이 말은 철학자 임마누엘 칸트가 사용한 독일어 단어 'Weltanschauung'의 번역이다. 칸트가 이 단어로 의미했던 것은 '개인에게 있어 세상과 세상에서 자신이 차지하는 자리에 대한 이해'였다. 이후에 여러 철학자들이 이 용어를 사용하면서 보편화되기 시작했다. 보통 철학자들이 사용하는 세계관이란 용어의 의미는 '인간의 사고와 삶의 기초가 되고 그것을 형성해 주는 신념 체계를 표현한 것'이었다. 결국 인간의 사고와 삶의 모든 행위 속에는 그것의 기초가 되는 어떤 신념이 있고, 그 신념은 보통 일정한 체계를 갖추고 있다.

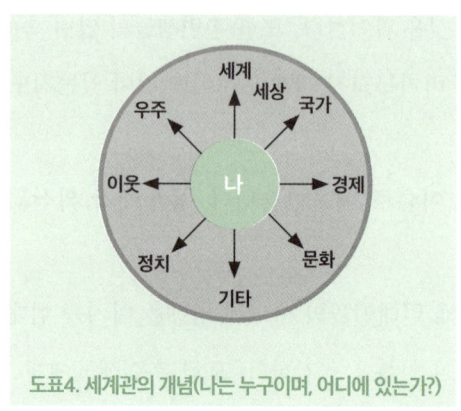

도표4. 세계관의 개념(나는 누구이며, 어디에 있는가?)

② 기독교 세계관의 정의

제임스 사이어는 세계관을 '하나의 결단이자 마음의 근본적 지향으로, 이야기 형태로 또는 실재의 기본 구성에 대하여 우리가 품고 있는 일련의 전제들로 표현될 수 있으며, 우리가 살며 움직이며 존재하는 토대를 제공해 준다'고 정의했다. 사이어에 따르면 우리는 이미 하나의 결단을 한 것이며, 세상을 바라보는 전제들을 가지고 있는 것이며, 인생의 토대를 가지고 있다. 마이클 고힌과 크레이그 바르톨로뮤는 기독교적으로 세계관을 이렇게 정의한다. '세계관이란 공유된 큰 이야기 속에 배어 있는 기본 신념들을 명료화한 것인데, 그 신념들은 신앙의 결단에 뿌리를 두고 있으며 우리의 개인 생활과 공동 생활 전체를 빚어내고 방향을 결정한다.' 이 정의에 따르면 우리가 믿고 있는 성경이 제시하는 큰 하나의 이야기 속에서 우리 삶의 방향을 결정하는 기본 신념들을 세워나가게 되는 것이다. 모세는 이스라엘 백성들에게 과거 역사를 회고하여 설명하는데, 이는 하나님 중심의 세계관을 형성하기 위함이었다(신 1~3장). 그리고 후손들에게도 전하라고 명령한다(신 4:9).[12] 이는 하나님 중심의 세계관으로 살아가도록 하시기 위함이다. '여호와께서 그의 언약을 너희에

---

12 "오직 너는 스스로 삼가며 네 마음을 힘써 지키라 그리하여 네가 눈으로 본 그 일을 잊어 버리지 말라 네가 생존하는 날 동안에 그 일들이 네 마음에서 떠나지 않도록 조심하라 너는 그 일들을 네 아들들과 네 손자들에게 알게 하라"(신 4:9)

게 반포하시고 너희에게 지키라 명령하셨으니 곧 십계명이며 두 돌판에 친히 쓰신 것이라 그 때에 여호와께서 내게 명령하사 너희에게 규례와 법도를 교훈하게 하셨나니 이는 너희가 거기로 건너가 받을 땅에서 행하게 하려 하심이니라'(신 4:13-14)

③ 모든 질문에 답하는 세계관

세계관은 우리에게 다음과 같은 질문들에 답을 주어야 한다. 인간은 어떤 존재인가? 우리가 사는 세상은 어떤 곳인가? 세상의 문제는 무엇인가? 그것을 어떻게 해결할 수 있는가? 우리는 지금 이 세상의 진행 과정에서 어디에 있는가? 이를테면 세상의 끝에 와 있는가? 이러한 질문들은 우리가 어떻게 사는가를 결정하게 될 것이다.

2) 세계관의 중요성

① 인생을 결정하는 세계관

사람들은 결국 자신들의 세계관대로 행동하게 되며, 그것이 그들의 삶의 결과를 만들어낸다. 사람들은 선택과 결정의 순간에 자신의 세계관을 드러낸다. 다른 사람의 세계관으로부터 나오는 판단과 행동을 따르는 것도 타인의 생각을 자신의 것으로 받아들인 이후에 가능한 것이므로, 결국 모든 사람들은 자신들의 세계관대로 삶을 만들어 간다고 할 수 있다. 모든 사람은 자기가 인식하고 있든지, 인식하지 못하고 있든지 자신만의 세계관을 가지고 있다. 자신이 어떤 세계관을 가지고 있는지 설명을 하지 못하는 사람도, 자신의 세계관에 따라 삶의 중요한 결정들을 하고 있으며, 그 중요한 결정들이 그 사람의 삶의 결과를 만들어 낸다. 예레미야는 이스라엘 백성이 하나님의 율법을 지키지 않은 것은 자신들의 생각, 즉 세계관의 결과임을 지적한다. '땅이여 들으라 내가 이 백성에게 재앙을 내리리니 이것이 그들의 생각의 결과라 그들이 내 말을 듣지 아니하며 내 율법을 거절하였음이니라'(렘 6:19)

세계관은 우리 생각의 기초가 되며, 우리의 의식적인 활동보다 앞서 존재하면서 우리의 사고를 주관한다. 세계관이 우리의 인생을 만드는 것이라 할 때 그것이 얼마나 중요한지 따로 말할 필요가 없을 것이다. 또한 세상에서 바르고 유일한 세계관이 있는지 검토하는 일이 매우 중요할 것이며, 있다면 그것이 무엇인지, 그것을 우리가 어떻게 습득하며 살아갈 것인지도 매우 중요한 것이 될 것이다. 다음의 이야기를 읽어보도록 하자.

② 인도인의 세계관과 그 결과

다음은 MBC 시사프로그램 'W'의 2007년 5월 11일자 방송내용이다. "지금 인도는 미스월드 출신으로 발리우드의 최고 스타, 아시와리아 라이의 결혼소식이 가장 큰 이슈가 되고 있다. 상대는 인도영화산업의 명문가 출신으로 역시 발리우드 스타 배우인 아비셰크 바츠찬! 이 세기의 결혼은 이보다 앞서 라이가 비밀리에 결혼식을 치룬 사실이 일부 언론을 통해 알려지면서 또 다른 화제를 낳고 있는데, 놀랍게도 라이의 첫 결혼상대는 바나나 나무! 출생시각, 행성의 위치에 따라 인생이 결정된다고 믿는 인도 점술에서 '망글릭' 자리에 속한 사람은 그 배우자가 아프거나 요절할 운명이라고 믿고 있다. 망글릭인 아시와리아 라이가 먼저 바나나 나무와 결혼을 함으로써 모든 재앙이 아비셰크 바츠찬 대신 바나나 나무에 돌아가도록 했다는 것이다. 그런데 대다수 인도인들은 이 황당한 결혼식을 당연한 것으로 받아들이고 있을 만큼 인도사회에서 점술의 영향력은 상상이상. 인도 전역에 모두 13개의 24시간 점술전문 방송국이 인기를 누리고 있다." 또한 이 방송과 함께 뱀에 물린 아내를 강물에 던진 사람의 기사도 소개되었다. 그는 아내를 강물에 던지면 강 반대편에 있는 신이 아내를 고쳐서 보낼 것이라는 마을의 점쟁이의 말을 믿고 아내를 주저 없이 강물에 던지고, 아내가 돌아올 것을 확실히 믿고 기다리고 있다.

③ 세계관 훈련의 중요성

대부분의 인도인들은 점술을 따라 자신들의 세계관을 형성하고, 그 세계관에 따라 삶의 중요한 결정들을 내리면서 살아가고 있다. 그들의 잘못된 세계관이 어떤 인생의 결과를 만들어낼지는 오래 보지 않아도 이미 예상된다. 세계관은 사람의 성장과정이나 사회적 배경, 또한 교육에 따라 달라질 수 있다. 세계관을 교육하는 일이 중요한 것은 바로 이러한 이유이다. '어떤 세계관을 갖도록 교육하느냐?'는 하나의 총성 없는 전쟁이다. 우리는 성경을 바르게 이해함으로 올바른 기독교적 세계관을 훈련해야 한다. 구약의 선지자들은 하나님을 아는 지식이 없는 이스라엘을 확인하는데, 이는 기독교적 세계관이 없이 우상숭배의 방식으로 하나님을 섬기는 이스라엘 백성들의 상태를 지적하는 것이다. 기독교적 세계관이 훈련되지 않으면 자신의 욕망을 따라 악을 행할 수밖에 없다(호 4:1-2).[13]

> "큰 이야기들, 즉 세계관들은 개인생활 뿐 아니라 인생의 모든 공적인 차원과 국가의 삶까지도 빚어낸다. 남아공의 인종차별 정책 -백인이 흑인보다 우월하다는 세계관- 은 삶의 모든 영역에 뿌리내렸고 계획적으로 시행되었다. 백인은 흑인과 달리 훨씬 좋은 학교에 다녔고, 흑백 간의 결혼은 법으로 금지되었고, 거주지도 법으로 따로 정해 놓았고, 가장 좋은 일자리는 백인들 몫이었으며, 모든 것이 다 그런 식이었다. 지금 와서 보면 그렇게 오랜 세월 동안 그렇게 많은 사람이 그런 세계관을 품을 수 있었다는 사실이 잘 믿기지 않지만, 이는 세계관이 포괄적이며 개인생활 뿐 아니라 공동체와 국가의 삶까지도 빚어낸다는 것을 똑똑히 보여 주는 사례다."
>
> _ 마이클 고힌, 크레이그 바르톨로뮤

---

[13] "이스라엘 자손들아 여호와의 말씀을 들으라 여호와께서 이 땅 주민과 논쟁하시나니 이 땅에는 진실도 없고 인애도 없고 하나님을 아는 지식도 없고 오직 저주와 속임과 살인과 도둑질과 간음뿐이요 포악하여 피가 피를 뒤이음이라"(호 4:1-2)

3) 기독교 신앙을 세계관적으로 접근하는 이유

① 상대주의적 결론에 도달한 세속 세계관

세계관은 원래 철학자들이 사용하던 개념이다. 철학자들은 칸트 이후로 이 개념을 발전시켰다. 그들은 한 개인이 세상 전체를 어떻게 바라보며, 어떻게 세상과 관계해야 하는지 주목했다. 그들은 주로 이성을 절대적 위치에 놓고 세상 전체를 이해하고 합리적 삶의 기초를 형성하는 세계관을 제시했고, 그러다보니 각자의 세계관은 상대주의적인 것이라는 결론에 이르게 되었다.

② 세계관적으로 기독교 신앙을 설명해야 할 필요성

20세기에 들어 기독교를 대적하는 철학의 흐름에 대응하기 위해 기독교 자체가 삶 전체를 보는 포괄적이고 체계적인 세계관을 제시하고 있음을 보여주기 위한 시도들이 시작되었다. 제임스 오어는 성경 이야기에 암시되어 있는 그리스도 중심의 세계관을 삶의 전 영역을 포함하여 정립하려 힘썼다. 아브라함 카이퍼는 칼빈주의가 삶 전체와 관련된 것임을 주장하며 모더니즘 세계관과 대립되는 기독교적 삶 전체를 포괄하는 세계관을 제시했다. 특히 칼빈주의로 사회 전체 영역, 즉 종교, 정치, 과학, 예술 등 모든 분야를 설명하는 데 주력했다. 사실 모세를 통해 주어진 십계명과 율법은 세상 전체를 새롭게 바라보기 위해 주어진 것이었고(신 5:7-8)[14], 결과적으로 새로운 삶을 요청했다. '너희 하나님 여호와께서 너희에게 명령하신 모든 도를 행하라 그리하면 너희가 살 것이요 복이 너희에게 있을 것이며 너희가 차지한 땅에서 너희의 날이 길리라'(신 5:33)

---

[14] "나 외에는 다른 신들을 네게 두지 말지니라 너는 자기를 위하여 새긴 우상을 만들지 말고 위로 하늘에 있는 것이나 아래로 땅에 있는 것이나 땅 밑 물속에 있는 것의 어떤 형상도 만들지 말며"(신 5:7-8)

③ 신앙의 철학화에 대한 문제

세속 철학자들이 사용했던 세계관의 개념으로 기독교 신앙을 표현해야만 하는가? 이것은 좀 어려운 작업이기도 하고, 신앙을 지나치게 세상의 철학의 범주에서 설명하려는 것처럼 보인다. 물론 세계관적으로 신앙을 접근하면 신앙이 철학화되는 문제가 생길 수 있다. 복음이 사상체계로 전락하고 지식층들만을 위한 것으로 전락할 수 있다. 또한 복음이 하나의 사상으로 전락하여 여러 사상 중 하나로 인식될 수 있다. 또한 충분한 성경적 기초 위에 서지 않으면 시대에 맞는 사회 운동이 될 수도 있다. 이러한 문제에 빠지지 않도록 우리는 스스로 주의해야 한다. 세계관적으로 기독교 신앙을 접근하려면 이성을 절대화하여 세계를 바라보려는 우리의 경향을 주의하고, 성경이 제시하는 세상에 대한 하나의 이야기에 초점을 맞추어야 한다.

④ 세계관적 접근의 유용성

두 가지 이유에서 우리는 세계관적으로 기독교 신앙을 접근해야 한다. 첫째, 이미 세속적인 세계관이 우리 삶의 모든 영역, 심지어 신앙의 영역까지 점령하고 우리가 성경과 상관없이 살아가게 만들고 있기 때문에 우리는 이에 유사한 범주로 대응함으로 세상에 대해 성경이 말하고 있는 것을 정리하고 마음에 확신하기에 유용하다. 둘째, 예수 그리스도를 통해 세상을 회복하는 복음의 공적이고 사회적인 역할을 설명하기에 유용하다.

개인적이며 내세적인 접근의 복음주의 운동이 기독교를 종교의 영역으로 축소시켜 이 세상에 하나님의 구원을 전달하지 못하고 죽어서 천국에 가는 종교 정도로 인식되게 했다는 점을 기억해야 한다.

우리는 성경 이야기에 기초하여 우리의 세상에 대한 근본적이고 포괄적 신념들을 정립해야 한다. 이것을 드러내어 표현하고 의식하며 살아간다는 것은 사탄의 은밀한 접근들을 간파하고 대응하는 것이다. 우리는 최선을 다해 성경이 제시하는 세계에 대한 단 하나의 유일한 이야기에 기초하여 우리 삶에 모든 영역을 설명하고, 세계관적으로 우리의 믿음을 구체화하며 살아가는 방법을 찾아가는 일에 힘써야 한다(딤후 2:25-26).[15]

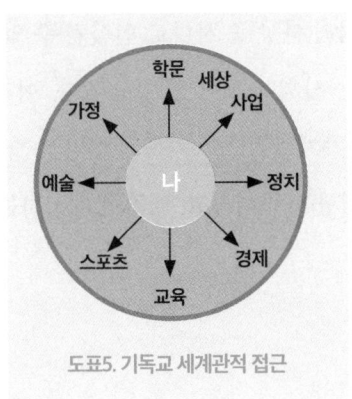

도표5. 기독교 세계관적 접근

"현대인과 대면하려면 이분법을 사용해서는 안된다. 하나님 자신과 역사와 우주에 대하여 참된 진리를 가르치는 성경을 가지고 대면해야 한다. 이것이야말로 종교개혁 당시 우리의 선조들이 너무나 잘 파악했던 진리이다." _프란시스 쉐퍼

⑤ 현대인들의 세속적 세계관에 대한 평가와 대처

현대인들의 세계관은 이성에 입각한 과학적 합리주의다. 과학적 합리주의는 두 가지로 나타나고 있다. 자신들의 합리적 이성과 과학적 발전을 통해 인간 스스로의 힘으로 세상

---

15 "거역하는 자를 온유함으로 훈계할지니 혹 하나님이 그들에게 회개함을 주사 진리를 알게 하실까 하며 그들로 깨어 마귀의 올무에서 벗어나 하나님께 사로잡힌 바 되어 그 뜻을 따르게 하실까 함이라 (딤후 2:25-26)

이 나아질 것이라고 믿는 경향과, 동시에 어떤 절대적인 체계를 부정하며 모든 것을 상대화하여 인간의 자유를 극단적으로 추구하려는 경향이다. 이 두 가지의 경향은 모두 인간의 이성을 절대적으로 맹신하고 있으며, 어떤 형태로든 인간 스스로 사회를 발전시킬 수 있다고 주장하고 있다. 이것이 세상이 주입하는 세계관이다. 이 세속적 세계관은 인간을 하나님과 멀어지게 만들며, 인간을 쾌락의 노예가 되게 할 뿐이다. '그들이 허탄한 자랑의 말을 토하며 그릇되게 행하는 사람들에게서 겨우 피한 자들을 음란으로써 육체의 정욕 중에서 유혹하는도다 그들에게 자유를 준다 하여도 자신들은 멸망의 종들이니 누구든지 진 자는 이긴 자의 종이 됨이라'(벧후 2:18-19)

그들의 세계관은 하나님의 복음과 성경을 노골적으로 거부하고 있다. 기독교인들을 이성적 사고가 마비된 수준 낮은 사람들로 인식한다. 이성으로 사회를 발전시킬 수 있다고 여전히 거짓말하고 있다. 하지만 명백히 세상은 더 나아지지 않고 있다. 선진국들이 만들어 놓은 세계질서와 경제체제는 자신들만을 위한 것이다. 세계의 빈부격차는 더욱 커져가고 있으며, 인간의 탐욕으로 인한 재앙들은 계속되고 있다. 인간의 자유와 인권이라는 명분으로 성경의 권위와 기독교적 규범을 파괴하고 개인의 욕망을 극단적으로 추구하는 경향은 사회의 기반을 파괴하는 지경에 이르렀다. 어떤 신앙의 체계도 부정하며 합리성을 추구한다는 현대인들도 사실은 물리적 세계 이외에 어떤 영적인 세계도 없다고 믿는 주입된 자신들의 신앙에 의해 지금의 사회를 만들어 가고 있다. 이 세대는 성경을 벗어나 잘못된 이론으로 악을 행하며, 또한 정당화한다. '또한 그들이 마음에 하나님 두기를 싫어하매 하나님께서 그들을 그 상실한 마음대로 내버려 두사 합당하지 못한 일을 하게 하셨으니… 그들이 이같은 일을 행하는 자는 사형에 해당한다고 하나님께서 정하심을 알고도 자기들만 행할 뿐 아니라 또한 그런 일을 행하는 자들을 옳다 하느니라'(롬 1:28, 32)

현대 사회는 인간 스스로가 합리적 이성으로 가장 합당한 삶을 만들어 낼 수 있다는 종교적 신념을 가지고 있다. 그들은 성경 이야기에 기초하지 않음으로 인간의 본질적인 타락의 문제를 간과하고 있다. 그들이 만들어낸 진보에 대한 이야기는 허상일 뿐이다. 세속적 세계관이 주입된 현대인들은 물질과 쾌락의 노예가 되어가고 있으며, 삶의 의미를 찾지 못하고 있으며, 윤리는 땅에 떨어졌고, 미래에 대한 불안함을 감추지 못하고 있다. 따라서 그들은 극단적으로 쾌락을 추구하면서 더욱 돈에 집착하며, 인생의 의미를 찾지 못하는 사람들이 자살을 선택하고 있다. 이것은 선진국에서 더욱 두드러지는 현상이다. 세상이 제시하는 무신론적 합리주의 세계관은 신뢰할 수 없으며 거부되어야 한다. 이런 상황에서 그리스도인들은 세속적 세계관에 대해 대처하며 기독교 신앙을 세계관적으로 접근하여 정립하며, 세계관의 싸움에서 승리해야 한다. (딤후 2:15-17)[16]

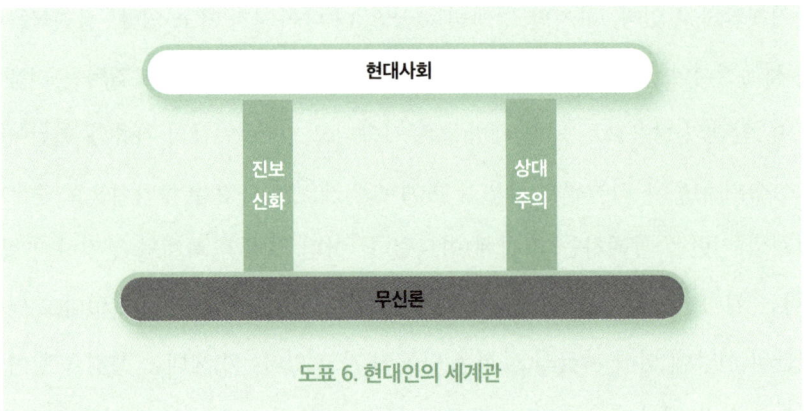

도표 6. 현대인의 세계관

---

[16] "너는 진리의 말씀을 옳게 분별하며 부끄러울 것이 없는 일꾼으로 인정된 자로 자신을 하나님 앞에 드리기를 힘쓰라 망령되고 헛된 말을 버리라 그들은 경건하지 아니함에 점점 나아가나니 그들의 말은 악성 종양이 퍼져나감과 같은데 그 중에 후메내오와 빌레도가 있느니라" (딤후 2:15-17)

7. 적용 및 토론

1) 세계관은 매우 중요합니다. 세계관이 무엇인지 자신의 말로 정리해봅시다. 이 세계관이 왜 중요할까요?
2) 당신은 세상의 지배적 세계관을 어디서 느끼나요? 세상의 드라마, 영화 등 대중매체를 통하여 우리에게 침투한 세계관을 분별하며 나눠 봅시다.
3) 성경을 통해 기독교적 세계관을 훈련하기 위해 우리는 어떻게 해야 할까요?

8. 내용 정리하기

1) 인도자 Question (인도자가 제시하는 질문으로 의견을 나눕시다.)
2) 간증을 읽고 결단하기 (워크북에 제시)

9. 기도하며 마무리 하기 (워크북에 제시)

CHAPTER 03 기독교 세계관의 유일성

1. 이 과의 목적

수많은 철학과 세계관이 범람하고 있다. 타락한 인간의 지성은 각자의 소견대로 세상의 문제에 대한 수많은 해결책을 제시하고 있다. 특히 포스트모던 사회 속에서 유일한 진리는 없다는 상대주의적 사고가 만연하여 모든 인류는 혼란에 빠져 있다. 수많은 인간적인 시도들은 결국 진리, 모두가 따라야 할 세계관을 찾는데 실패했다. 결국 세상의 철학은 진리가 없다는 결론에 도달하게 되고 오히려 인간의 욕망과 죄악을 더 극대화시켰다.

이 과를 통해 인간은 타락했고 스스로 진리에 도달할 수 없는 존재임을 인정하도록 한다. 거기서부터 진리에 도달하는 한 걸음이 시작되는 것이다. 이러한 인정은 진리가 인간에게서 나오는 것이 아니라 절대자에게서 계시되는 것임을 받아들이게 한다. 성경은 인간이 자신의 무능력을 인정하고 메시야이신 예수 그리스도를 주로 고백 할 때 유일한 진리에 도달할 수 있음을 말한다. 자신을 부정하고 하나님께서 주신 세계관으로 세상을 바라볼 수 있는 눈이 열리게 하자. 그리고 그럴 때 삶의 모든 문제의 해답을 얻을 수 있으며 참 자유를 누릴 수 있다는 사실을 강조하라.

2. 다함께 찬양하기

『찬양』 "사랑하는 나의 아버지"

사랑하는 나의 아버지 이름 높여 드립니다
주의 나라 찬양 속에 임하시니 능력의 주께 찬송하네
전능하신 하나님 찬양 언제나 동일하신 주
전능하신 하나님 찬양 영원히 다스리네
나 주의 이름 높이리 나 주의 이름 높이리
하늘 높이 들린 깃발처럼 주의 이름 높이리
전능하신 하나님 찬양 언제나 동일하신 주
전능하신 하나님 찬양 영원히 다스리네

3. 말씀 묵상하기

요 18:37-38

"빌라도가 이르되 그러면 네가 왕이 아니냐 예수께서 대답하시되 네 말과 같이 내가 왕이니라 내가 이를 위하여 태어났으며 이를 위하여 세상에 왔나니 곧 진리에 대하여 증언하려 함이로라 무릇 진리에 속한 자는 내 음성을 듣느니라 하신대 빌라도가 이르되 진리가 무엇이냐 하더라 이 말을 하고 다시 유대인들에게 나가서 이르되 나는 그에게서 아무 죄도 찾지 못하였노라"

4. 이 과의 포인트 잡기

1) 철학과 세상의 지혜는 진리를 찾는데 실패했다는 것을 인정한다.
2) 세상 철학과 비교하여 왜 기독교 신앙이 진리인지 정리한다.

5. 여는 대화

1) 진리란 무엇인지에 대해서 나름대로 정의를 내려 봅시다.
▶ 성경과 기독교 신앙만이 유일한 진리라는 것을 확증하기 위한 과이다. 진리의 정의에 대해 답을 들으면서 관찰하여 입증한 과학적 사실을 넘어, 사상가들의 이론이나 주장은 진리가 아니라고 선을 긋는 것이 중요하다. 진리란 우리는 누구인가? 우리는 어디서 왔는가? 세상의 문제는 무엇이며 그 답은 무엇인가? 우리는 죽음 이후에 어떻게 되는가? 등 궁극적인 문제에 대한 답을 주는 것이라고 정리한다. 유일한 진리가 존재하는지, 다원주의적 사고를 하고 있는지도 파악할 수 있다.

2) 당신은 기독교 신앙만이 유일한 진리라고 믿고 있습니까? 근거는 무엇입니까?
▶ 이 과에서 주장하는 기독교 진리의 유일성에 대해 훈련생들이 어떻게 생각하는지 부정적 또는 긍정적으로 생각하고 있는지 파악한다. 생각을 충분히 들으면서 훈련생들을 양육하는 데 필요한 정보를 얻는 것이 중요하다.

6. 깊이 들어가기

1) 유일한 세계관으로서의 진리

① **철학의 실패**

사실 이 세상에 우리 모두가 소유해야 할 유일한 세계관이 존재하느냐 하는 질문은 '이 세상에 진리가 존재하는가?'라는 질문과 동일하다. 우주와 인간과 모든 존재와 현상을 설명하고, 인간이 살아가야 할 방식을 제시할 수 있는 유일한 진리가 이 땅에 존재한다면, 그것은 우리 모두가 따라야 할 세계관이 될 수 있기 때문이다.

사실 이 세상의 모든 철학자들이 찾으려 했던 것은 진리이다. 그렇다면 철학이 유일한 세계관, 혹은 유일한 이야기인 진리를 발견했는가? 간단히 말하면 발견하지 못했다. 왜 철학이 진정한 진리를 발견하지 못하였는가? 진리에 관심이 없었기 때문인가? 아니면 진리를 찾는 그들의 열심이 부족했기 때문인가? 아니면 진리가 없었기 때문인가? 그렇지 않다. 인간의 철학이 진리를 발견하지 못했던 것은 바로 인간에게는 그럴 능력이 없었기 때문이다(롬 3:10-12).[17]

철학은 바로 이 기본적인 전제에서 오류에 빠졌다. 스스로 진리에 도달할 수 없다는 자신에 대한 자각이 '너 자신을 알라'는 철학적 명제를 남겼던 소크라테스에게서도 발견되지 않는다는 것은 참으로 안타까운 일이다. 진리를 탐구하려는 자신에 대한 진리조차 인식할 수 없었던 인간은 많은 노력을 기울였으나 진리를 상실한 세상을 만들어 버렸다. 이것은 철학자들의 노력이 잘못되었기 때문이라기보다는, 인간의 타락이 인류에게 초래한 당연한 결과였던 것이다. 예수께서 오시기 전에 하나님을 모르던 동양과 서양의 철학자들은 열심히 좋은 세상을 만들려고 노력했다. 하지만 그런 세상은 올 수 없었다. 소크라테스와 플라톤과 아리스토텔레스로 이어지는 서양의 철학자들도, 공자와 같은 동양의 철학자들도 그들의 노력으로 진리에 도달할 수는 없었던 것이다. 독일의 철학자 헤겔(1770-1831)은 '모든 철학은 진리에 도달하는 과정'이라고 주장했지만, 그것은 허상이다. 인류의 철학은 시대에 따라 시대에 대한 해법을 제시하지만, 나타나는 것은 반복적인 부족함뿐이다.

② 현대 철학의 결과 : 상대주의

인간이 스스로 세상의 문제에 대한 해법을 제시하고, 유일한 세계관인 진리를 찾아내

---

[17] "기록된 바 의인은 없나니 하나도 없으며 깨닫는 자도 없고 하나님을 찾는 자도 없고 다 치우쳐 함께 무익하게 되고 선을 행하는 자는 없나니 하나도 없도다" (롬 3:10-12)

는 것은 불가능했고 여전히 불가능하다. 이러한 철학의 결과는 세상에 유일한 진리가 없다는 상대주의를 양산했다. 이 시대는 학문적 포용력과 관용을 가장 위대한 인간성으로 여기고 있다. 그러나 이 세상에는 진리가 존재하며, 존재해야 한다고 말할 수 있다. 상대주의는 결국 타락한 인간의 결정들을 절대화하여 세상을 망가트리는 사회적인 결정들을 내리고 있다. 또한 상대주의는 윤리적 혼란만을 가중시켜 인간 사회의 기초를 뒤흔들고 있다. 상대주의는 인간의 확신없음에 불과하다. 상대주의 철학은 세상의 잘못된 부분을 고치려 등장했지만, 결국 하나님의 진노를 불러오는 윤리적 타락을 가져온다. '하나님의 진노가 불의로 진리를 막는 사람들의 모든 경건하지 않음과 불의에 대하여 하늘로부터 나타나나니 … 그러므로 하나님께서 그들을 마음의 정욕대로 더러움에 내버려 두사 그들의 몸을 서로 욕되게 하게 하셨으니'(롬 1:18, 24)

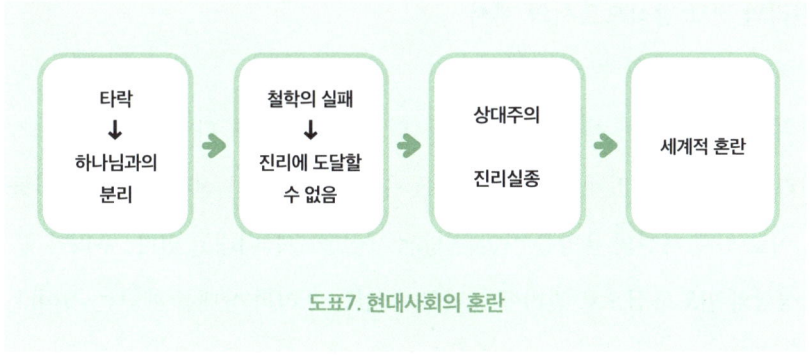

도표7. 현대사회의 혼란

③ 계시되어야 하는 진리

우리는 누구나 진리를 추구하고 있으며, 인류에게는 절대적인 진리가 필요하다. 상대주의는 인류에게 혼란만을 줄 뿐이다. 또한 인류가 어떻게 살아야 하는가를 알려주지 못한다. 하나님의 권위를 무너트리면 남는 것은 확신할 수 없는 주장들뿐이다.

이 세상에 진리는 존재하며, 존재해야 한다. 하지만 진리는 인간의 이성과 철학에 의해 나올 수 없다. 진리는 오직 창조자요 절대자인 신에 의해서만 나올 수 있다. 따라서 진리가 존재하는가에 대한 논쟁은 세상을 창조한 하나님이 존재하는가에 대한 논쟁이다. 이 세상을 창조한 절대자, 하나님의 존재가 확실하다면 진리는 존재할 뿐만 아니라, 인간에게 계시될 것이다. 하나님은 이미 인간이 진리에 도달하게 하시기 위해 자신의 존재와 뜻을 역사 속에 계시하셨다. 특히 이스라엘을 통해 드러내셨으며(시 78:1-3),[18] 예수를 통해 자신의 계시를 완성하셨다. '옛적에 선지자들을 통하여 여러 부분과 여러 모양으로 우리 조상들에게 말씀하신 하나님이 이 모든 날 마지막에는 아들을 통하여 우리에게 말씀하셨으니 이 아들을 만유의 상속자로 세우시고 또 그로 말미암아 모든 세계를 지으셨느니라'(히 1:1-2) 하나님께서 계시하신 진리는 유일한 세계관이며, 유일한 세계관이어야 한다.

2) 진리의 전달 방식으로서의 계시

① 타락 : 진리에 도달할 수 있는 능력의 상실

인간의 타락은 인간과 세상 만물의 모든 면을 망가트렸다. 타락한 인간은 스스로 하나님의 진리에 도달할 수 없게 되었다. 인간은 유일한 세계관인 진리를 스스로 만들어낼 수 없으며, 이로 인해 자신의 욕망을 따라 절망적 세상을 만들어내고 있다. 우리가 할 수 있는 최선은 성령의 인도하심으로 진리에 도달할 수 없는 우리의 상태를 깨닫는 것이다.

② 유일한 방식으로서의 신적 계시

타락한 인간의 이성은 진리를 만들어낼 수 없다. 따라서 진리는 신적 계시의 방법으로만 주어질 수 있다. 요한복음에서 예수 그리스도는 빌라도 앞에서 자신을 왕이라고 지칭

---

18 "내 백성이여, 내 율법을 들으며 내 입의 말에 귀를 기울일지어다 내가 입을 열어 비유로 말하며 예로부터 감추어졌던 것을 드러내려 하니 이는 우리가 들어서 아는 바요 우리의 조상들이 우리에게 전한 바라" (시 78:1-3)

하면서, 이 땅에 진리를 증거하러 왔음을 천명하고 있다(요 18:37-38).[19] 예수께서 스스로를 왕이라고 지칭하셨을 때, 그것은 이 땅에 유일한 진리를 계시하는 하나님의 전권대사임을 의미하는 용어였고, 예수만이 하나님으로부터 이 세상에 진리를 전해주는 계시의 전달자요 동시에 진리 그 자체라는 것을 의미하는 것이었다. 예수께서는 진리가 없는 이 세상에 오셔서 진리를 선포하려 하셨던 것이다.

③ 진리의 계시자 예수 그리스도

예수 그리스도는 진리를 찾기 원하지만 진리를 찾을 수 없었던 우리에게 진리를 선포하기 위해서 이 땅에 오셨다(요 14:6).[20] 그리고 인간은 십자가에 죽으신 예수 그리스도를 통해서만, 즉 메시야 예수를 주로 고백하고 하나님나라의 백성이 되어야만, 유일한 진리에 도달할 수 있다는 것을 보여주고 있다. '진리에 속한 자는 내 소리를 듣느니라.' 우리는 예수 그리스도를 통해서만 진리에 도달할 수 있다. 왜냐하면 우리는 진리를 찾을 수 없는 세상 가운데에서 진리를 찾을 수 있는 능력을 상실한 채 살아가고 있기 때문이다.

정리해 보자. 이 세상에는 진리가 없다. 그러나 하나님께서는 우리에게 신적 계시를 통해 유일한 진리를 주셨다. 그것이 바로 하나님께서 놀라운 신적 능력으로 계획하시고, 예수 그리스도를 통해서 완성하시고, 성경을 통해 전하신 복음이다. 이것은 영원히 변치 않는 진리이다. 세상의 모든 문제를 해결할 수 있는 유일한 교과서이다. 더불어 우리가 알아야 할 것은 인간이 스스로 그 진리에 도달할 수 없다는 절망적인 사실이다.

---

[19] "빌라도가 이르되 그러면 네가 왕이 아니냐 예수께서 대답하시되 네 말과 같이 내가 왕이니라 내가 이를 위하여 태어났으며 이를 위하여 세상에 왔나니 곧 진리에 대하여 증언하려 함이로라 무릇 진리에 속한 자는 내 음성을 듣느니라 하신대 빌라도가 이르되 진리가 무엇이냐 하더라 이 말을 하고 다시 유대인들에게 나가서 이르되 나는 그에게서 아무 죄도 찾지 못하였노라"(요 18:37-38)
[20] "예수께서 이르시되 내가 곧 길이요 진리요 생명이니 나로 말미암지 않고는 아버지께로 올 자가 없느니라"(요 14:6)

> "기독교 신앙의 기초는 사상이나 이론이 아니라 살아계신 예수 그리스도이시다. 바로 이 점에서 기독교는 다른 종교들과 다르다. 대부분의 종교들은 어떤 철학적 사상을 받아들이고 믿는 데서 출발한다. 반면 기독교는 예수 그리스도와 그 분의 부활이라는 역사적 사건에 기초한다."
>
> _ 조시 맥도웰

3) 진리의 인식 방법

① 회개한 자들에게 주어지는 계시

예수님은 회개하지 않는 백성들에게 회개를 촉구하시면서, 이것(즉 회개의 메시지)을 지혜롭고 슬기 있는 자들에게는 감추시고, 어린아이들에게는 나타내셨다고 말씀하신다. '그 때에 예수께서 대답하여 이르시되 천지의 주재이신 아버지여 이것을 지혜롭고 슬기 있는 자들에게는 숨기시고 어린 아이들에게는 나타내심을 감사하나이다 옳소이다 이렇게 된 것이 아버지의 뜻이니이다 내 아버지께서 모든 것을 내게 주셨으니 아버지 외에는 아들을 아는 자가 없고 아들과 또 아들의 소원대로 계시를 받는 자 외에는 아버지를 아는 자가 없느니라'(마 11:25-27) 여기서 지혜롭고 슬기 있는 자들은 누구인가? 그것은 바로 스스로 진리에 도달할 수 있다고 믿고 있는 자들이다. 그들은 스스로 진리에 도달할 수 있다고 믿고, 스스로의 힘으로 구원에 도달할 수 있다고 믿음으로 회개의 기회를 잃어버린다. 그러나 어린아이로 표현된 사람들은 스스로 진리에 도달할 수도 없고, 구원에도 이를 수 없다는 것을 인정하는 사람들이다. 이들은 스스로 진리에 도달할 수 있으며, 개인적으로 행복한 삶을 살아갈 뿐만 아니라, 아름다운 사회를 만들 수 있다는 허상을 철저히 깨달은 자들이다. 그러므로 그들은 자신들의 죄를 깨닫고 이 땅에 오신 진리이신 예수 그리스도를 영접함으로 하나님을 만나게 된다. 그들에게는 영원한 하나님나라의 계시가 주어지는데, 그것이 바로 진리이다.

② 인본주의의 결말

철학자 니체(1844-1900)는 "언젠가 철학적인 구원자를 고대하는 체제가 도래하면 이 무신론적인 세계가 도래할 것이다"라고 자신 있게 말했다. 그는 하나님 앞에서 인간이 가져야 한다고 성경이 가르치던 '회개와 겸손' 같은 덕목들이 인간 역사의 발전을 가장 저해하는 자기비하의 사상이라고 가르쳤다. 그는 인류 역사가 이런 기독교적 사상 때문에 위대하게 발전할 가능성을 잃어버렸으므로, 이러한 기독교적 유산을 완전히 제거하고 인류를 구원할 수 있는 초인을 기다려야 한다고 주장하였다. 그러나 니체가 죽은 후 그의 영향을 받은 수많은 초인들이 인류의 구원자를 자처하면서 사람들을 선동하고 무자비한 일들을 자행했는데, 그들이 바로 히틀러와 스탈린이었다. 결국 니체 자신도 이상적인 세계에 대한 소망을 잃고 비극적으로 죽고 말았다.

③ 자기비하? 자기인정!

스스로 진리에 도달할 수 없고, 스스로를 구원할 수 없는 인간이 하나님께 의지하는 것은 자기비하가 아니라 자기인정이다. 현실에 대한 가장 냉정하고 정확한 판단이다. 인간이 스스로 진리에 도달할 수 있다는 가능성을 포기하고, 스스로 선하고 아름다운 세상을 만들 수 있다는 이상을 포기하지 않는 한, 인간은 진리에 도달할 수 없다. 그렇게 인간은 또한 절망에 도달할 수밖에 없다. 세상에 대해 이상을 꿈꾸는 수많은 사람들이 결국 답을 찾지 못하고 환멸을 느낄 수밖에 없는 상황과, 세상 권세와 물질을 탐하는 자들이 득세하는 현실을 보고 절망하지 않을 사람이 누가 있겠는가? 우리 모두는 유일한 진리에 도달하기 위해 회개하고 하나님나라를 믿으라는 예수 그리스도의 복음에 무릎 꿇어야 한다. 자신이 진리에 도달할 수 없는 죄인, 스스로 구원할 수 없는 죄인임을 인정하는 베드로의 태도가 필요하다(눅 5:8).[21] 우리가 스스로 진리에 도달할 수 없는 악한 존재임을 믿을 때, 우리는 진리에 도달할 수 있다. 이 얼마나 역설적인가?

도표8. 진리인식의 길

"그리스도의 이름을 빙자하여 교회가 정의롭지 못한 짓을 무수히 저질렀던 사실을 가벼이 넘어갈 수는 없다. 그러나 기독교도의 가장 근본적인 믿음의 힘이, 험난한 우리 세상에 평화를 가져오는 강력한 동인이 될 수 있음을 어느 누가 부정할 수 있겠는가?" _ 팀 켈러

7. 적용 및 토론

1) 당신은 이 세상에 유일한 진리가 존재해야 한다고 생각하십니까?
2) 진리는 어떤 방식으로 주어진다고 생각하십니까? 그 이유는 무엇입니까?
3) 예수를 통해 주어진 진리에 도달하기 위해 당신은 어떤 노력이 필요합니까?

---

21 "시몬 베드로가 이를 보고 예수의 무릎 아래에 엎드려 이르되 주여 나를 떠나소서 나는 죄인이로소이다 하니" (눅 5:8)

8. 내용 정리하기

1) 인도자 Question (인도자가 제시하는 질문으로 의견을 나눕시다.)

2) 간증을 읽고 결단하기 (워크북에 제시)

9. 기도하며 마무리 하기 (워크북에 제시)

CHAPTER 04

기독교 세계관의 특징

1. 이 과의 목적

    지금까지 우리는 모든 사람들이 각자의 세계관에 따라 살아간다는 것에 대해 배웠다. 그리고 모든 사람이 따라야하는 세계관이 존재하는가에 대해 세상은 답을 찾지 못했다는 것을 보았고, 기독교의 세계관만이 모든 사람들에게 답을 줄 수 있는 진리라는 것을 확인했다. 진리는 인간 스스로 만들어낼 수 없고, 계시될 수밖에 없는 것이다.

    유일하신 하나님에 의해 계시된 진리는 필연적으로 배타성을 갖는다. 여기에서 많은 그리스도인들이 주저한다. 하지만 세상이 관용을 내세워 기독교의 진리가 편협하다고 주장하는 것에는 모순이 있으며 오히려 그리스도인들은 진리의 절대성을 인식하며 타협하지 말아야 함을 강조해야 한다. 나아가 기독교 진리는 포괄성을 가져야 한다. 세상의 종교와 사상들, 과학적 탐구는 일부 현상들을 설명할 수 있지만 모든 것을 포괄할 수 없다. 성경의 진리만이 세상 전체를 설명할 수 있으며 인간의 한 부분을 만족시키는 것이 아닌 삶의 모든 영역에 회복과 변화가 있게 한다. 이러한 진리의 특성을 이해할 때 진리의 확신과 더불어 편협한 신앙생활에서 벗어나 총체적인 변화와 회복을 추구하는 신앙생활을 할 수 있다. 양육자는 진리가 가지고 있는 배타성과 포괄성에 대해 잘 설명하고, 그 특징이 가져오는 과제에 대해 동의를 이끌어내도록 한다.

2. 다함께 찬양하기

『찬양』 "세상 흔들리고 사람들은 변하여도"

세상 흔들리고 사람들은 변하여도 나는 주를 섬기리
주님의 사랑은 영원히 변하지 않네 나는 주를 신뢰해
오직 믿음으로 믿음으로 내가 살리라 (X2)
믿음 흔들리고 사람들 주를 떠나도 나는 주를 섬기리
주님의 나라는 영원히 쇠하지 않네 나는 주를 신뢰해
오직 의인은 믿음으로 말미암아 살리라 (X2)

3. 말씀 묵상하기

요 8:31-32

"그러므로 예수께서 자기를 믿은 유대인들에게 이르시되 너희가 내 말에 거하면 참으로 내 제자가 되고 진리를 알지니 진리가 너희를 자유롭게 하리라"

4. 이 과의 포인트 잡기

1) 기독교 세계관의 특징을 이해한다.
2) 기독교인으로서 우리가 가져야 할 태도를 정리한다.

5. 여는 대화

1) 처음 기독교인이 되는 과정에서 어려운 점은 무엇이었습니까?
   ▶ 기독교인으로 산다는 것은 유일한 진리를 인정하는데서 오는 주위 사람들의 부정적인 시각을 감당하는 과정이 있다. 그 가운데서 훈련생들이 어떤 어려움들을 겪었는

지 나누며 훈련생들의 경험을 공유하고 공감한다.

2) 지금 기독교인으로 살아가는데 있어서 갈등이나 힘든 일을 겪은 적이 있다면 나누어 봅시다.
▶ 1번 질문의 연장선으로 훈련생들이 현재 기독교를 수용하는데 있어서 어떤 갈등 상황을 겪고 대처하고 있는지 나누며, 훈련생들의 상황을 파악하고 훈련생들끼리의 공감대를 형성하게 한다.

6. 깊이 들어가기

1) 기독교 세계관의 두 가지 특징

① 예수를 통해 주어진 진리

우리는 이제까지 세계관의 중요성을 논하고, 모두가 따라야 할 보편적 세계관이 존재하기 위해 꼭 필요한 진리의 복음에 관해 논의하였다. 우리가 확실히 믿어야 할 것은 보편적 진리는 반드시 존재하며, 우리가 그 진리에 도달할 때 진정으로 인간다운 삶, 사탄의 모든 속박으로부터 자유하며 헛된 욕망의 노예 상태를 벗어나는 생명의 삶을 살게 된다는 것이다(요 8:32).[22] 보편적 진리는 세상을 창조한 하나님에 의해 신적 계시를 통해서만 주어질 수 있다. 그리고 이 신적 계시의 정점에 하나님이 보내신 유일한 메시야 예수가 있다. 성경은 우리가 진리에 도달하기 위해 우리 스스로 진리에 도달할 수 있다는 가능성을 포기하고, 회개함으로 예수를 믿어야 한다고 주장한다.

---

[22] "진리를 알지니 진리가 너희를 자유롭게 하리라" (요 8:32)

② 진리로서의 기독교 세계관의 두 가지 특징 : 배타성과 포괄성

성경의 가르침이 사실이라면 -그것은 세상을 창조한 하나님께서 존재하신다면 너무나 자명한 사실이지만- 진리의 복음에 근거한 기독교 세계관은 유일한 진리이다. 그 이유는 성경과 그 성취자인 예수 이외에 진리를 계시하는 다른 방법이 이 세상에 주어지지 않기 때문이다. 따라서 기독교 세계관은 배타성을 갖는다. 이 특성은 편협한 성경의 자기주장이 아니고, 세상을 창조한 하나님의 정당한 사실 주장이다.

또한 기독교 세계관은 포괄성을 갖는다. 기독교 세계관은 이 세상에서 살아가는 인간의 모든 삶의 영역에 대해 설명하고 있다. 왜냐하면 성경이 세상의 창조에서 세상 역사의 끝까지, 인간의 현실에서 내세에까지 세상의 모든 문제에 대해 답하고 있기 때문이다. 따라서 진리로서의 기독교 세계관은 포괄성을 갖는다. 만약 어떤 철학이나 종교가 이러한 포괄성이 없다면 그것은 이미 진리로서의 가치가 없는 것이다.

진리로서의 기독교 세계관은 세상을 창조하고 다스리는 하나님의 신적 계시에 의해 주어진 것으로서의 배타성이 있으며, 또한 세상의 모든 문제에 답을 주고 있다는 면에서 포괄성이 있다. 기독교 신앙은 세상의 주장들을 검토하되 다른 주장들을 유일한 진리로 포용할 수 없다. 하지만 기독교 신앙은 교회 안에 갇힌 종교적 진리가 아니기에 인간과 세상에 대한 모든 문제들에 포괄적으로 답을 준다. 성경은 유일한 계시이며, 유일하게 정확한 길을 제시한다. '하나님의 말씀은 살아 있고 활력이 있어 좌우에 날선 어떤 검보다도 예리하여 혼과 영과 및 관절과 골수를 찔러 쪼개기까지 하며 또 마음의 생각과 뜻을 판단하나니 지으신 것이 하나도 그 앞에 나타나지 않음이 없고 우리의 결산을 받으실 이의 눈 앞에 만물이 벌거벗은 것 같이 드러나느니라'(히 4:12-13)

2) 기독교 세계관의 배타성

① 배타적일 수밖에 없는 진리

우리는 기독교인이 되어 성경을 진리로 믿고, 기독교 세계관을 가지고 살아가게 될 때, 하나의 현대적이고 고상한 도전에 부딪힌다. 그것은 바로 기독교의 교리적 배타성이다. 사람들은 현대 기독교가 배타적인 진리를 주장하면서, 관용과 포용을 설파한 예수 그리스도의 정신을 훼손한다고 주장한다. 그러나 이러한 주장은 궤변에 불과하다. 오히려 진리와 배타성은 뗄 수 없는 관계이다. 진리는 배타적이며, 배타적이어야 한다. 배타적이 아닐 때 그것은 진리가 아니다.

② 관용의 자기모순

세상에 진리임을 주장하는 수많은 이론들과 사상들이 있다. 각 이론과 사상들은 저마다의 논리로 신자들을 확보하고, 자신들이 말하는 것이 진리임을 주장하고 있다. 만약 이들이 자신들의 이론과 사상이 진리가 아니라고 주장하면 그들은 스스로 거짓임을 폭로하는 것이며, 반대로 유일한 진리라고 주장하면 배타적이 되는 것이다. 왜냐하면 세상에 진리는 하나일 수밖에 없기 때문이다. 만약 세상에 진리가 여러 개라면 그것은 이미 진리가 아니다. 세상에 다양한 진리가 있다고 말한다면, 관용적으로 들릴지는 모르지만 그것은 자기모순적이다.

③ 관용주의의 세 가지 특징

관용적이고 포용적인 진리를 주장하는 자들 역시 배타적인 진리를 주장하는 자들에 대해(특히 기독교에 대하여) 배타적이라는 사실은 스스로 모든 사상을 존중한다는 학자들이 사실은 얼마나 ① 배타적이며(자신들이 배타적이라고 생각하는 사상에 대해 배타적이기 때문에), ② 자기 모순적이며(관용적이라고 하면서 관용적인 자신들의 사상을 받아들이지 않는 자들에 대해서는 관용적이지 못하고 비판의 칼날을 들이댄다는 점에서 그렇다. 스스로 배타적이라고 주장하는 기독교의 진리는 자기 모순적일 수는 없다. 스스로의 배타성을 인정하기 때문에), ③ 확신이 없는 자들인지(그들은 관용적이라는 명목 하에 사람들의 인정과 인기를 추구하면서, 얄팍한 학문의 결과로 어느 것도 진리라고 확신하지 못하고 이것저것을 다 받아들이는 학자이다. 그들은 사실 어떤 것도 진리로 받아들이지 못하는 포스트모더니즘의 희생양이다.) 여실히 드러내고 있다.

④ 기독교 관용주의의 자기기만

오히려 기독교 신앙을 가지고 있으면서도 다른 종교나 사상체계를 진리로 인정하는 것은 기독교 신앙을 잘 알지 못하기 때문이며, 기독교 신앙에 대하여 알고도 그런 자세를 취한다면 다른 사람들의 눈치를 살피는 비겁함을 드러내는 것이다. 이는 결국 관용적이라는 찬사를 들으면서 욕먹지 않고 살기 위해 거짓말하는 것이다(갈 1:10).[23] 예수께서 어느 삶의 순간에 관용적이고 포용적으로 보이기 위해 자신이 하나님의 아들이며 유일한 진리이심을 숨기셨는가? 예수님은 자신이 하나님의 아들임을 주장하시다가 유대인들에게 신성모독으로 고발 당했고, 자신이 진리임을 끝까지 고수하시다가 십자가에 달려 죽으시지 않으셨는가? 그런 예수 그리스도를 믿으며, 그분의 말씀을 따른다는 성도들이 기독교만이 진리라는 배타성을 갖지 않으면 그것이야말로 비겁하고 자기기만적 자세를 가지고 있는 것이다. 예수 그리스도는 '내가 곧 길이요 진리요 생명'이라고 분명히 말씀하셨다. 예수께서 관용적이었다는 것은 하나님의 아들로서 이 땅을 사랑하여 모든 백성들을 유일한 진리로 이끌기 위해 행하신 그의 모든 사역에 나타나 있는 사랑과 긍휼의 삶의 모습을 일컫는 것이지, 그분이 전파하신 진리가 유일하지 않다는 것을 말하는 것은 결코 아니다. 우리의 문제는 세상 사람들의 눈치를 보며 기독교의 배타성을 은근슬쩍 부정하면서, 동시에 자기 욕망에 눈이 어두워 예수님의 진리의 말씀을 실천하지 못하는 비윤리성에 있다.

---

23 "이제 내가 사람들에게 좋게 하랴 하나님께 좋게 하랴 사람들에게 기쁨을 구하랴 내가 지금까지 사람들의 기쁨을 구하였다면 그리스도의 종이 아니니라" (갈 1:10)

⑤ 타협할 수 없는 기독교 진리

진리는 배타적이어야 진리이며, 이로 인해 진리는 타협할 수 없는 것이다. 기독교 신앙은 세상의 모든 것을 포용하며, 검토해야 한다. 세상의 모든 사람들에 대해 관심을 기울이고, 그들을 도와야 한다. 하지만 기독교 신앙 체계는 배타적이다. 이 말은 하나님은 한 분이시며, 이는 다른 신, 다른 구원의 방식을 용납하지 않는다는 뜻이다. '너는 나 외에는 다른 신들을 네게 두지 말라'(출 20:3) 이 기독교의 특성 때문에 우리가 어려움을 당한다면 그것은 의로운 고난이다. 나아가 우리는 배타적 진리를 전하는 통로가 되기 위해 하나님나라를 구현하는 복음적 존재방식을 훈련해야 한다. 배타적 진리를 주장하면서 동시에 예수님의 말씀을 실천하는 윤리성의 회복을 이뤄야 기독교 진리의 증인이 될 수 있다.

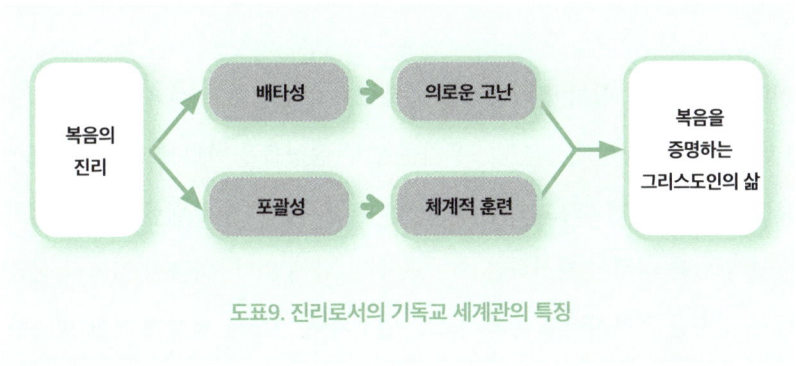

도표9. 진리로서의 기독교 세계관의 특징

3) 기독교 세계관의 포괄성

① 진리에 요청되는 포괄성

진리는 우주와 인간, 그리고 그 안에서 벌어지는 모든 현상을 설명할 수 있어야 한다. 진리는 편협되거나 부분적일 수 없다. 진리는 모든 인과관계를 다 설명할 수 있는 논리를 가지고 있어야 하며, 모든 현상을 다 설명할 수 있어야 한다. 물론 우리가 밝힌 논리적 설명이 진리를 다 포함하는 것에는 어려움을 겪겠지만 성경 자체는 창조에서 역사의 끝까

지, 인간이 알아야 할 진리의 모든 것을 설명한다(창 1:1, 계 22:20).[24]

② 샤머니즘 신앙의 편협함

우리가 샤머니즘 신앙을 진리로 인정할 수 없는 것은, 자신의 필요에 그 필요를 채워줄 어떤 초월적인 신적 존재와 종교적 열심만을 인과적으로 연결시키는 데 그치며, 다른 것들에 대해서는 전혀 설명할 수 없기 때문이다. 한국에 있는 대부분의 종교는 그 일부에서 샤머니즘적 경향을 띠고 있다. 우리는 이 부분을 대단히 주의해야 한다. 세상의 모든 것을 포괄적으로 설명할 수 없는 사상이나 종교는 절대로 진리일 수 없다. 이성을 최고의 위치에 놓은 합리주의적 무신론도 역시 진리의 포괄성을 갖지 못하고 있다. 눈에 보이는 물질세계에 대한 연구만으로는 절대로 진리를 구성할 수 없다. 왜냐하면 이 역시 부분적이기 때문이다.

세상의 많은 종교들, 심지어 이단적인 기독교적 가르침도 우주와 인간과 현상에 대해 부분적으로는 옳은 설명을 하고 있다. 우리는 일부 현상들을 바라보면서 이런 가르침들을 따르다 보면, 그것들을 진리라고 여길 수도 있다. 하지만 세상에 대한 온전한 진리를 설명하는 유일한 방법은 성경이 제시하는 기독교 신앙 밖에 없다. 따라서 기독교 신앙을 소유한 사람들은 성경을 포괄적이고 총체적으로 연구하여 인생과 세상에 대한 명확한 진리를 설명하는 데 최선을 다해야 한다.

③ 기도하면 다 된다? 하나님의 뜻대로 구원하신다!

한국의 기독교 문화에는 타종교에서 나타나는 편협되고, 부분적인 진리들이 판을 치고 있다. '뭐든지 기도하면 다 이루어진다'는 가르침이 바로 그것이다. 뭐든지 기도하면 다 된

---

[24] "태초에 하나님이 천지를 창조하시니라" (창 1:1) "이것들을 증언하신 이가 이르시되 내가 진실로 속히 오리라 하시거늘 아멘 주 예수여 오시옵소서" (계 22:20)

다고 말하면, 자기가 원하던 것을 받은 사람은 그런 가르침이 옳다고 여길 것이다. 왜냐하면 자신의 상황에서 그 말씀이 인과적 논리를 만족시키기 때문이다.

그러나 우리는 하나님의 말씀 안에서 포괄적 사고를 해야 한다. 하나님은 우리가 원하는 대로 이리 저리 흔들리시는 갈대와 같은 분이 아니다. 하나님께서는 뜻하신 바대로 섭리하시며, 타락한 우리를 구원하셔서 그 분의 뜻에 맞게 살아가게 하신다(사 14:27).[25] 기독교의 구원은 우리의 탐욕적 기도가 성취되는 것과 아무 관련이 없다. 사실 우리가 기도하면 뭐든지 이루어지게 되는 것이 아니라, 우리가 예수를 메시야로 믿고 하나님의 복음을 따라 기도하며 살아가다 보면 우리의 뜻을 버리고 하나님의 뜻을 따르게 되는 것이다. 따라서 뭐든지 기도하면 된다는 것은 매우 부분적인 신앙체계에 지나지 않는다.

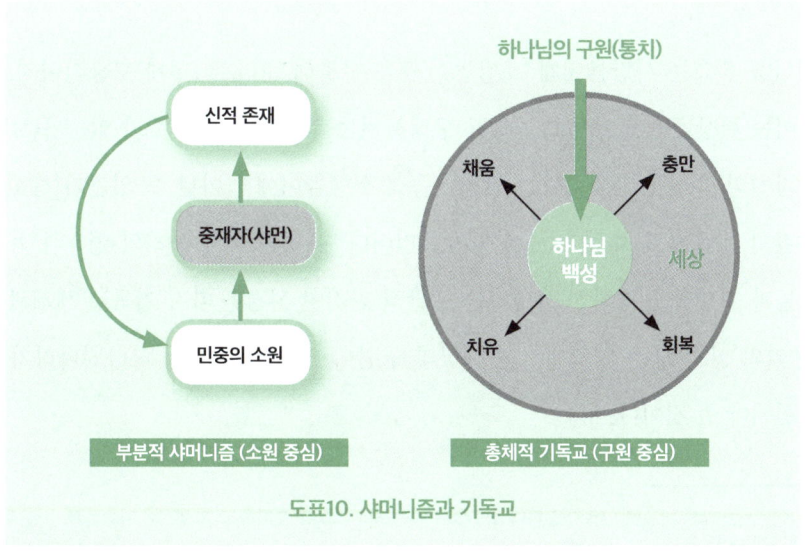

도표10. 샤머니즘과 기독교

---

[25] "만군의 여호와께서 경영하셨은즉 누가 능히 그것을 폐하며 그의 손을 펴셨은즉 누가 능히 그것을 돌이키랴" (사 14:27)

④ 기독교 진리의 포괄성

우리의 삶을 모두 포괄할 수 있는 것이 진리이다. 그런 면에서 무신론은 절반의 신앙이다. 무신론은 인간에게 있는 물질적 특성을 잘 설명한다. 그러나 인간에게는 절대로 물질적 진화로는 설명이 되지 않는 수많은 영적인 경험들과 욕구들이 존재한다. 무신론은 여기에 어떤 답을 할 것인가?

성경만이 모든 우주와 인생의 질문에 합당한 답을 줄 수가 있다. 이 세상의 본질은 무엇인가? 인간은 어떠한 존재인가? 인간의 모든 문제들의 원인은 무엇인가? 그 해결책은 무엇인가? 인간의 죽음 이후는 어떠한가? 인간의 도덕과 선에 대한 갈망의 원천은 무엇인가? 인간의 삶과 역사의 의미는 무엇인가? 이러한 질문들에 무신론은 부분적인 답변만 할 수 있다.

샤머니즘 종교는 사람들에게 '소망놀이'만을 선물해 준다. 어떻게 포괄적이지도 않고, 눈에 보이는 현상들만을 가지고 진리를 구성하려는 무신론을 믿을 수가 있는가(시 14:1).[26] 어떻게 자신의 욕심을 채워준다는 샤머니즘적 소망놀이에 놀아날 수 있는가(신 13:1-3).[27] 이는 사탄의 계략에 속지 않고는 불가능한 일이다. 우리는 이제 우리의 영혼과 육체의 모든 문제들과 현상들을 정확히 설명하는 포괄적 진리인 성경을 따라 기독교 세계관을 훈련하여, 우리의 삶의 모든 영역에서 하나님의 구원이 임하도록, 또한 하나님나라가 이루어지도록 힘써야 할 것이다.

---

26 "어리석은 자는 그의 마음에 이르기를 하나님이 없다 하는도다 그들은 부패하고 그 행실이 가증하니 선을 행하는 자가 없도다" (시 14:1)
27 "너희 중에 선지자나 꿈 꾸는 자가 일어나서 이적과 기사를 네게 보이고 그가 네게 말한 그 이적과 기사가 이루어지고 너희가 알지 못하던 다른 신들을 우리가 따라 섬기자고 말할지라도 너는 그 선지자나 꿈 꾸는 자의 말을 청종하지 말라 이는 너희의 하나님 여호와께서 너희가 마음을 다하고 뜻을 다하여 너희의 하나님 여호와를 사랑하는 여부를 알려 하사 너희를 시험하심이니라" (신 13:1-3)

> "기독교 세계관은 그리스도인이 세상에 대해 품어야 할 기본 신념들의 포괄적 뼈대가 성경의 드라마에 배어 있기에, 그러한 신념들을 우리 문화의 기본 신념들과 상호 연관시켜서 제시하는 것"이다. 그것은 성경의 진리에 기초하지만 성경 이야기 자체와 구별된다. 성경신학, 조직신학, 기독교 철학보다 원천적이고 포괄적인 삶의 안목이고 비전이다." _ 신국원

7. 적용 및 토론

1) 당신이 살아가면서 기독교 신앙의 배타성으로 때문에 받는 오해들은 무엇이며, 어떻게 대처할 수 있습니까?
2) 당신이 지금까지 배운 신앙의 내용들은 삶의 모든 영역에 구체적 지침을 주고 있습니까? 그렇지 않다면 이유는 무엇이며, 해결 방안은 무엇입니까?
3) 성경을 통해 얻어진 기독교 세계관의 두 특징에 대해 동의하십니까?

8. 내용 정리하기

1) 인도자 Question (인도자가 제시하는 질문으로 의견을 나눕시다.)
2) 간증을 읽고 결단하기 (워크북에 제시)

9. 기도하며 마무리 하기 (워크북에 제시)

CHAPTER 05

기독교 세계관의 기본 내용 ⑴ 인간에 대하여

1. 이 과의 목적

　기독교 세계관은 모든 것을 포괄하는 진리임을 배웠다. 이번 과에서는 기독교 세계관이 인간에 대해 어떻게 말하는지 설명하고 성경이 제시하는 인간 이해에 대해 납득하게 한다. 나아가 성경이 인간에 대해 가장 포괄적이고 완전한 설명을 준다는 사실을 납득하게 함으로 기독교 세계관 전체가 가장 신뢰할만한 진리이며, 성경을 통해 진리에 접근하는 것이 세상의 모든 질문들에 대한 답을 찾는데 가장 적절한 방법임을 확신하게 한다.

　인간에게는 과학만으로는 설명할 수 없는 영역이 있다. 즉, 동물과 유사하지만 결코 진화론적인 관점으로 설명할 수 없는 부분이 있다. 이에 성경에서 제시하는 영혼을 가진 인간의 하나님의 형상으로서의 특성을 파악한다. 생물학과 인간의 철학이 인간에 대해 제시하는 지식과 비교하여 성경이 제시하는 인간에 대한 진정한 지식을 설명하자. 이를 통해 하나님의 형상인 자신이 어떤 존재의 의미가 있는지, 그리고 하나님이 창조하신 인간의 본래 모습이 어떻게 파괴되었는지 돌아보게 된다. 이러한 인간 이해의 과정을 통해 세상의 타락의 원인을 발견하며 결국 하나님의 통치를 회복해야함을 깨닫게 될 것이다. 양육자는 본 과를 통하여 성경이 인간에 대한 가장 온전한 지식을 제시함으로 기독교의 진리만이 유일한 진리이며, 유일한 세계관임을 확신하도록 할 수 있다.

2. 다함께 찬양하기

『찬양』 "지금 우리가 주님 안에 하나가 되어"

지금 우리가 주님 안에 하나가 되어 바로 주님이 원하시는 뜻대로
주님의 크신 영광 높이는 노래가 되어 온 세상을 아름답게 하리라
우리 모두가 주를 노래하는 아름다운 소리로 하나가 되어
바로 이곳을 더욱 아름답게 아름답게 하리라

3. 말씀 묵상하기

시편 8:4-8

"사람이 무엇이기에 주께서 그를 생각하시며 인자가 무엇이기에 주께서 그를 돌보시나이까 그를 하나님보다 조금 못하게 하시고 영화와 존귀로 관을 씌우셨나이다 주의 손으로 만드신 것을 다스리게 하시고 만물을 그의 발 아래 두셨으니 곧 모든 소와 양과 들짐승이며 공중의 새와 바다의 물고기와 바닷길에 다니는 것이니이다"

4. 이 과의 포인트 잡기

1) 인간은 어떤 존재인지 정리한다.
2) 인간을 설명하는 기독교적 방식에 대해 평가하고, 기독교 세계관에 대해 확신한다.

5. 여는 대화

1) 인간은 그저 자기가 먹은 것의 결과물에 불과하다는 포이어바흐의 유물론이나, 인간은 우연히 만들어진 생명체가 진화의 과정을 거쳐 생존한 DNA의 복제물이라는 의견에 동의할 수 있습니까? 이런 인간관은 우리의 삶에 어떤 영향을 미칠까요?

▶ 영적인 부분을 제외시키는, 혹은 영적인 부분까지도 관찰 입증가능하다고 주장하는 인간에 대한 과학 분야의 과격한 주장들, 혹은 과학의 발전을 맹신하며 만들어진 사상들에 대해 문제의식을 느끼고 있는지 확인한다. 인간에 대한 과학적 접근은 인간의 정체성, 삶의 목적, 의미 등을 상실하게 만들어, 소비의 노예가 되는 자본주의적 인간, 삶의 의미를 잃고 쾌락에 빠지거나 삶을 포기하는 현대의 참상을 만들어 낸다는 점에 대해 훈련생들이 얼마나 인지하고 있는지 나눈다.

2) 인간만이 가진 고유한 특성은 무엇이라고 생각합니까?
▶ 하나님이 창조한 인간이 동물과는 달리 어떤 본질적인 주요한 특징이 있는지 다양한 답변을 들어 본다. 인간을 우월한 동물 정도로 보려는 현대의 인간에 대한 평가를 넘어 어느 피조물과도 비교할 수 없는 독특한 특성이 있음을 공감하는지 파악한다.

6. 깊이 들어가기

1) 육체와 영혼

① 인간과 세상에 대한 온전하고 포괄적인 설명으로서의 기독교 세계관

기독교 세계관은 인간과 세상에 대한 근본적인 설명을 할 수 있어야 하며, 세상에 나타나는 모든 현상들과 문제들을 포괄해야 한다. 먼저 우리는 인간에 대해 생각해 보아야 한다. 과연 기독교 세계관은 인간에 대한 온전한 설명을 할 수 있는가? 우리는 이번 과를 통해 인간이 어떤 존재인지를 성경적인 설명을 통해 정립하며, 나아가 왜 기독교 세계관이 우리가 선택해야 할 유일한 세계관인지 증명할 수 있게 될 것이다.

② 육체와 영혼으로서의 인간

성경은 인간이 육체로만 되어 있지 않으며, 더 본질적인 부분으로서 '하나님의 형상'으

로 설명되는 영혼이 있다고 이야기한다(창 1:27).[28] 우리의 눈에 보이는 것은 인간의 육체이다. 과학적 연구가 활발히 이루어 질 수 있는 대상도 역시 인간의 육체이다. 그러나 분명한 것은 인간이 육체로만 되어 있지 않다는 사실이다. 과학적 연구의 대상이 될 수 없어도, 인간의 구성 요소 중에 육체 이상의 무엇인가가 분명히 존재한다는 사실은 부인할 수 없다.

인간에게는 이성적 사고를 할 수 있는 지적인 영역과, 감정을 느낄 수 있는 감성적 영역이 존재한다. 이 둘을 합쳐서 정신이라고 부른다. 그러면 이 정신의 영역이 육체를 제외한 인간의 나머지 구성요소라 할 수 있는가? 이 영역은 과학으로 연구될 수 있는 분야이고, 뇌와 호르몬의 영향을 받는 신체의 기관이므로, 우리는 정신이 육체를 제외한 인간의 영역이라고 주장할 수 없다.

우리 인간에게는 어느 다른 생명체에서도 찾을 수 없는 인간을 인간답게 하는 영역이 있는데, 그것이 무엇이며 어디에서 어떻게 작용하는지 여전히 정확하게 설명하기는 어렵지만, 우리는 이것을 영혼이라고 부를 수 있다. 인간은 육체와 영혼으로 구성되어 있는데, 인간을 인간답게 하는 것은 육체보다는 '영혼'이다.

2) 인간에 대한 설명
① 인간과 동물의 육체적 유사성

과학은 인간이 육체적으로 얼마나 짐승들과 유사한지를 밝혀내는 데 성공하였다. 인간은 다른 동물들과 놀라울 정도로 유사하다. 인간의 DNA는 초파리와 33%가 일치하며, 어류와도 50%가 일치한다. 영장류와는 무려 90% 이상 일치한다. 인간의 수정란은 다른 동

---

[28] "하나님이 자기 형상 곧 하나님의 형상대로 사람을 창조하시되 남자와 여자를 창조하시고" (창 1:27)

물들의 수정란과 유사해서, 초기 단계에서는 서로 다른 생명체로 구분해 낼 수 없다. 인간이 동물과 유사하다는 과학적 연구에 착안하여 인간의 육체적 특성에 과도한 관심을 보이게 된 나머지 많은 과학자들과 이런 과학적 연구에 심취한 철학자들은 인간이 본질적으로 동물적인 본능을 가진 존재인데, 진화에 의해 여러 가지 언어적이며 사회적이며 윤리적인 특성을 가지게 되었다고 설명한다. 이에 부합하여 최근의 경향은 인간의 동물적인 욕구들을 가진 존재로 인정하며, 인간에게 막대한 자유를 부여하고 그 욕구들을 긍정하는 방향으로 움직이고 있다.

② 동물과 하나님의 형상으로서의 인간의 현격한 차별성

하지만 성경은 전혀 다른 이야기를 한다. 인간은 하나님의 형상이며, 하나님보다 조금 낮은 존재였다는 것이다(시 8:5).[29] 과학은 그 동안의 발견들을 등에 업고, 섣부른 결과에 도달하였다. 과학적 발견들은 존중되어야 한다. 코페르니쿠스와 갈릴레이의 예에서 볼 수 있듯이 과학적 발견들은 학문의 발전에 큰 도움을 주었으며, 교회의 잘못된 성경 해석을 바로잡아 주기도 하였다(시 19:5-6).[30] 하지만 과학적 발견들은 신중히 검토되어야 한다. 몇 가지 발견들을 통해 인류의 기원이 자연 발생적이며, 인간이 동물보다 조금 진화한 고등한 존재라 규정하는 것은 너무나 성급한 결론이다. 이러한 결론이 인간에 대한 합리적인 설명으로 보이는가? 그렇지 않다. 과학으로 연구될 수 없는 인간의 특성, 인간을 인간답게 하는 더욱 큰 특성인 하나님의 인격의 반영으로서의 '영혼'에 대한 간과가 잘못된 결론을 도출한 것이다. 인간에게만 나타나는 영적 특성과 인격성과 도덕성은 다른 동물에서 전혀 찾아볼 수 없고, 뇌의 발달이나 감성, 언어 기관의 진화로는 설명할 수 없는 것이다.

---

[29] "그를 하나님보다 조금 못하게 하시고 영화와 존귀로 관을 씌우셨나이다" (시 8:5)
[30] "해는 그의 신방에서 나오는 신랑과 같고 그의 길을 달리기 기뻐하는 장사 같아서 하늘 이 끝에서 나와서 하늘 저 끝까지 운행함이여 그의 열기에서 피할 자가 없도다" (시 19:5-6)

③ 인간에 대한 참된 지식을 주는 인간의 영적 특성

사실 인간의 인간됨은 동물과의 유사성을 아무리 발견해도 설명될 수 없는 것이다. 인격을 가지고 있는 인간, 선과 도덕을 추구하는 인간, 초월성을 가지고 있는 인간의 특성은 인간 육체의 연구를 통해서는 온전히 설명될 수가 없다. 사실 인간의 영적 특성을 배제하면 인간은 인간이 아니다. 인간은 하나님의 창조물로서, 성경을 기초로 하여 하나님과 유사한 영적 특성을 연구할 때 스스로에 대해 진정한 지식에 도달하게 되며, 인간 본연의 가치와 삶의 목적을 발견하게 된다. 과학적 발견들은 인간의 육체적 특징들을 설명하며, 질병의 치료 같은 좋은 목적들을 위해 봉사할 수 있다. 하지만 인간이 어떤 존재인지에 대한 답을 주기에는 부족하다. 우리는 성경의 설명을 통해서만 좀 더 분명히 스스로에 대해 이야기할 수 있다.

3) 영혼을 가진 인간의 특징들

여러 신학자들을 통해 제시된 인간의 특징들을 여기에 정리해 보았다.

① 인격성(창 5:1-2)[31]

우리가 누군가를 인격이라 부를 수 있으려면 두 가지 조건이 충족되어야 한다. 첫째로 인격은 자신이 누구인지 아는 자의식이 있어야 한다. 둘째로 인격은 스스로 자신의 문제에 대해 통제하고 결정할 수 있는 능력, 즉 자기결정력이 있어야 한다. 만약에 인간이 인격이 없다면, 인간은 스스로를 인간이라 느끼지 못하며, 또한 인간으로 대우받기를 원하지도 않을 것이다. 그럴 경우에 인간은 감옥에 있어야 가장 완벽한 행복을 느낄 수 있다. 감옥에서는 아무것도 하지 않아도 의식주가 해결되기 때문이다. 동물들은 자신의 활동 영역 안에서 먹는 것만 해결되면 그것으로 삶이 가능하지 않은가?

---

[31] "이것은 아담의 계보를 적은 책이니라 하나님이 사람을 창조하실 때에 하나님의 모양대로 지으시되 남자와 여자를 창조하셨고 그들이 창조되던 날에 하나님이 그들에게 복을 주시고 그들의 이름을 사람이라 일컬으셨더라" (창 5:1-2)

그러나 인간은 자신이 그렇게 대우받지 않아야 한다고 생각하며, 자신의 문제에 대해 통제하고 결정할 수 있어야 한다고 생각한다. 이러한 특징은 인격이신 하나님께서 우리에게 부여하신 하나님의 형상이 아니면 이해할 수 없다. 이것을 사회학적 진화의 과정으로 설명하려는 사람들이 있는데, 만약 인격성이 사회학적 진화의 과정을 거쳤다면, 우리보다 먼저 존재했던 수많은 동물들에게 인격성이 보여야 한다. 그러므로 이것은 전혀 말이 되지 않는다. 동물은 자기 자신이 누구인지 인식하지 못하며, 본능에 의해서만 모든 것을 결정한다. 동물은 인격일 수 없다. 인간은 분명히 다른 특성을 가지고 있다. 이것이 바로 인간에게 영혼이 있다는 증거이다.

② 선과 도덕을 추구하는 존재(롬 7:18-19)[32]

인간에게서 나타나는 또 하나의 독특한 현상은 선과 도덕을 추구한다는 것이다. 현대 철학자들은 인간도 동물과 같이 본능에 충실한 삶을 살고 싶지만, 사회적인 억압으로 그 모든 것들이 표출되지 않았을 뿐이라고 주장한다. 그리고 그 증거로 비도덕적인 만행들이 역사적으로 끊이지 않고 있으며, 현대사회에도 계속된다는 것을 이야기한다.

인간이 비도덕적 사회를 만들어 내고 있는 것은 사실이며, 비도덕적 행위를 일삼는 사람들이 많은 것도 사실이다. 그러나 그 자체가 인간이 선과 도덕을 추구한다는 진리를 반박하지 못한다. 인간은 선과 도덕을 추구한다. 인간이 선과 도덕을 추구하지 않는다면, 모든 인간은 악과 비도덕을 사랑하고 그것을 좋아하면서 행동해야 한다. 그러나 인간은 그렇지 않다. 인간이 도덕적인 일을 할 때는 선과 도덕 자체가 좋기 때문에 그것을 행하지만, 악과 비도덕을 행할 때는 악과 비도덕 자체가 좋아서가 아니라, 그 결과로 올 유익 때문에

---

[32] "내 속 곧 내 육신에 선한 것이 거하지 아니하는 줄을 아노니 원함은 내게 있으나 선을 행하는 것은 없노라 내가 원하는 바 선은 행하지 아니하고 도리어 원하지 아니하는 바 악을 행하는도다" (롬 7:18-19)

그 일을 하는 것이다. 예를 들어, 누군가가 상대방을 죽이는 것은 그 사람에 대한 분노와 억울한 감정을 보상받으려거나, 그의 소유물을 얻으려는 목적, 즉 죽이는 것이 자신이 추구하는 일은 아니지만, 그것을 통해 얻어지는 것이 있으므로 그 일을 하게 되는 것이다. 인간이 선과 도덕을 추구하지만, 세상이 이렇게 악한 것은 선과 도덕을 추구하는 인간이 죄로 물들어 자신의 탐욕을 위해 자신의 양심과 어긋나는 각종 죄악들을 저지르기 때문이지, 인간이 선과 도덕 자체를 미워하거나 멀리하기 때문은 아닌 것이다.

선과 도덕을 추구한다는 것은 동물의 세계에서는 정말 설명할 수 없다. 누가 초식동물을 잡아먹는 맹수들을 비도덕적이라 하는가? 누가 자신의 알을 다른 새의 둥지에 넣어서 키우는 뻐꾸기를 비도덕적이라 하는가? 누가 둥지 주인의 알들을 둥지 밖으로 차버리는 뻐꾸기의 새끼들을 비도덕적이라 하는가? 누가 여러 마리의 수컷들과 계속해서 교미하는 표범이나 코끼리, 바다표범 암컷을 비도덕적이라 하는가? 그들은 인격성이 없고, 스스로 그런 비도덕적인 일을 선택하는 것이 아니라, 그것이 그들의 본능이므로 그렇게 할 뿐이다. 유일하게 인간만이 하나님께서 주신 육체의 본능들을 하나님의 통치에 따라 선하게 사용하며 선과 도덕을 추구하며 살아가려 한다. 인간의 이런 모습이 깨어진 것은 하나님을 반역하여 자신의 욕망을 따라 살아가게 되었기 때문이다. 인간이 선과 도덕을 추구한다는 것은 진화의 과정을 통해 된 것이 아니라 하나님의 형상으로서 영혼을 소유한 인간의 본연의 특징인 것이다.

③ 영원을 갈망하는 존재(전 3:11)[33]

동물들과는 달리 인간만이 자신의 삶을 뛰어넘어 과거와 미래, 그리고 이 세상을 넘어

---

[33] "하나님이 모든 것을 지으시되 때를 따라 아름답게 하셨고 또 사람들에게는 영원을 사모하는 마음을 주셨느니라 그러나 하나님이 하시는 일의 시종을 사람으로 측량할 수 없게 하셨도다" (전 3:11)

선 영원한 세계에 대한 개념을 가지고 있다. 나아가 영원한 세계에 대한 갈망을 가지고 있다. 그러나 인간은 미래를 예측할 수 없으므로 하나님 없이는 불안과 염려 속에 살아간다. 인간의 이러한 특성은 영원한 존재이신 하나님께서 자신의 형상을 넣어 만든 피조물로서의 인간 이해가 아니면 전혀 설명될 수 없는 부분이다.

어느 종교를 가지고 있든지, 얼마나 발달된 사회에 살고 있든지, 인간은 모두 자신의 육체적 죽음이 자신의 존재의 끝이라고 여기지 않는다. 그렇게 여기는 사람이 있다면, 그는 과학적으로 입증된 것만 믿을 수 있다는 과학적 환원주의를 열렬히 신봉하는 광신도이다. 인간에게는 숨길 수 없는 초월적 존재와 내세에 대한 믿음이 있다. 그것을 정확히 깨닫지 못할 뿐이지, 어느 사회 어느 시대에도 그런 개념은 항상 인간에게 존재해 왔다. 이것은 단순히 인간의 심리학적 불안의 반영이 아니다. 성경은 그것이 바로 하나님께서 인간에게 주신 영원을 사모하는 마음이라고 말한다. 이러한 인간의 특성은 인간이 영혼을 가지고 있다는 성경의 가르침을 통해서만 명확히 이해될 수 있다.

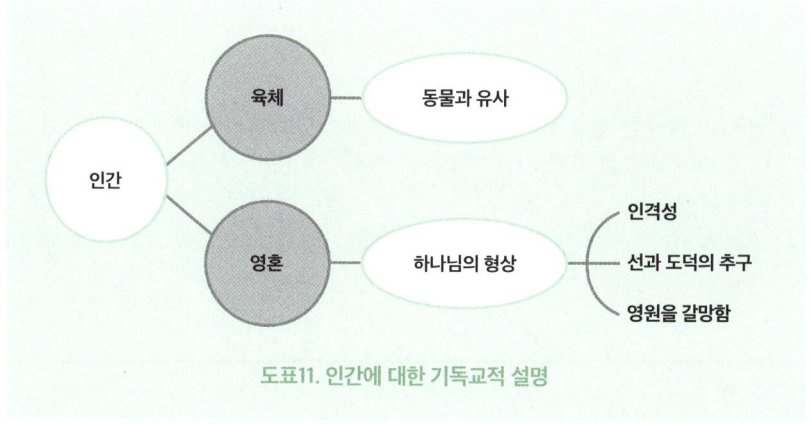

도표11. 인간에 대한 기독교적 설명

4) 신뢰할만한 기독교 세계관

이상에 열거된 인간의 특징을 동물들에게서 찾을 수 있는가? 동물들은 인격성이 없기 때문에, 자신의 삶에 대한 인식을 하지 못한다. 동물들은 본능을 따라서 살 뿐 도덕이나 윤리 같은 개념은 절대 가질 수 없다. 동물들은 목숨을 보존하려는 본능이 있어서 죽지 않으려고 저항하지만, 사실상 삶에 대한 인식 자체를 가지고 있지 않다. 하물며 영원한 삶에 대한 의미를 가진다는 것은 말도 되지 않는 이야기이다.

유일하게 인간만이 영원을 갈망한다는 면에서 인간은 동물과 가까운 것이 아니라, 하나님과 가까운 영적 존재라는 것이 너무나 분명하다. 따라서 인간만이 인격적으로 대우받는 삶을 살고자 하며, 선하고 아름다운 사회에 대한 열망을 가지고 있고, 내세를 소망하는 가운데 선한 삶을 살기 위해 힘쓰는 것이다. 지금의 세상이 이렇게 악한 것은 하나님의 형상인 인간이 하나님의 통치를 거부한 뒤, 계속해서 자신의 욕망을 따라 타락한 삶을 살고 있기 때문이다. 인간에 대한 이러한 설명은 성경이 세상에 대하여 말하는 것이 얼마나 정확하고 신뢰할만한 것인지 증명한다.

> "우리는 타락한 인간을 하나님의 형상의 보유자로 바라보아야 한다. 그러나 성령의 새롭게 하시고 거룩케 하시는 사역이 없이, 인간 본성 자체로써는 하나님을 왜곡되게 닮을 수밖에 없다는 것도 기억해야 한다. 구속의 과정을 통하여 이러한 왜곡은 점진적으로 제거될 것이며 장차 오는 세상에서 마침내 우리는 완전하게 하나님을 닮게 될 것이다." _ 안토니 후크마

7. 적용 및 토론

1) 위에서 설명한 인간의 특성이 당신을 가장 잘 설명하고 있습니까?
2) 우리는 파괴된 인간성을 강요하는 세상에서 어떻게 회복의 길을 모색할 수 있겠습니까?

8. 내용 정리하기

1) 인도자 Question (인도자가 제시하는 질문으로 의견을 나눕시다.)
2) 간증을 읽고 결단하기 (워크북에 제시)

9. 기도하며 마무리 하기 (워크북에 제시)

CHAPTER 06

기독교 세계관의 기본 내용 (2) 세상역사에 대하여

1. 이 과의 목적

이번 과에서는 세상 역사에 대해 다룬다. 여러 학자들이 서술하는 역사와 성경이 말하는 역사를 비교하라. 성경만이 세상의 기원과 세상 문제들의 원인과 인간은 어떤 존재이며, 어떤 목적을 가지고 살아갈 수 있는지 설명할 수 있다. 나아가 세상의 끝은 어떻게 되며, 따라서 우리는 어떻게 살아가야 하는지 설명할 수 있다.

성경은 하나님께서 이 세상을 선하게 창조하셨고 모든 것이 하나님의 통치 안에 있을 때 샬롬이 임한다는 것이다. 하지만 인간은 하나님의 통치를 거부했고 모든 창조세계가 왜곡되어 망가졌다. 이 세상 역사는 하나님의 통치를 회복하는 역사이다. 그 정점에 예수님이 계신다. 성경대로 세상의 역사를 서술할 때, 이 세상 역사에 대한 잘못된 인식을 교정하게 되며, 세상을 창조하시고 통치하시며 장차 심판하실 하나님의 섭리를 깨닫게 된다. 또한 오늘날은 그 역사의 흐름에서 어디에 속하고 있는지, 그리고 그 종말을 살아가는 그리스도인들이 어떻게 하나님의 통치를 누리며, 어떤 사명으로 살아가야 하는지 알게 된다. 이를 통해 그리스도인들이 삶의 목적과 방향을 분명히 할 수 있다. 다시 한 번 성경이 이 세상의 현상과 상태에 대해 충분히 설명하고 있음을 강조하며 기독교 세계관을 확신하게 하자.

2. 다함께 찬양하기

『찬양』 "이 세상 가장 아름다운"

이 세상 가장 아름다운 순종의 눈물

온 세상 다시 빛나게 한 생명의 눈물

그가 이 땅에 오신 이유 죽어야 살게 되고

져야만 승리하는 놀랍고 영원한 신비

지으신 그대로 회복시킨 우리의 창조주 그리스도

십자가의 길로 아버지 뜻 이루셨네 그가 이 땅에 오신 이유

이제 우리에게 맡겨진 그 소망 그 사랑 그 생명

아름답고 눈부신 십자가의 길 우리가 이 땅에 살아갈 이유

3. 말씀 묵상하기

행 3:20-21

"또 주께서 너희를 위하여 예정하신 그리스도 곧 예수를 보내시리니 하나님이 영원 전부터 거룩한 선지자들의 입을 통하여 말씀하신 바 만물을 회복하실 때까지는 하늘이 마땅히 그를 받아 두리라"

4. 이 과의 포인트 잡기

1) 창조-타락-구속-종말의 관점을 배우고 평가한다.
2) 이를 바탕으로 기독교 세계관의 기초를 형성한다.

5. 여는 대화

1) 당신이 읽었던 역사책 중 기억에 남는 것은 무엇이었으며 그 이유는 무엇입니까?
▶ 모두 책에 관심이 있지는 않을 것이다. 그러나 그들이 읽은 교과서나 유발 하라리의 사피엔스 같이 유명한 책들에 대해 들어본 적은 있을 것이다. 훈련생들이 지금까지 접했던 역사관은 어떤 것이 있으며 훈련생들이 관심을 갖는 또는 영향을 받는 역사의 해석과 방향은 어떤 것이 있는지 파악한다.

2) 당신은 앞으로 이 세상이 어떻게 될 것이라고 생각합니까?
▶ 1번 질문과 연관되어 훈련생들이 갖고 있는, 또는 영향을 받은 미래의 기대는 어떠하며 그로 인해 개인의 인생의 방향을 어떻게 설정하는지 파악한다. 이 시대의 역사 해석에 대한 문제의식을 가지고 있는지, 성경적 역사관에 어느 정도 동의하고 있는지 파악한다.

6. 깊이 들어가기

1) 하나님의 창조와 인간(창세기 1-2장)

① 하나님의 창조세계

성경은 '태초에 하나님이 창조하셨다'로 시작한다. 세상은 하나님의 창조라는 매우 분명한 시작이 있음을 말한다. 그 하나님은 초월적으로 하늘에 존재하시는 분이실 뿐 아니라, 피조물과 계속해서 소통하며 다스리시는 분이시다. 세상에는 하나님의 창조의 장엄함과 보존하시는 섭리가 나타난다(롬 1:20).[34] 세상은 하나님께서 창조 시에 부여하신 질서를

---

[34] "창세로부터 그의 보이지 아니하는 것들 곧 그의 영원하신 능력과 신성이 그가 만드신 만물에 분명히 보여 알려졌나니 그러므로 그들이 핑계하지 못할지니라" (롬 1:20)

고스란히 담고 있으며, 본질적으로는 선한 체계이다. 모든 생명체와 자연 만물, 나아가 우리의 지적 능력과 상상력, 도덕의 영역에는 하나님의 질서와 선한 체계가 존재한다. 따라서 창조 세계를 성속의 이원화된 사고로 바라보는 것은 옳지 않다. 하나님의 영광은 인간의 모든 면과 섭리로 인한 자연 만물의 질서를 통해 드러난다.

② 하나님의 통치를 대행하는 인간

인간은 하나님의 형상으로 자신의 인생과 하나님께서 맡기신 만물에 하나님의 선하신 통치를 대행하는 책임을 가지고 있다. 인간은 각자가 독특한 가치를 가진 완전한 피조물이며, 하나님께서 창조 시에 부여한 각자의 삶의 목적을 가지고 있다. 인간은 피조물로서 하나님에 대해 의존적이며, 하나님과의 교제 안에 있으며, 하나님의 성품을 닮아야 한다. 인간은 자신의 자율적 이성이 아니라 성경 자체와 성령의 인도하심에 따라 성경에 근거한 명확히 조율된 규범을 통해 하나님의 통치를 세상에 구현해야 한다. 또한 구약의 율법을 통해 나타난 대로 이 창조 명령에의 순종 여부에 따라 복과 저주가 주어진다는 원칙이 존재한다. '네가 네 하나님 여호와의 말씀을 청종하면 이 모든 복이 네게 임하며 네게 이르리니… 네가 만일 네 하나님 여호와의 말씀을 순종하지 아니하여 내가 오늘 네게 명령하는 그의 모든 명령과 규례를 지켜 행하지 아니하면 이 모든 저주가 네게 임하며 네게 이를 것이니'(신 28:2, 15) 인간이 하나님의 통치를 구현하며, 세상을 창조한 목적에 충실할 때, 하나님이 세상에 주시는 복이 바로 샬롬(평화)의 상태이다. 샬롬의 상태는 자연 만물이 하나님의 선한 창조의 상태대로 존재하며 관계하는 복된 상태이다. 특히 복을 주시며 말씀하시는 창조주 하나님과 그분의 복에 의존하며 순종하는 인간의 관계가 유지되는 것이 성경이 말하는 복된 상태이다(창 1:28).[35]

---

[35] "하나님이 그들에게 복을 주시며 하나님이 그들에게 이르시되 생육하고 번성하여 땅에 충만하라, 땅을 정복하라, 바다의 물고기와 하늘의 새와 땅에 움직이는 모든 생물을 다스리라 하시니라" (창 1:28)

> "우주 창조 자체가 하나님의 우주적 왕권과 통치권을 증명한 사건이다. 우리가 알고 있는 이 우주 삼라만상은 하나님의 명령으로 창조된, 하나님의 고유한 통치권역이다." _ 김회권

2) 인간의 타락과 복이 사라진 세상 (창 3-4장)

① 인간의 타락

인간은 하나님의 피조물로 하나님의 통치를 이 세상에 구현하는 사명을 감당해야 했다. 하나님의 피조물로서 하나님께 의존적이며, 하나님의 통치를 구현하며 살아가야 한다는 사실을 상기시키는 것은 선악과였다. 인간은 스스로 하나님과 같이 되려고 하나님을 반역했다. '여자가 그 나무를 본즉 먹음직도 하고 보암직도 하고 지혜롭게 할 만큼 탐스럽기도 한 나무인지라 여자가 그 열매를 따먹고 자기와 함께 있는 남편에게도 주매 그도 먹은지라'(창 3:6) 이것은 피조물의 위치를 떠나 하나님의 통치를 거부한 것이다. 이것이 죄의 본질이다.

② 복이 사라진 세상

하나님을 반역하여 스스로 왕이 되려한 인간의 타락은 모든 것을 망가트렸다. 하나님과의 관계와 인간 간의 관계가 깨어졌다. 노동은 생존을 위한 힘겨운 짐이 되고, 힘 있는 자들이 결혼을 왜곡시키고, 기술은 전쟁을 위해 봉사하고, 시와 문학은 인간의 복수를 노래한다. 이렇게 세상이 창조의 샬롬을 잃어버리게 된 것은 바로 하나님에 대한 인간의 반역, 즉 타락으로 인한 죄와 그 죄의 댓가로 주어진 형벌 때문이다. 하나님의 선한 창조 질서는 여전히 존재하지만, 그 모든 것들은 방향을 잃고 뒤틀리고 망가졌다. 성은 부부의 사랑과 인류의 번성을 낳는 것이었지만, 성의 왜곡으로 일어난 간음과 근친상간, 동성애 등은 인류를 망가트린다. 인간의 지성은 하나님의 창조 세계를 보존하며 발전시키는데 기여

하는 것이었지만, 타락으로 인해 뒤틀린 지식은 개인의 탐욕적인 삶을 위한 근거와 사악한 제국주의 질서를 합리화하는 논리를 만들어낸다. 이와 같이 창조 질서 자체는 선하지만, 타락으로 인해 이 세상은 샬롬을 잃어버린 땅이 되었다(창 6:5).[36] 인간과 자연 만물은 하나님의 복이 사라진 세상, 고통과 슬픔, 불의와 탐욕이 가득하며, 죽음과 공포와 내세의 심판에 대한 두려움이 가득한 세상 속에 존재하게 되었다.

3) 메시야를 통한 구원

① 이스라엘을 통한 구원의 계시

이 세상은 다시 회복될 것인가? 다시 말하면 이 세상은 구원을 받을 수 있는가? 그렇다면 어떤 방식으로 그 일이 이루어질 것인가? 이것이 성경의 주된 가르침이다. 우선 하나님께서는 구약에서 이스라엘과의 언약을 통해 이 세상을 다시 회복시키려는 구원의 계획을 보여주셨다(출 19:5).[37] 먼저 하나님께서는 아무 조건 없이 하나님의 백성을 선택하시고 세상으로부터 구원하신다. 그리고 하나님의 백성으로서의 정체성을 가진 백성들에게 하나님의 통치의 지혜가 담긴 율법을 주시고, 그 율법이 작동될 땅을 허락하신다. 결국 율법을 통해 하나님의 통치가 회복될 때, 타락한 땅에 다시 하나님의 샬롬이 임하게 된다. 이것이 구원의 방법으로 계시된 이스라엘의 역사이며, 예수께서 선포하신 '하나님나라'의 밑그림이 된다.

② 메시야를 통한 구원의 성취와 완성

하지만 이 계획은 이스라엘 백성의 완벽한 실천을 통해 달성될 수 없었다. 결국 구원은

---

36 "여호와께서 사람의 죄악이 세상에 가득함과 그의 마음으로 생각하는 모든 계획이 항상 악할 뿐임을 보시고" (창 6:5)
37 "세계가 다 내게 속하였나니 너희가 내 말을 잘 듣고 내 언약을 지키면 너희는 모든 민족 중에서 내 소유가 되겠고" (출 19:5)

이 하나님의 계획을 성취하실 메시야를 통해 완성된다. '만군의 여호와가 이르노라 보라 내가 내 사자를 보내리니 그가 내 앞에서 길을 준비할 것이요 또 너희가 구하는 바 주가 갑자기 그의 성전에 임하시리니 곧 너희가 사모하는 바 언약의 사자가 임하실 것이라'(말 3:1) 예수께서는 이 세상에 오셔서 하나님의 구원을 '하나님나라'로 선포하셨고, 십자가에서 죽으시고 부활하심으로 구원을 성취하셨다. 예수의 오심을 통해 이 세상에는 하나님의 구원이 성취되었으며, 계속 진행되고 있다. 이제 예수의 다시 오심을 통해 하나님의 구원은 완성될 것이다. 예수의 오심과 다시 오심 사이에 하나님나라가 이 땅에 임하여 구원의 역사가 나타나는데, 그 시기를 종말이라 한다. 종말에는 이 세대(유대식 개념으로 하나님의 통치가 세상에 임하기 전의 시대)와 다음 세대(하나님의 통치가 임한 이후 시대)가 교차한다. 하지만 하나님나라는 이 세상의 회복으로 완성되지 않는다. 하나님나라는 예수의 다시 오심을 통해 파국적으로 완성될 것이다.

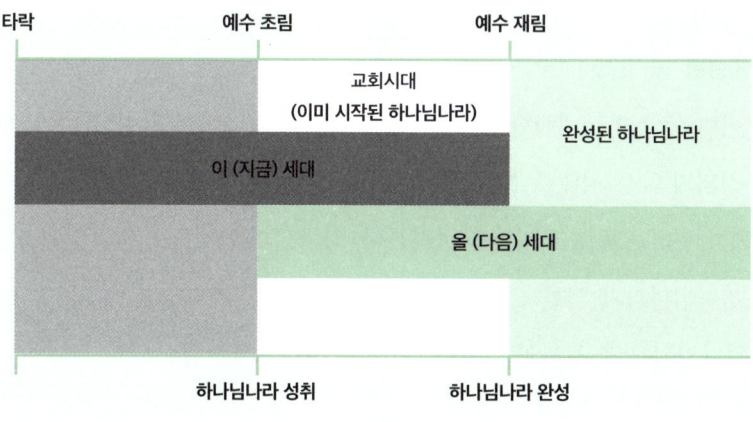

도표12. 이 세대와 다음 세대

③ 하나님나라의 사명을 감당하는 교회

그 과정 속에서 하나님은 죽으시고 부활하신 하나님의 아들 예수를 메시야로 믿는 새 언약의 백성들의 공동체, 즉 교회가 하나님나라를 이 땅에 드러내며, 결국 이 땅에 하나님나라를 세워가는 사명을 감당한다. 신약의 교회는 종말론적 백성들이다. 하나님은 예수를 주로 고백하는 새 언약의 백성들을 하나님의 백성으로 택하시고, 그들에게 이 세상에 하나님의 통치를 다시 회복하여 샬롬을 누리게 한다. 하나님나라는 교회를 통해 이 땅에서 경험되어지고, 예수의 재림을 통해 완성될 것이다. 하나님나라가 임한 땅에는 하나님의 복이 다시 주어지는 놀라운 회복이 일어나게 된다. 하나님의 백성은 성령의 인도하심을 따라 하나님의 통치에 순종하며 하나님의 복을 누리고 이 땅의 회복을 경험한다. 나아가 하나님의 통치를 이 땅에 선포하는 선교적 삶을 살아가며 이 땅의 회복을 위해 봉사한다. 그리고 완성될 하나님나라에서의 영원한 삶을 바라보며 살아간다.

4) 종말과 완성
① 종말을 살아가는 성도

지금은 이미 종말의 시대이다. 우리는 예수를 통한 하나님의 구원이 이미 이루어졌지만 아직 완성되지 않은 시대를 살아간다. 예수를 통한 하나님의 구원이 이미 이루어지고 있는 세상에서 우리는 완성의 비전을 바라본다. 하나님의 백성들이 하나님의 통치를 구현하는 땅에 하나님나라가 임한다. 하나님의 구원의 능력이 하나님의 백성들을 통해 이 땅에 임하여 하나님의 창조 질서의 회복이 일어난다.

우리는 이 땅에서 하나님의 통치를 방해하는 사탄의 영향력에 속하지 않고, 하나님의 통치가 임할 영원한 하나님나라를 바라보며 살아가야 한다(벧전 4:1-2).[38] 예수의 재림을 통한 하나님나라의 완성이나 우리의 죽음을 통해 곧 주어질 영원한 삶을 고대하며, 이 땅에서 하나님의 통치를 따라 살아가기에 힘써야 한다. 그것이 우리의 사명이요, 하나님의 복을 누리는 길이다.

② 예수의 재림을 통한 완성

성도는 하나님의 구원을 막고, 하나님의 통치를 대적하는 사탄의 세력의 현존함을 보며 그들이 온전히 심판 받을 때를 고대한다. '또 내가 크고 흰 보좌와 그 위에 앉으신 이를 보니 땅과 하늘이 그 앞에서 피하여 간 데 없더라 또 내가 보니 죽은 자들이 큰 자나 작은 자나 그 보좌 앞에 서 있는데 책들이 펴 있고 또 다른 책이 펴졌으니 곧 생명책이라 죽은 자들이 자기 행위를 따라 책들에 기록된 대로 심판을 받으니'(계 20:11-12) 악의 파멸과 구원의 완성은 예수의 재림으로 실현된다. 이것이 이 세상의 끝이다. 우리의 기대와는 달리 이 땅은 온전히 회복되지 않는다. 하나님의 구원은 예수의 재림을 통해 '새 하늘과 새 땅'에서 완성된다. 그리고 예수의 재림 전의 하나님 백성의 죽음은 끝이 아니고, 하나님나라의 완성으로 나아가는 관문이다.

5) 신뢰할만한 기독교 세계관

이제까지 제시한 인간의 특징들, 그리고 인간의 타락을 통해 온 지금의 세상, 예수를 통한 구원의 성취로 시작된 종말, 세상의 멸망과 하나님나라의 완성으로 나아가고 있는 지금 현재의 상태에 대한 성경의 설명들은 얼마나 정확한가? 이 세상에 대한 이 명확한 설명

---

[38] "그리스도께서 이미 육체의 고난을 받으셨으니 너희도 같은 마음으로 갑옷을 삼으라 이는 육체의 고난을 받은 자는 죄를 그쳤음이니 그 후로는 다시 사람의 정욕을 따르지 않고 하나님의 뜻을 따라 육체의 남은 때를 살게 하려 함이라" (벧전 4:1-2)

들은 성경을 진리로 믿고 기독교 세계관을 신뢰할만한 충분한 이유가 된다.

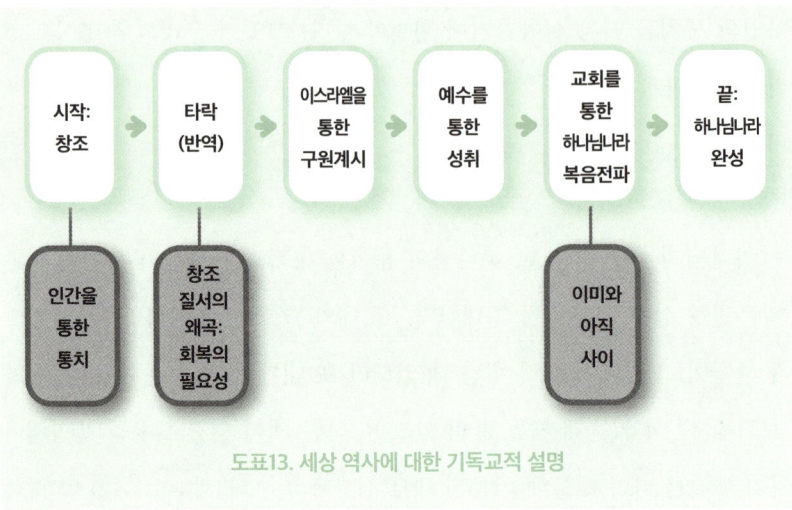

도표13. 세상 역사에 대한 기독교적 설명

> "자연과 역사, 인류의 생과 운명을 지배하심에는 우연도 없고 필연도 없으며, 변덕이나 강요도 없으며 일시적인 변덕이나 족쇄로 채인 운명도 없다. 그러나 모든 제2원인들의 배후에는 전능하신 하나님과 신실하신 성부의 전능하신 뜻이 감추어 역사하고 있다." _ 헤르만 바빙크

7. 적용 및 토론

1) 기독교 세계관의 네 뼈대는 무엇이며, 이것이 세상을 가장 잘 설명하는 체계라는 것에 동의하십니까?

2) 기독교 세계관에 따라 세상을 바라보게 될 때, 당신에게 주어지는 기대와 책임은 무엇입니까?

8. 내용 정리하기

1) 인도자 Question (인도자가 제시하는 질문으로 의견을 나눕시다.)

2) 간증을 읽고 결단하기 (워크북에 제시)

9. 기도하며 마무리 하기 (워크북에 제시)

제 2 권 복음적 삶의 기초

복음은 복음의 수혜자들이 하나님의 백성이라는 정체성으로 이끈다. 그리스도인의 정체성은 하나님께서 이스라엘과 맺은 언약, 예수님께서 성취하신 새 언약에 기초한다. 은혜로 하나님의 백성이 되어 하나님의 통치에 순종하며 세상을 회복하는 사명을 가진 존재다. 그리스도인은 바로 왕 되신 삼위일체 하나님의 통치를 따라 살아가는 하나님의 백성이다. 하나님의 백성은 하나님의 계시를 따라 자신에게 주어진 땅에서 하나님의 백성의 사명을 따라 살아간다.

하나님의 통치가 자신과 자신이 속한 이 땅에 이루어지도록 하기 위해서는 많은 것들을 고민한다. 하나님의 백성이 되기 전에 우리를 사로잡고 있던 세상의 질서를 벗어버리기 위해 훈련의 과정을 겪는다. 하나님은 하나님의 백성을 따라 살아가는 하나님의 백성에게 복을 주시며, 그들을 통해 세상에 하나님나라를 이루어 가신다.

1. 그리스도인이 된다는 것의 의미
2. 신앙과 삶의 일치
3. 세상 속의 그리스도인
4. 복음을 통한 공적 영역의 회복
5. 하나님나라를 구하는 기도
6. 복음을 증거하는 삶

CHAPTER 01 그리스도인이 된다는 것의 의미

1. 이 과의 목적

이번 과를 시작으로 그리스도인의 복음적 삶에 대해 다룬다. 19세기 말부터 시작된 한국 개신교는 큰 부흥을 경험했고, 수많은 교회와 신학교들을 보유하게 되었다. 기독교인의 비율도 여전히 사회의 다수는 아니지만, 적다고 보긴 어렵다. 하지만 교회는 분명 위기를 겪고 있다. 사회로부터 윤리적인 문제를 지적받고, 영적인 영향력을 잃어가고 있다. 이것은 분명히 해결해야 할 문제다. 복음을 하나님나라 관점으로 이해하여 총체적 복음을 전하고, 진리를 거부하는 포스트모던 사회에서 복음을 변증하는 과정이 1권 복음과 기독교 세계관이었다면, 2권은 그 내용을 삶으로 옮길 차례다.

이를 위해 이 과에서는 가장 먼저 그리스도인 된다는 것은 어떤 의미인지 다시 정리하는 시간을 갖는다. 그리스도인을 다양한 방식으로 정의할 수 있지만, 본 교재에서는 언약 백성의 관점에서 정의해 보도록 한다. 그리스도인이란 하나님께서 인류와 맺으신 언약을 성취하신 예수님을 믿고, 삼위일체 하나님을 주로 모시고 살아가는 언약 백성이다. 성경 전체가 우리는 하나님의 언약 백성이라고 증거하기 때문에 언약 백성으로 그리스도인을 정의하면, 말씀을 묵상하며 그것을 삶에 적용하는 일에도 큰 유익이 있다. 하나님의 언약 백성이라는 정체성은 언약을 통해 계시된 하나님나라를 성취하는 자로서 살아가며 세상을 변화시키는 그리스도인으로 살아가도록 도울 것이다. 본 과에서 구약으로부터 시작하여 예수 그리스도를 통해 완성된 언약의 개념을 이해하도록 돕는 것이 중요하다는 것을 기억하자.

2. 다함께 찬양하기

<찬양> "주님 말씀하시면"

주님 말씀하시면 내가 나아가리다
주님 뜻이 아니면 내가 멈춰서리다
나의 가고 서는 것 주님 뜻에 있으니
오 주님 나를 이끄소서
뜻하신 그곳에 나 있기 원합니다
이끄시는대로 순종하며 살리니
연약한 내 영혼 통하여 일하소서
주님 나라와 그 뜻을 위하여
오 주님 나를 이끄소서

3. 말씀 묵상하기

벧전 2:9-10

"그러나 너희는 택하신 족속이요 왕 같은 제사장들이요 거룩한 나라요 그의 소유가 된 백성이니 이는 너희를 어두운 데서 불러 내어 그의 기이한 빛에 들어가게 하신 이의 아름다운 덕을 선포하게 하려 하심이라 너희가 전에는 백성이 아니더니 이제는 하나님의 백성이요 전에는 긍휼을 얻지 못하였더니 이제는 긍휼을 얻은 자니라"

4. 이 과의 포인트 잡기

1) 그리스도인이 된다는 것은 어떤 의미인지 정리한다.
2) 이 땅에서 하나님나라를 맛보며 구현하는 그리스도인의 사명에 대해 살펴본다.

5. 여는 대화

1) 당신에게 그리스도인이란 어떤 이미지인가요? 교회에 다니는 사람? 술과 제사를 거부하는 사람? 여러 종교 중 하나를 선택한 사람? 자신의 의견을 나눠 주세요.
   ▶ 훈련생들이 그리스도인이란 무엇인가에 대해 어떤 생각을 가지고 있는지 파악한다. 그리스도인이란 하나님과의 언약 백성으로서 하나님의 통치 가운데 순종함으로 회개와 변화의 삶을 사는 것이다. 훈련생들에게 이러한 그리스도인에 대한 이해가 있는지 파악한다.

2) 당신이 그리스도인이 되어 지금까지 달라진 것이 있다면 무엇인가요?
   ▶ 훈련생들이 과거부터 교회에 다녔다면 구체적으로 예수님을 주인으로 영접하며 어떤 변화가 있었는지 나누고 자신을 돌아보게 한다. 그 신앙적 변화에 대해 나누며 간단한 피드백도 한다. 아주 평범한 사례라도 훈련생들에게 나타난 변화가 있다면 나누도록 하고, 격려하면서 성경적인 그리스도인의 정의로 들어간다.

6. 깊이 들어가기

1) 언약

① 언약의 세 가지 요소

언약은 원래 고대 근동 지방에서 상호간의 행해지는 맹세를 의미하는 용어였다. 이 약속은 세 가지 요소로 이루어진다. 관계 설정, 선물 수여, 조건 제시. 즉, 언약은 두 당사자가 이전과는 다른 새로운 관계를 설정하고, 언약을 주도적으로 이끄는 쪽에서 선물을 수여하고, 언약이 유지되기 위한 조건을 제시하는 방식으로 이루어진다. 라반은 많은 양들을 가지고 떠난 조카 야곱이 못마땅한데다, 자신의 우상 드라빔이 없어진 것을 알고 그를 뒤쫓는다. 하지만 라반은 야곱을 만나 평화의 언약을 맺는다(창 31:44).[39] 라반은 야곱과 평화로운 관계를 설정한다(관계 맺음). 그리고 자신의 딸들인 야곱의 아내들과 그 자녀들과 모든 재산을 야곱의 것으로 인정한다(선물 수여). 그리고 야곱에게 자신의 딸들과 그 자녀들에게 충성을 다할 것을 요구한다(조건 제시). 라반과 야곱의 언약은 인간과 인간이 언약을 맺었던 당시의 풍습을 잘 보여준다.

② 구원을 계시하는 용어로서의 언약

성경에 '언약'이란 말은 300번 가까이 나온다. 하지만 언약은 그 빈도수보다 훨씬 더 중요한 용어이다. 왜냐하면 상호간의 맹세를 의미하는 언약은 하나님께서 타락한 인류에게 베푸실 구원을 계시하는 용어로 선택되었기 때문이다. 따라서 성경은 하나님과 언약관계에 놓인 백성을 하나님의 백성이라고 한다. '여호와가 우리 하나님이신 줄 너희는 알지어다 그는 우리를 지으신 이요 우리는 그의 것이니 그의 백성이요 그의 기르시는 양이로다'(시 100:3) 구약 성경은 기본적으로 하나님과 관계를 맺은 백성들에게, 하나님께서 땅을 수여하시고, 하나님의 통치에 순종할 것을 조건으로 제시함으로 하나님의 구원이 이 땅에 임할 것을 계시한다.

---

[39] "이제 오라 나와 네가 언약을 맺고 그것으로 너와 나 사이에 증거를 삼을 것이니라"(창 31:44)

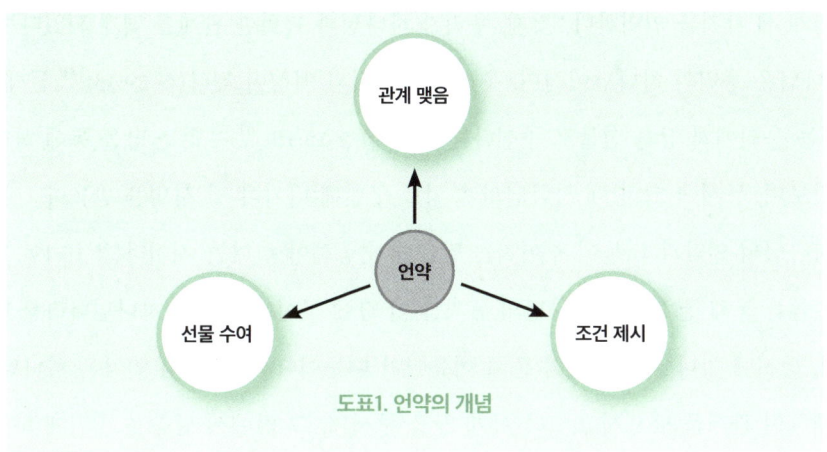

도표1. 언약의 개념

2) 그리스도인이 된다는 것의 의미

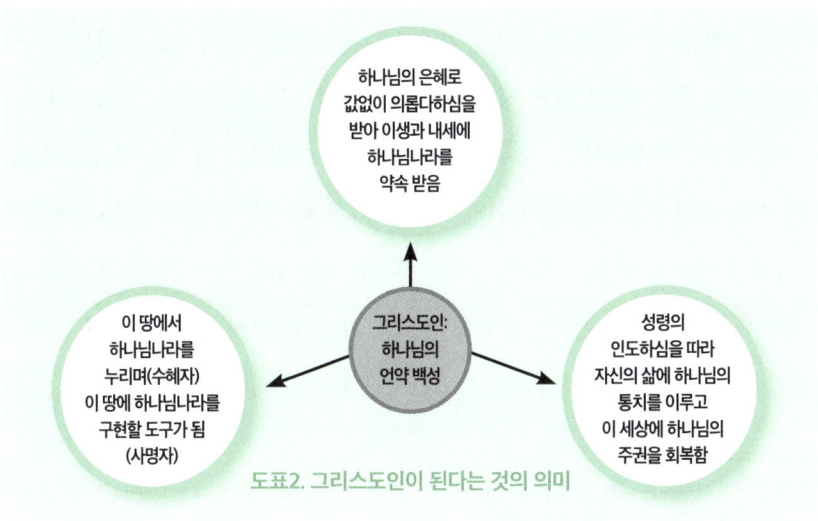

도표2. 그리스도인이 된다는 것의 의미

① 언약 백성으로서의 하나님의 백성

성경은 하나님의 백성을 언약 백성이라고 표현한다. 우리가 하나님의 언약 백성이라는 것은 크게 세 가지를 의미한다. 첫째, 우리가 하나님과 특별한 관계를 맺게 되었다는 것이다. 하나님은 우리의 하나님이시며, 우리는 하나님의 백성이 된다(신 29:13).[40] 둘째, 하나님께서는 우리에게 땅을 선물로 주신다는 것이다(창 15:18).[41] 우리는 땅을 통해 하나님의 복을 맛보며, 동시에 그 땅에 하나님의 통치를 구현해 나가야 할 사명을 받는다. 셋째, 우리는 하나님의 언약과 더불어 주어지는 말씀에 순종해야 한다는 것이다(창 18:19).[42] 하나님의 말씀을 통해 펼쳐지는 하나님의 통치를 이 땅에 구현하는 것이 하나님나라를 맛보는 길이며, 동시에 하나님의 백성의 존재 이유이기 때문이다. 하나님의 언약은 하나님의 백성을 택하여 관계를 맺으시고, 그들에게 땅을 주시며, 그 땅에서 말씀을 지키게 하심으로 하나님나라가 임하게 하는 놀라운 구원의 계획을 보여주신다.

② 예수를 주로 고백하는 그리스도인

하나님의 구원은 이스라엘 백성과의 언약으로 계시되었다. 하지만 하나님의 구원은 이스라엘을 통해 성취될 수 없었다. 하나님은 이스라엘을 통해 구원을 계시하시고, 예수를 메시야(그리스도)로 보내셔서 그 구원을 성취하셨다. 그리스도인이란 십자가에 죽으심으로 우리의 죄를 사하시고 하나님의 언약 백성이 되게 하시며, 부활하심으로 메시야(그리스도)로 증거되신 예수를 주로 고백하는 자들이다(롬 10:9-10).[43] 즉 그리스도인은 하나님의 구원을 성취하신 예수께 속한 자, 예수를 따르는 자이다. 다시 말해, 예수를 통해 새 언약의 백성이 된 사람들이다. 이것이 그리스도인이란 용어의 의미이다.

---

40 "여호와께서 네게 말씀하신 대로 또 네 조상 아브라함과 이삭과 야곱에게 맹세하신 대로 오늘 너를 세워 자기 백성을 삼으시고 그는 친히 네 하나님이 되시려 함이니라" (신 29:13)
41 "그 날에 여호와께서 아브람과 더불어 언약을 세워 이르시되 내가 이 땅을 애굽 강에서부터 그 큰 강 유브라데까지 네 자손에게 주노니" (창 15:18)
42 "내가 그로 그 자식과 권속에게 명하여 여호와의 도를 지켜 의와 공도를 행하게 하려고 그를 택하였나니 이는 나 여호와가 아브라함에게 대하여 말한 일을 이루려 함이니라" (창 18:19)
43 "네가 만일 네 입으로 예수를 주로 시인하며 또 하나님께서 그를 죽은 자 가운데서 살리신 것을 네 마음에 믿으면 구원을 받으리라 사람이 마음으로 믿어 의에 이르고 입으로 시인하여 구원에 이르느니라" (롬 10:9-10)

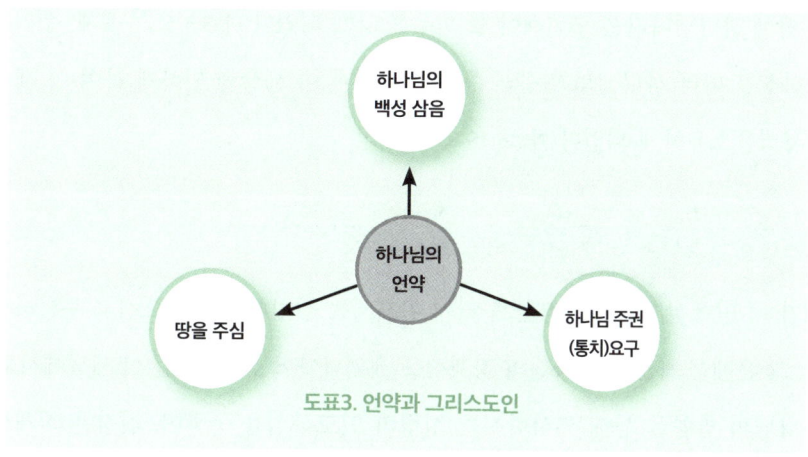
도표3. 언약과 그리스도인

> "그리스도인이 된다는 것은 이 세상에 살면서도 세상에 속하지 않는 삶, 즉 세상 사람들과 다른 삶을 산다는 것을 의미한다. 그리스도인이라면 모든 것들을 성경의 눈을 통해 보게 될 것이고, 그럴 때 그것들은 다르게 보일 것이다." _찰스 콜슨

3) 하나님나라를 누리며 구현하는 그리스도인

① 그리스도인이 된다는 것의 세 가지 의미

그리스도인이 된다는 것은 예수를 통해 새 언약의 백성이 되었다는 것이며, 이는 세 가지 의미로 설명될 수 있다. 첫째, 우리는 예수의 십자가에서 계시된 하나님의 전적인 은혜로 아무 공로 없이 하나님의 백성이 되었고, 이생과 내세에 하나님나라를 약속 받았다(엡 2:8).[44] 둘째, 우리는 하나님께서 이 땅을 선물로 주셔서 하나님나라를 누리게 되었고, 동

---

[44] "너희는 그 은혜에 의하여 믿음으로 말미암아 구원을 받았으니 이것은 너희에게서 난 것이 아니요 하나님의 선물이라"(엡 2:8)

시에 이 땅에 하나님나라를 구현해야 할 의무를 갖게 되었다(마 5:3-5).[45] 셋째, 우리는 성령의 인도하심을 따라 하나님의 말씀의 통치를 자신과 이 세상에 임하게 하여 이 세상을 회복하는 사명을 소유하게 되었다(마 28:19-20).[46]

② 예수를 믿고 성령의 인도하심을 구하는 그리스도인

우리가 이 땅에서 하나님나라를 누리기 위해서는 십자가에서 죽으시고 부활하신 예수를 믿고, 그 은혜를 묵상하며 자신의 정체성을 세워나가야 한다. 또한 이 세상에서의 삶 속에서 하나님의 말씀을 통해 역사하시는 성령의 인도하심을 구하며, 진정한 회개를 통해 나 자신의 욕망이 아니라 하나님의 뜻을 따라 살아야 한다. '내가 이르노니 너희는 성령을 따라 행하라 그리하면 육체의 욕심을 이루지 아니하리라'(갈 5:16) 그렇게 우리의 삶이 하나님께서 통치하는 삶으로 변화되면, 이 땅에서 하나님나라를 맛보며 하나님의 복을 경험하게 된다.

③ 하나님나라의 도구로서의 그리스도인

우리가 이 땅에 하나님나라를 구현하는 도구가 되기 위해 이 세상 사람들에게 십자가에 죽으시고 부활하신 예수께서 진정한 메시야이며 주이심을 전해야 한다. 또한 하나님의 통치를 떠나 망가진 이 땅이 어떻게 회복될 것인지 고민하며, 우리에게 주어진 달란트로 정의가 사라진 곳에 정의를 세우고, 사랑이 필요한 소외된 곳을 찾아가 섬기며 이 땅에 하나님 통치가 회복되어 하나님나라가 임하기를 구해야 한다(마 6:33).[47] 이렇게 우리에게 주

---

[45] "심령이 가난한 자는 복이 있나니 천국이 그들의 것임이요 애통하는 자는 복이 있나니 그들이 위로를 받을 것임이요 온유한 자는 복이 있나니 그들이 땅을 기업으로 받을 것임이요" (마 5:3-5)
[46] "그러므로 너희는 가서 모든 민족을 제자로 삼아 아버지와 아들과 성령의 이름으로 2)세례를 베풀고 내가 너희에게 분부한 모든 것을 가르쳐 지키게 하라 볼지어다 내가 세상 끝날까지 너희와 항상 함께 있으리라 하시니라" (마 28:19-20)
[47] "그런즉 너희는 먼저 그의 나라와 그의 의를 구하라 그리하면 이 모든 것을 너희에게 더하시리라" (마 6:33)

어진 그리스도인의 사명을 감당하게 될 때, 우리의 삶은 참된 인간다움을 회복하고, 평안과 기쁨이 충만할 것이며, 필요한 모든 것들이 공급됨을 경험할 것이다.

4) 하나님나라의 제자로서의 그리스도인에게 요청되는 인내와 순종

① 두 가지 비유

누가복음 14장 25-33절을 읽어 보자. 두 가지 비유가 나오는데, 앞으로 일어날 일들에 대해서 계산해 보는 것이 합당하다는 내용을 담고 있다. 어떤 사람이 망대를 세우려면 미리 자신이 예산을 짜보고, 끝까지 세울 수 있을지 타당성을 점검해볼 것이다. 또한 어떤 임금이 전쟁을 하려면, 자신들의 군대로 적을 이길 수 있을지 계산해 보고 승리의 확신이 있을 때 전쟁을 하게 될 것이다. 만약 이렇게 사전에 계산해보고 미래에 필요한 것을 준비하는 일이 없다면, 후에 자신이 한 일로 조롱거리가 되고 말 것이다.

② 하나님나라의 제자에게 요청되는 것

이 비유를 예수께서 주신 것은 주님을 따르기 전에 손익계산을 해보라는 교훈을 주는 것이 아니다. 이 비유는 주님의 제자가 되려고 할 때, 먼저 주님을 따르는 길이 무엇인지 정확히 알고, 그 길을 따르기 위해서 어떤 일을 해야 하며, 어떤 변화가 있어야 할지 미리 정확히 파악하라는 가르침을 주고 있는 것이다. 제자가 되는 일이 어떤 것인지도 모르며, 자신의 탐욕을 위해 종교생활을 하는 성도들은 하나님나라를 맛보지도 못할 것이며, 이 세상에 하나님나라를 구현하는 사명의 주인공이 되지도 못할 것이다. 그리스도인, 즉 예수의 제자가 되는 길은 많은 것들을 요구한다. 전쟁에 승리하려면 대가를 치러야 하고, 망대를 세우려면 비용이 들어가듯이, 주님의 제자가 되는 길에도 힘겨운 요소들은 여전히 있다. 하지만 우리가 거룩한 열망을 품고 나아간다면 하나님께서 우리를 도우실 것이다. 우리에게 필요한 것은 인내로 순종하는 것이다. '이르시되 내가 반드시 너에게 복 주고 복주며 너를 번성하게 하고 번성하게 하리라 하셨더니 그가 이같이 오래 참아 약속을 받았느니라'(히 6:14-15)

> "기독교는 반쯤 건축된 채 버려진 망대의 잔해들 -쌓기 시작했으나 끝낼 수 없었던 망대들의 유물- 로 온통 뒤덮여 있다. 수많은 사람들이 여전히 그리스도의 경고를 무시하고, 먼저 그리스도를 따르는 것의 대가를 곰곰이 생각해 보지 않은 채 그리스도를 따르려하기 때문이다. 그 결과는 오늘날 기독교계의 커다란 추문, 소위 말하는 '유명무실한 기독교'라는 것이다." _ 존 스토트

7. 적용 및 토론

1) 당신이 하나님의 언약 백성이라는 사실이 어떤 의미로 다가오십니까?
2) 당신은 어떤 사역을 통해 하나님나라를 구현하는 일에 동참하겠습니까?
3) 당신은 예수를 따르는 하나님나라의 제자로서 살아가기를 소망하십니까? 이것을 위해 당신에게는 어떤 변화가 필요합니까?

8. 내용 정리하기

1) 인도자 Question (인도자가 제시하는 질문으로 의견을 나눕시다.)
2) 간증을 읽고 결단하기 (워크북에 제시)

9. 기도하며 마무리 하기 (워크북에 제시)

CHAPTER 02

신앙과 삶의 일치

1. 이 과의 목적

구원의 증거는 변화된 삶이며, 하나님의 통치를 따르는 변화된 삶은 그리스도인의 특징이자, 하나님의 복을 누리는 삶의 핵심 요소다. 그러나 오늘날 많은 그리스도인들이 강한 구원의 확신에 비해 신앙과 삶이 전혀 일치하지 않는 문제에 직면해 있다. 이것은 그리스도인들을 무능력하게 만든다. 세상에서도 복음이 외면 받게 한다. 본 과에서는 이 문제를 다룬다. 바른 기독교 신앙의 원리를 설명하고, 회개를 통해 하나님나라를 체험하는 삶으로 나아가도록 새로운 도전이 필요하다. 오랜 시간 동안 한국 기독교는 부분적으로 샤머니즘과 내세적인 구원 신앙의 영향을 받아왔다. 이것은 단지 개인적인 소원 성취를 위해 종교생활을 하도록 만들었고 결국 신앙과 삶의 괴리를 가져왔다.

이 과를 통해 우리 속에 뿌리 깊게 박혀있는 잘못된 신앙적 양상들을 발견하게 하고 교정해 준다. 예수 그리스도를 통해 구원받은 그리스도인은 성령의 인도를 따라 살아간다는 것, 그것이 하나님나라를 누리며 복된 삶을 사는 진정한 길임을 강조하자. 성령의 인도를 통해 하나님의 통치를 받게 되며 신앙과 삶의 일치가 자연스럽게 이루어지게 될 것이다.

2. 다함께 찬양하기

『찬양』 신실하게 진실하게 거룩하게

신실하게 진실하게 거룩하게 살게 하소서
신실하게 진실하게 거룩하게 살게 하소서
하나님 나의 마음 만져 주소서
하나님 나의 영혼 새롭게 하소서
하나님 나의 기도 들어 주소서
하나님 주의 길로 인도 하소서

3. 말씀 묵상하기

약 2:14-18

"내 형제들아 만일 사람이 믿음이 있노라 하고 행함이 없으면 무슨 유익이 있으리요 그 믿음이 능히 자기를 구원하겠느냐 만일 형제나 자매가 헐벗고 일용할 양식이 없는데 너희 중에 누구든지 그에게 이르되 평안히 가라, 덥게 하라, 배부르게 하라 하며 그 몸에 쓸 것을 주지 아니하면 무슨 유익이 있으리요 이와 같이 행함이 없는 믿음은 그 자체가 죽은 것이라 어떤 사람은 말하기를 너는 믿음이 있고 나는 행함이 있으니 행함이 없는 네 믿음을 내게 보이라 나는 행함으로 내 믿음을 네게 보이리라 하리라"

4. 이 과의 포인트 잡기

1) '신앙과 삶의 일치' 문제를 성경적으로 접근해 본다.
2) 바른 믿음의 기초 위에서 하나님의 말씀을 실천하기 위해 필요한 것들을 정리한다.

5. 여는 대화

1) 당신이 생각하기에 이 시대 기독교 신앙의 가장 큰 문제는 무엇이라고 생각합니까?
▶ 훈련생들이 갖고 있는 기독교 신앙과 교회의 문제점에 대한 인식이 어느 정도인지 파악한다. 기독교 신앙을 무조건 감싸고, 비판하는 이들을 정죄하기보다 우리의 문제를 객관적으로 바라보고, 동시에 소망을 갖는 것이 중요하다. 우리의 문제에 대한 해결책에 대해 고민하며 신앙과 삶의 일치에 대한 부분으로 나아간다.

2) 당신 자신의 삶에서, 혹은 다른 기독교인들의 삶 속에서 모순을 느꼈다면, 그 이유는 무엇입니까?
▶ 1번 문제에 대한 구체적인 사례들을 나눈다. 특히 사회에서 이슈가 되거나 또는 훈련생들이 경험한 자신과 기독교인들의 문제들을 나누며, 왜 교회를 다니며 신앙의 훈련을 받는데도 불구하고, 기독교가 외형적으로 많이 성장했음에도 윤리적인 문제가 생기는지 고민을 진솔하게 나누며 해결책을 이야기해 본다.

6. 깊이 들어가기

1) 구원의 확신이 있는 삶, 그러나 구원의 증거가 없는 삶

① 강한 구원의 확신

한국교회 성도들은 대체로 강한 구원의 확신을 가지고 있다. 교회생활도 열심히 한다. 하지만 교회들은 세상에서 신뢰를 잃고 있다. 그리스도인은 하나님의 구원을 성취하신 예수 그리스도를 마음으로 믿어 의에 이르고 입으로 시인하여 구원에 이른 사람들이다. 구원 받은 그리스도인들은 예수 안에서 새로운 피조물이 된다. 그리스도인은 예수 그리스도의 주되심을 인정하며, 성령의 인도하심을 따라 살아가면서 하나님나라를 맛보고, 하나님나라의 도구로 살아간다. 구원의 확신을 가지고 있는 성도는 이렇게 살아간다.

② 구원의 확신을 드러내지 못하는 삶의 결과

그리스도인의 삶은 복음에 대한 가장 강력한 설명이며, 하나님의 구원을 받았다는 가장 강력한 증거이다. 그런데 우리의 삶이 복음을 드러내지 못하며, 구원의 증거를 결여하고 있다면, 어떻게 설명해야 하는가? 물론 우리는 이 땅에 사는 동안 완전한 삶을 살아갈 수 없다. 즉, 항상 예수를 주로 인정하며 아무 죄도 없는 완벽한 삶을 살아가는 것은 불가능하다. 하지만 여기서 말하려고 하는 것은 성도들의 삶에 전혀 거듭남의 증거가 보이지 않고, 신앙을 입증할 만한 삶의 증거가 전반적으로 나타나지 않는다면 문제가 있다는 것이다.

하나님의 언약백성인 우리의 삶에 하나님의 통치가 회복되어 새롭게 변화되는 모습이 나타나지 않는다면, 두 가지 문제가 있다. 첫째, 우리는 이 땅에서 하나님나라를 누리며 경험하지 못한다. 하나님나라는 하나님의 통치가 회복되는 새로운 삶을 통해 경험되기 때문이다. 둘째, 하나님나라의 도구가 되기는커녕 하나님의 이름을 더럽히게 되며, 이로 인해 우리의 삶은 하나님의 진노 가운데 있게 될 것이다. '너는 일깨어 그 남은 바 죽게 된 것을 굳건하게 하라 내 하나님 앞에 네 행위의 온전한 것을 찾지 못하였노니 그러므로 네가 어떻게 받았으며 어떻게 들었는지 생각하고 지켜 회개하라 만일 일깨지 아니하면 내가 도둑 같이 이르리니 어느 때에 네게 이를는지 네가 알지 못하리라'(계 3:2-3)

③ 구원의 증거가 결여된 삶

한국 기독교에 나타나는 치명적인 약점은 무엇인가? 바로 삶에 구원의 증거가 전혀 나타나지 않는다는 점이다(약 2:14-17).[48] 기독교인이든 기독교인이 아니든 한국 기독교의 가장 큰 문제는 신앙과 삶이 일치하지 않는 것이라고 생각한다는 조사 결과가 나왔다. 간단히 말하면 구원을 받아 하나님의 자녀가 된 사람들이 세상 사람들과 거의 다르지 않다는 점이다. 자신이 하나님의 백성이라는 확신은 강한데, 하나님의 백성이라는 증거는 없는 이 현상은 우리가 해결해야 할 가장 중요한 문제이다.

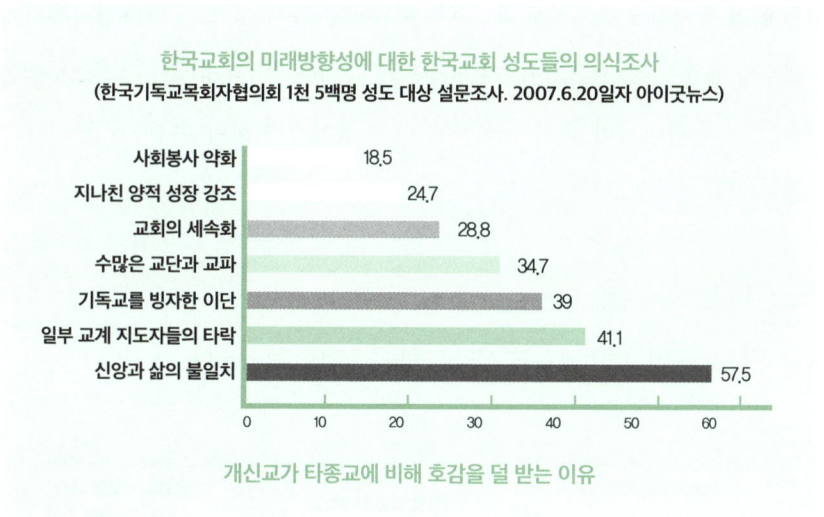

한목협, 목사 500명 설문 "신자 78%는 신앙과 삶 일치하지 않아"(한국경제, 2013년 5월 31일자)

"한국기독교목회자협의회(한목협·대표회장 전병금 목사)가 글로벌리서치에 의뢰해 목회자 500명을 대상으로 조사한 결과, '교인들의 삶과 신앙생활이 어느 정도 일치한다고 생각하느냐'는 질문에 13.0%는 '일치하는 편'이라고 답한 반면 '별로 일치하지 않는다' 78.6%, '전혀 일치하지 않는다'는 응답이 8.4%였다. 또한 목회자의 자신이 '신앙과 삶이 일치한다'는 응답은 2.6%에 불과했다."

---

48 "내 형제들아 만일 사람이 믿음이 있노라 하고 행함이 없으면 무슨 유익이 있으리요 그 믿음이 능히 자기를 구원하겠느냐 만일 형제나 자매가 헐벗고 일용할 양식이 없는데 너희 중에 누구든지 그에게 이르되 평안히 가라, 덥게 하라, 배부르게 하라 하며 그 몸에 쓸 것을 주지 아니하면 무슨 유익이 있으리요 이와 같이 행함이 없는 믿음은 그 자체가 죽은 것이라" (약 2:14-17)

2) 신앙과 삶의 일치가 되지 않는 이유 : 잘못된 신앙

① 기독교 신앙

기독교는 하나님의 통치를 거부하고 타락한 인류를 구원하시는 하나님의 복음을 전하는 신앙이다. 하나님의 구원은 십자가에서 죽으시고 부활하신 예수를 통해 성취되었고, 그리스도인은 예수를 하나님의 아들로서 이 세상에 오신 메시야로 믿음으로 하나님의 구원을 받는다. 하나님의 구원은 하나님을 반역했던 인간이 메시야를 통해 회개하여 하나님의 통치를 따라 살아감으로(이것이 죄 사함의 구원이다) 다시 이 땅에 하나님나라가 임하고, 나아가 예수의 재림으로 하나님나라가 완성되는 것이다. 이 과정에서 그리스도인은 이 땅에서 예수를 통해 하나님의 통치가 회복된 삶을 살아가며 하나님나라를 누린다. 이것이 기독교 신앙이다.

② 기독교 신앙의 메커니즘

기독교 신앙은 무엇인가? 기독교 신앙은 다음과 같이 요약된다.

도표4. 기독교 신앙의 메커니즘

위의 도표대로 하나님의 구원이 임하는 것이 진정한 복음이다. 예수를 통해 하나님나라가 이 땅에 이루어지고, 예수를 통해 하나님나라가 완성된다는 소식이 복음이다. 복음을 통해 이 세상은 이미 회복되기 시작했고, 그 회복은 완성에 이르게 될 것이다.

③ 잘못된 메커니즘

하지만 지금 우리는 기독교 신앙에 대한 총체적이고 정확한 이해에 도달하는 데 종종 실패하고 있다. 한국교회 안에 퍼져 있는 기독교 신앙의 메커니즘은 대체로 이렇다.

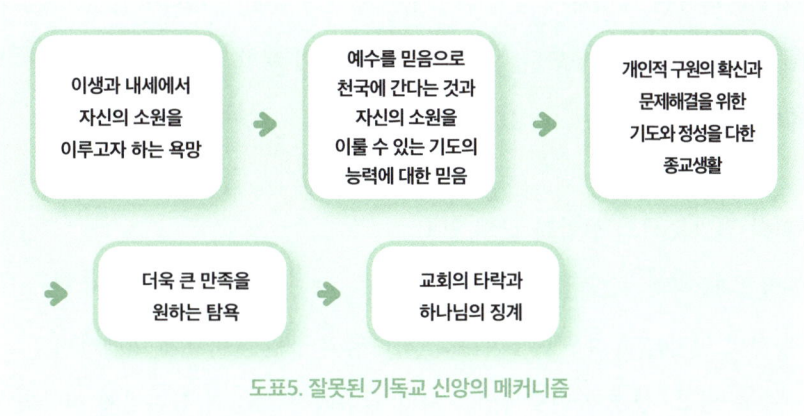

도표5. 잘못된 기독교 신앙의 메커니즘

이러한 메커니즘의 신앙생활은 겉으로 볼 때 기독교 신앙으로 보이지만 결코 하나님께서 계획하신 구원이 임하지 않는다. 즉, 하나님나라가 전혀 이루어지지 않는다. 왜냐하면 위와 같은 신앙은 하나님의 구원에서가 아니라 자신의 소원에서 시작되기 때문이다. 잘못된 기독교 신앙이 왜곡된 성경 인용과 해석을 통해 정당화 될 때 교회는 본연의 모습을 잃게 된다. 이것이 이스라엘 백성들이 겪었던 과정이며, 하나님의 징계를 불러오는 과정이

다(삿 17:3).⁴⁹

④ 탐욕을 추구하는 거짓 기독교

하나님의 구원은 인간의 반역(죄)과 그 반역으로 인해 생긴 이 세상의 문제를 해결하는 것이다. 그런데 죄와 죄의 결과를 예수를 통해 해결하시려는 하나님의 복음을 도외시한 채, 막연히 종교적 열심을 통해 자신의 문제 해결과 풍성한 이생의 축복을 얻으라고 가르치는 기독교는 사실 우상숭배이며 기독교적으로 포장된 샤머니즘에 불과하다. 이런 신앙적 가르침을 습득한 사람들은 신앙이 강해질수록 더욱 탐욕스러워진다. 이런 신앙적 가르침이 강하게 나타나는 개인과 공동체들이 맺는 열매는 윤리적 타락이며, 그들은 이로 인해 하나님의 진노하심을 경험한다.(벧후 2:1-3)⁵⁰ 인간이 행한 탐욕의 결과는 결국 타락일 수밖에 없다.

3) 구원의 결과로서의 신앙과 삶의 일치

① 구원의 결과로서의 신앙과 삶의 일치

신앙과 삶의 일치는 윤리운동이 아니다. 하나님의 구원을 바르게 이해하며, 그 구원을 이루신 예수를 믿고, 성령의 인도하심을 따라 살아가는 성경적 삼위일체 신앙의 결과이다. 우리는 이제 십자가에서 죽으시고 부활하신 예수 그리스도를 통해 하나님의 통치를 떠나 황폐해진 이 땅과 우리의 삶을 회복하시는 하나님의 구원을 누려야 한다. 그 과정 속에 신앙과 삶의 일치는 자연스럽게 성취된다.

---

49 "미가가 은 천백을 그의 어머니에게 도로 주매 그의 어머니가 이르되 내가 내 아들을 위하여 한 신상을 새기며 한 신상을 부어 만들기 위해 내 손에서 이 은을 여호와께 거룩히 드리노라 그러므로 내가 이제 이 은을 네게 도로 주리라" (삿 17:3)
50 "그러나 백성 가운데 또한 거짓 선지자들이 일어났었나니 이와 같이 너희 중에도 거짓 선생들이 있으리라 그들은 멸망하게 할 이단을 가만히 끌어들여 자기들을 사신 1)주를 부인하고 임박한 멸망을 스스로 취하는 자들이라 여럿이 그들의 호색하는 것을 따르리니 이로 말미암아 진리의 도가 비방을 받을 것이요 그들이 탐심으로써 지어낸 말을 가지고 너희로 이득을 삼으니 그들의 심판은 옛적부터 지체하지 아니하며 그들의 멸망은 잠들지 아니하느니라" (벧후 2:1-3)

② 훈련의 필요성

신앙과 삶의 일치를 위해 우리는 먼저 성경이 가르치는 하나님의 구원의 소식, 즉 복음을 명확히 이해해야 한다. 예수를 통해 이루어질 그 하나님의 구원을 소망해야 한다. 그리고 예수께서 주신 말씀을 통해 우리의 왜곡된 욕망과 타락한 세상의 풍습을 따르는 삶을 깨트리고, 성경적 삶의 기준을 정립하고 성령의 인도하심을 따라 하나님의 통치에 순응하는 삶을 훈련해야 한다. '너희는 유혹의 욕심을 따라 썩어져 가는 구습을 따르는 옛 사람을 벗어 버리고 오직 너희의 심령이 새롭게 되어 하나님을 따라 의와 진리의 거룩함으로 지으심을 받은 새 사람을 입으라'(엡 4:22-24)

③ 신앙과 삶의 일치 : 성령의 인도하심을 따라 살아가는 것

성령의 인도하심을 따라 살아간다는 것은 무엇인가? 신비한 은사와 신비한 능력을 소유하는 것인가? 자신의 소원을 이루기 위해 신비한 방법을 추구하는 신비주의는 탐욕스러운 것이며 미신적이다. 신적 능력을 불러오는 굿과 미래를 알기 위한 점술과 다를 바 없다. 우리는 미래를 예측하고 예언하기 위해 그리스도를 믿는 것이 아니며, 우리 앞에 놓인 문제를 해결하여 내가 원하는 것을 이루기 위해 기독교인이 된 것도 아니다. 하나님께서는 성령을 통해 우리에게 믿음을 주시고, 십자가의 사역을 통해 우리를 구원하시며, 궁극적으로 우리에게 참된 인생의 길을 주셔서, 하나님의 뜻을 이루어 가신다. 그것이 바로 성령의 열매인 것이다. 우리는 말씀을 통해서 어떻게 사는 것이 성령을 따라 사는 것인지에 대한 원칙을 배우고 익혀야 한다. 그리고 기도를 통해 삶의 순간순간 하나님의 뜻을 분별하려 힘써야 한다. 하나님께서 성령을 통해 조명하시는 말씀을 통해 삶의 원칙을 이끌어내고, 삶의 순간순간 그 원칙을 적용하면서 살아가는 것이 바로 신앙과 삶이 일치되는 하나님나라 백성의 삶이다.

4) 신앙과 삶의 일치 : 하나님의 통치를 따라 살아가는 삶

① 예수의 시험 이야기

마태복음 4장에는 예수님께서 성령에 이끌리어 광야로 가셔서 사단에게 시험받는 장면이 기록되어 있다. 예수님께서 받으신 세 가지 시험의 장면은 우리에게 성령을 쫓아 산다는 것이 무엇인가 말씀해 준다. 사단은 예수님의 능력을 시험하는 것이 아니라, 예수님이 하나님의 아들로서의 능력을 누구를 위해서 사용하는가를 시험하고 있다. 예수님은 자신을 위해 돌로 떡을 만들어 먹지 않았으며, 자신이 하나님의 아들임을 입증하기 위해 성전 꼭대기에서 뛰어 내리지 않으셨고, 이 세상 천하만국을 손에 넣기 위해 사단에게 굴복하지 않으셨다. 우리가 예수님의 삶을 좀 더 들여다보면 참으로 흥미있는 점을 발견하게 되는데, 그것은 바로 예수님께서 광야에서 백성들에게 하나님나라를 가르치시다가 한 아이의 점심을 가지고 5,000명을 먹이시는 능력을 보이시고, 자신이 참 하나님의 아들이며 자신이 전하는 회개의 복음이 참된 진리임을 입증하기 위해 백성들의 병을 고치고 귀신을 내어 쫓았으나, 무능력해 보이는 십자가의 죽음을 당하셨다는 것이다. 예수님께서는 모든 일들을 자신의 탐욕을 위해서가 아니라, 사랑하는 백성들을 위해 행하셨다. 자신의 유익을 위해서가 아니라, 백성들의 유익과 하나님의 영광을 위해 모든 능력을 나타내셨다. 이런 예수의 삶은 하나님 아버지의 통치에 순종하는 모범을 보여 주신다. '조금 나아가사 얼굴을 땅에 대시고 엎드려 기도하여 이르시되 내 아버지여 만일 할 만하시거든 이 잔을 내게서 지나가게 하옵소서 그러나 나의 원대로 마시옵고 아버지의 원대로 하옵소서 하시고'(마 26:39)

② 하나님의 통치를 이루는 삶

예수의 모범에서 볼 수 있듯이 하나님의 구원을 경험하는 삶, 신앙과 삶의 일치가 경험되는 삶은 하나님의 구원을 성경을 통해 깨닫고, 하나님의 말씀을 따라 하나님의 통치를 이루는 삶을 소망하며 살아갈 때 가능하다. 성령은 말씀을 도구로 우리의 내면에 역사하셔서, 우리에게 하나님 사랑을 깨닫게 하시고, 우리에게 사랑을 행하게 하신다(요 14:25-26).[51] 그것이 바로 신앙과 삶이 일치되는 삶이요, 성령을 따라 행하는 삶이다. 신앙과 삶의 일치는 하나님의 구원의 목적이며 결과이다. 예수의 모범을 따라 신앙과 삶의 일치를 소망하며 살아간다면, 하나님나라를 경험하는 놀라운 삶, 우리의 삶을 통해 하나님나라가 이 땅에 구현되는 삶을 살아가게 된다.

> "신자의 성화가 발전하려면 그는 목표를 가져야 한다. 이 목표는 다름 아닌 예수님이 품으셨던 목표이다. 즉 하나님의 뜻을 행하겠다는 목표이다. 이 한 가지 목표에 집중한다면 우리는 성경의 진리를 깨닫고 성령님의 도우심을 얻어서 더욱 거룩해질 수 있다." _리처드 오웬 로버츠

7. 적용 및 토론

1) 신앙과 삶의 일치 문제에 있어서 당신의 삶을 냉정하게 평가해 봅시다.
2) 당신은 성령의 인도하심을 따라 하나님의 통치를 이루는 삶을 살아가기 위해 어떤 경건의 노력을 하고 있습니까?

8. 내용 정리하기

1) 인도자 Question (인도자가 제시하는 질문으로 의견을 나눕시다.)
2) 간증을 읽고 결단하기 (워크북에 제시)

9. 기도하며 마무리 하기 (워크북에 제시)

---

[51] "내가 아직 너희와 함께 있어서 이 말을 너희에게 하였거니와 보혜사 곧 아버지께서 내 이름으로 보내실 성령 그가 너희에게 모든 것을 가르치고 내가 너희에게 말한 모든 것을 생각나게 하리라"(요 14:25-26)

CHAPTER 03

세상 속의 그리스도인

1. 이 과의 목적

그동안 교회에서 가르친 그리스도인의 삶은 일반적으로 정직과 금욕을 곁들인 개인적 경건의 삶이었다. 내세를 바라보며 속세의 즐거움을 버리는 삶이었다. 하지만 성경 전체의 이야기에 근거해 보면, 그리스도인은 이 세상을 회복하기 위해 예수님께서 승천하신 이후 세상에 남겨진 제자들처럼 이 세상에서 특별한 사명을 가지고 살아가는 존재다. 우리는 그리스도인이 되어도 여전히 세상 풍조에 영향을 받으며 그 속에서 살아간다. 그 가운데서 하나님나라와 세상나라 가치관의 영적 대립이 발생한다. 세상의 방식들은 계속해서 하나님 백성들의 가치관을 파괴하며 무너뜨리려 한다. 그 속에서 우리는 어떻게 살아가야 하는지, 특히 세상과 관련하여 우리는 어떻게 살아야 하는지 이 과를 통해 기초를 닦는다.

이 과에서는 세상을 변화시키는 진정한 그리스도인이 되기 위해 세상이 추구하는 가치관이 무엇인지, 그로 인해 드러나는 이 세상의 우상은 무엇인지, 그것이 어떤 결과를 초래하는지 배우고 분별하게 된다. 하나님을 떠난 이 세상은 더욱 발전하고 진보하는 것이 아니라 더욱 극단적으로 타락해가고 있다. 이 속에서 그리스도인들은 어떤 자세로 하나님의 통치를 이루며 세상 속에서 살아가야 하는가? 이 질문에 성도들이 명확하게 답할 수 있도록 돕는다. 특히 경제라는 우상에 대해, 하나님보다는 인간 스스로를 의지하게 만드는 모더니즘적 환상과 스스로의 욕망을 정당화하는 방향으로 갈 수밖에 없는 포스트모던적 상대주의에 대해 살펴보면서 세상을 바라보는 눈을 훈련하도록 인도자가 잘 도움을 주면 좋을 것이다.

2. 다함께 찬양하기

『찬양』 "세상의 유혹 시험이" 1-2절

1. 세상의 유혹 시험이 내게 몰려올 때에
   나의 힘으론 그것들 모두 이길 수 없네
   거대한 폭풍 가운데 위축된 나의 영혼
   어찌할 바를 몰라 헤매이고 있을 때
2. 거짓과 속임수로 가득 찬 세상에서
   어디로 갈지 몰라 머뭇거리고 있네
   공중의 권세 잡은 자 지금도 우리들을
   실패와 절망으로 넘어뜨리려 하네
   (후렴) 주를 찬양 손을 들고 찬양
   전쟁은 나에게 속한 것 아니니
   주를 찬양 손을 들고 찬양
   전쟁은 하나님께 속한 것이니

3. 말씀 묵상하기

요 16:33

"이것을 너희에게 이르는 것은 너희로 내 안에서 평안을 누리게 하려 함이라 세상에서는 너희가 환난을 당하나 담대하라 내가 세상을 이기었노라"

4. 이 과의 포인트 잡기

1) 세상과 그리스도인과의 관계를 정립한다.
2) 이 세상의 특징을 이해하고 그리스도인으로 어떻게 살아야 할지 고민한다.

5. 여는 대화

1) 현대 사회의 가장 큰 문제는 무엇이라고 생각하십니까?
▶ 죄로 인해 불행하게 된 현대 사회의 특징과 문제점이 무엇인지 생각하게 한다. 하나님의 통치가 사라지고 대체된 현대의 우상과 사상들이 어떻게 세상을 부정적으로 만들고 있는지 인식하게 한다. 훈련생 각자가 느끼는 문제가 유사할 것이다. 돈이 최고가 되는 사회의 문제, 청년 실업이나, 빈부격차의 문제 등 진솔하게 나누며, 기독교 신앙이 어떻게 해결책을 줄 수 있는지 고민해 본다.

2) 그리스도인으로 살아가면서 세상의 가치관들과 충돌하는 부분은 어떤 것이었으며, 언제 느꼈는지 나눠 봅시다.
▶ 1번에서 나눈 것과 같은 타락한 세상에서 그리스도인으로 살아가면 가치관의 충돌을 겪을 수밖에 없다. 가정이나 직장, 자녀교육이나 소비의 문제 등 다양한 영역에서 훈련생들이 겪는 가치관의 충돌의 문제를 나누고, 훈련생들이 세상의 가치관에 순응하며 살고 있는지 기독교적인 정체성을 지키며 살아가고 있는지 돌아보게 한다.

6. 깊이 들어가기

1) 그리스도인과 세상과의 관계

① 그리스도인과 세상

우리는 그리스도인이 된 이후에 당장 이 세상을 떠나 내세로 가는 것이 아니라, 여전히 이 세상에서 살아간다. 따라서 우리가 예수 그리스도를 믿는 하나님의 백성이 된다는 것은 필연적으로 그리스도인이 되기 전과 다르게 이 세상과 매우 독특한 관계를 형성한다는 것을 의미한다. 그리스도인은 여전히 이 세상에서 살아가고 있지만, 악한 세상으로부터 구원을 받아 새로운 출생을 하게 되었으며, 더 이상 하나님과 단절된 이 세상의 삶의 방식에 속하지 않아야 한다.

그리스도인은 이 세상에 살면서 다른 사람들보다 조금 더 도덕적이고, 조금 더 이타적이고, 조금 더 종교생활에 열심을 다하고, 조금 더 자기 성찰을 하며, 조금 더 뭔가 인생에 대해서 생각하는 정도의 존재가 아니다. 그리스도인은 이 세상과 전혀 다른 관계 속에서 살아가게 되며, 또한 살아가야 하는 것이다.

'너희는 너희가 거주하던 애굽 땅의 풍속을 따르지 말며 내가 너희를 인도할 가나안 땅의 풍속과 규례도 행하지 말고 너희는 내 법도를 따르며 내 규례를 지켜 그대로 행하라 나는 너희의 하나님 여호와이니라'(레 18:3-4)

그리스도인이 세상과 다른 방식으로 살아간다는 것은 하나님의 통치를 이 세상에 실현하는 것이다.

② 그리스도인과 세상과의 관계(자크 엘룰)

a. out of the world(골 1:13)[52]

우리는 예수 그리스도의 구속의 은총으로 이 세상으로부터 구원받았다. 우리는 예수 그리스도를 통해 새로운 나라의 백성이 되었으며, 우리는 하나님 아버지의 자녀로 다시 태어난다. 이것을 거듭난다고 말한다. 이 말은 위로부터 태어난다, 즉 소속이 달라진다는 것을 의미한다. 이것은 전적으로 예수 그리스도의 십자가의 죽음을 통해 우리의 죄를 사하신 하나님의 은혜로 이루어진다. 모든 것은 여기서 출발한다.

b. in the world(벧전 5:9)[53]

우리가 하나님의 자녀가 되었다고 해서 당장 이 세상을 떠나는 것은 아니다. 우리는 여전히 이 세상에 존재하며, 또한 존재해야 한다. 예수께서 하나님의 아들이셨지만 성육신하여 이 세상에 존재하셨던 것과 마찬가지로, 우리는 하나님의 백성이 되었지만 이 세상에 육체를 가진 존재로 살아간다. 여전히 우리는 이 세상의 왜곡된 현실 속에 존재하며, 때로 이 세상에서 탐욕적인 존재방식으로 살아가도록 유혹 받는다. 그리고 그러한 세상의 방식과 타협하지 않을 때 고난을 당하기도 한다.

c. not of the world(롬 12:2)[54]

우리는 이 세상에서 육신을 가지고 살아가지만, 이 세상에 속해서는 안된다. 즉 세상의 지배적 삶의 방식에 예속되지 말아야 한다. 우리는 세상에 있으면서도 세상에 속하지 않

---

[52] "그가 우리를 흑암의 권세에서 건져내사 그의 사랑의 아들의 나라로 옮기셨으니" (골 1:13)
[53] "너희는 믿음을 굳건하게 하여 그를 대적하라 이는 세상에 있는 너희 형제들도 동일한 고난을 당하는 줄을 앎이라" (벧전 5:9)
[54] "너희는 이 세대를 본받지 말고 오직 마음을 새롭게 함으로 변화를 받아 하나님의 선하시고 기뻐하시고 온전하신 뜻이 무엇인지 분별하도록 하라" (롬 12:2)

는 자들이 되어야 한다. 오히려 이 세상에서 하나님나라의 삶의 방식을 가지고 살아감으로 세상에 교훈을 주어야 한다. 이것이 이 세상에 하나님나라를 임하게 하는 것이다.

d. into the world(요 20:21)[55]

그리스도인은 세상을 향해 보냄을 받은 자이다. 하나님께서 세상을 구원하기 위하여 예수를 보내셨고, 예수를 메시야로 믿는 그리스도인들은 하나님나라의 복음을 위해 세상으로 파송된다. 이것이 그리스도인들이 세상에 존재하는 이유이다. 그리스도인들은 하나님께서 이 땅을 회복하시고 하나님나라가 완성될 때까지 하나님의 구원을 위해 사회 각 분야에 파송된 선교사들이다. 즉, 모든 그리스도인은 세상에 파송된 하나님의 군사이며, 이미 하나님나라에 속하여 특수한 임무를 부여받은 하나님나라의 제자인 것이다. 이 부르심이 그리스도인의 삶을 규정하며, 그리스도인의 삶의 모습을 만들어낸다. 우리의 삶이 의미 있고, 아름다울 수 있는 것은 바로 이 사명 때문이다.

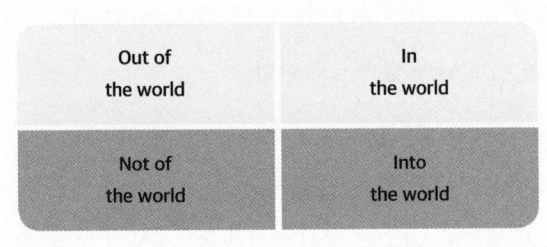

도표6. 그리스도인과 세상과의 관계

---

[55] "예수께서 또 이르시되 너희에게 평강이 있을지어다 아버지께서 나를 보내신 것 같이 나도 너희를 보내노라" (요 20:21)

> "성령으로 태어난 그리스도인은 현재 세상 질서에 대한 관계에서도 변화를 경험하게 된다. … 요한에게 있어서, 하나님으로부터 태어난 모든 사람은 믿음으로써 세상을 정복한다(요일 5:4). … 바울의 용어로 말하자면, 믿음의 헌신을 통해 믿는 자는 마음이 새롭게 되어서 세상을 본받지 않으며, 세상이 자신을 지배하도록 용납하지 않으며(롬 12:1-2), 그 방향대로 따라가지 않는다(엡 2:2)." _ 싱클레어 퍼거슨

2) 우리가 살고 있는 이 세상 현실 : 경제를 위한 모든 것의 수단화

① 하나님의 통치가 사라진 세상

사실 그리스도인들 자체도 죄에서 완전히 벗어날 수 없다. 우리의 육신은 죄의 영향에서 온전히 자유할 수 없다. 우리는 이런 숙명 속에서 이 세상에 살아야 하며, 동시에 하나님나라를 위해 파송된 사명을 감당해야 한다. 이 세상의 모습은 어떠한가? 사실 지금 우리가 살고 있는 세상은 하나님이 세상을 창조할 때의 모습, 즉 인간이 하나님의 통치에 순종하며 만들어낸 모습이 아니라, 인간이 하나님의 통치를 떠나 자신의 탐욕으로 만들어낸 질서가 지배하는 곳이다. 나아가 이 세상은 시간이 지날수록 더욱 악해지고 있다.

② 경제라는 우상

자크 엘룰은 그리스도인이 세상 속에 산다는 것은 세상의 임금, 곧 사탄의 영역 안에 산다는 것이라고 말했다. 그는 이 세상의 가장 큰 문제는 모든 것이 수단화되고 있으며, 또한 수단이 자신을 정당화하는 것이라고 했다. 하나님을 버린 이 세상에는 더 이상 목적이 존재하지 않는다. 경제가 잘 돌아가게 하기 위해서 인간은 재화를 생산하고 소비하는 일에 모든 삶을 소비하게 되었다. 이렇게 현대 사회에서는 모든 것이 경제 발전의 수단이 되고 있는 것이다. 인간은 행복을 보장해 준다는 감언이설에 속아 경제라는 현대 우상의 도구

로 전락했다(딤후 3:1-2a).[56] 사람들은 이제 생산하는 일과 소비하는 일에 자신의 인생 대부분을 사용하고 있으며, 이로 인해 점차 삶의 목적을 잃어가고 있다. 또한 삶의 목적이 없는 인간은 허망함을 극복하기 위해 더욱 쾌락을 추구하고 있다.

③ 경제라는 수단이 자신을 정당화하는 세상

오늘날의 현실에서 수단을 정당화시키는 것은 수단 그 자체다. 무엇이든지 성공하는 것, 효과적인 것, 능률적인 것은 정당화된다. 수단이 목적이 되고, 자신을 정당화시키는 현실은 더 많은 문제점들을 낳고 있다. 첫 번째 문제는 수단이 배타성을 갖는다는 것이다. 수단은 자신의 진보와 발전에 도움이 되지 않는 모든 것들을 배제시킨다. 경제적 진보를 위한 기술은 도덕적 판단 및 윤리 전반을 공격하고 황폐화시킨다. 왜냐하면 수단이 힘을 가지고 모든 사람들의 목적을 빼앗기 때문이다. 두 번째 문제는 수단이 모든 영역을 지배하게 된다는 것이다. 기술에 종속되는 것은 물질적 대상에 그치지 않고 인간에게까지 확산된다. 자유와 평등을 내세우는 듯 보이는 현대 사회는 오히려 수단에 불과한 경제라는 신에 모든 것을 바치는 거대한 종교집단이 되고 있다.

3) 현대 사회의 두 거대한 사상적 흐름
① 모더니즘의 진보에 대한 환상

모더니즘은 다양하게 정의할 수 있지만 '르네상스 이후 계몽주의 시대부터 현대까지 이어지고 있는 일련의 사상적 흐름으로, 인간의 이성과 과학적 발견을 기반으로 한 합리성을 중시하며, 이성과 과학을 통해 진리에 도달하여 사회가 무한히 발전할 것이라는 암묵적 믿음'이다. 이것은 여전히 인간에 의한 구원을 주장하며 현대 사회를 지배하고 있는 가

---

[56] "너는 이것을 알라 말세에 고통하는 때가 이르러 사람들이 자기를 사랑하며 돈을 사랑하며 자랑하며" (딤후 3:1-2a)

장 강력한 사상이다. 모더니즘이 만들어낸 진보에 대한 환상을 따라 현대사회는 하나님이 아니라 스스로의 이성으로 더 나은 세상을 만들어낼 수 있다는 믿음을 확장해 나가고 있다. 이성과 과학으로 모든 것을 판단하고, 그것들에 의해 세상이 발전할 것이라는 믿음을 따라, 인간은 자신이 얼마나 악한지 깨닫지 못한 채 자신들이 만들어낸 환상에 의지하여 더 악한 사회 질서를 만들고 있다(시 2:1-2).[57]

② 포스트모더니즘의 상대주의

모더니즘의 진보에 대한 믿음을 극복하고자 하는 흐름으로 등장한 것이 포스트모더니즘이다. 포스트모더니즘이 만들어낸 상대주의적 경향은 모더니즘 시대의 모든 권위와 질서를 해체하고 인간의 자유를 극대화함으로 긍정적인 사회 변화를 이끄는 듯 보였지만, 결국 인간의 이성과 과학적 합리주의에 대한 믿음에 기반하여 하나님을 떠난 인간의 자유를 더욱 극단적으로 추구하게 함으로 인간의 윤리를 땅바닥에 떨어트렸다. 모더니즘과 포스트모더니즘은 인간의 이성과 그에 기반한 과학적 발전을 통한 사회의 진보를 무한히 신뢰하는 무신론적 종교이다. 이것은 하나님을 적대하는 신앙이다. 이러한 사상적 흐름들이 만들어내는 사회는 과연 진보하고 있는가? 오히려 인간의 자유를 극단적으로 존중함으로 이 세상은 막을 수 없는 타락의 극단을 향하고 있다(롬 1:24, 28-29).[58]

③ 근본적인 변화가 필요한 세상

따라서 이 세상은 근본적인 변화, 하나님의 구원이 필요하다. 20세기만 보더라도 전체

---

[57] "어찌하여 이방 나라들이 1)분노하며 민족들이 헛된 일을 꾸미는가 세상의 군왕들이 나서며 관원들이 서로 꾀하여 여호와와 그의 기름 부음 받은 자를 대적하며" (시 2:1-2)
[58] "그러므로 하나님께서 그들을 마음의 정욕대로 더러움에 내버려 두사 그들의 몸을 서로 욕되게 하게 하셨으니 또한 그들이 마음에 하나님 두기를 싫어하매 하나님께서 그들을 그 상실한 마음대로 내버려 두사 합당하지 못한 일을 하게 하셨으니 곧 모든 불의, 추악, 탐욕, 악의가 가득한 자요 시기, 살인, 분쟁, 사기, 악독이 가득한 자요 수군수군하는 자요" (롬 1:24, 28-29)

주의로 인한 전쟁들과 독재정권들, 기업과 개인에 있어서의 도덕의 붕괴, 대중에게는 아무 유익을 주지 못하는 대규모 부의 축적, 경제에 의한 사람들의 가치매김과 서열화, 그에 따른 인간을 비롯한 모든 것의 상품화, 인간의 비인간화와 같은 현상들이 일어났다(계 18:12-13).[59] 이것은 인류가 하나님을 버리고 과학과 인간의 이성을 믿는 새로운 신앙의 결과였다. 이를 통해 알 수 있듯이 인간 스스로는 절대 하나님의 구원만이 가져올 수 있는 근본적 변화를 이룰 수 없다는 것이 정직한 인간이라면 도달할 수밖에 없는 결론이다. 그리스도인이라면 성경의 가르침들을 통해 이런 세상의 우상숭배적 경향을 분석해 내고, 하나님의 통치에 의한 회복이 일어나도록 힘써야 한다.

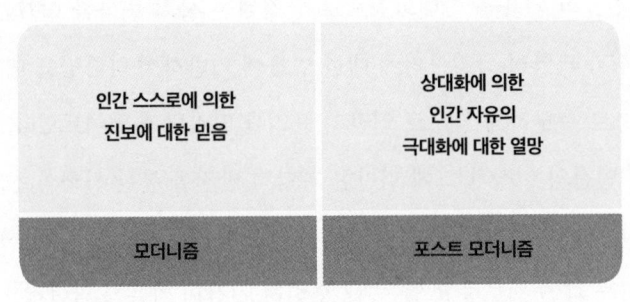

도표7. 이 세상의 두 사상적 기둥

---

59 "그 상품은 금과 은과 보석과 진주와 세마포와 자주 옷감과 비단과 붉은 옷감이요 각종 향목과 각종 상아 그릇이요 값진 나무와 구리와 철과 대리석으로 만든 각종 그릇이요 계피와 향료와 향과 향유와 유향과 포도주와 감람유와 고운 밀가루와 밀이요 소와 양과 말과 수레와 종들과 사람의 영혼들이라" (계 18:12-13)

> "문화에는 가치관이 내재되어 있다. 문화의 많은 가치관은 우리가 현대에 누리는 문명의 이기를 통해 전달되는 경우조차도 신앙의 본질을 교란시키는 역할을 한다. 기술이 바로 그런 사례다. 기술은 우리의 잠재적 능력을 크게 확장시켰고 우리 생활 전반에 그 혜택을 확산시켰지만, 그와 더불어 거의 불가피하게 자연주의적 태도 및 효율적인 것을 선한 것과 동일시하는 윤리관을 불러오기도 했다. 기술 그 자체가 복음을 공격하는 것은 아니지만 기술 사회에서는 복음을 무의미하다고 여기게 마련이다."
>
> 데이비드 웰스

7. 적용 및 토론

1) 당신이 속해 있는 분야는 자크 엘룰의 말대로 경제라는 우상의 노예가 되어 가고 있습니까? 구체적으로 어떤 일이 벌어지고 있는지 나누어 봅시다.

2) 진보와 상대주의를 신봉하는 현대주의의 물결이 당신이 속한 삶의 영역에 어떻게 나타나는지 이야기해봅시다.

3) 당신은 이 세상이 진보하고 있다고 보십니까? 아니면 더욱 타락하고 있다고 보십니까? 또한 그렇게 생각하는 근거는 무엇입니까?

8. 내용 정리하기

1) 인도자 Question (인도자가 제시하는 질문으로 의견을 나눕시다.)
2) 간증을 읽고 결단하기 (워크북에 제시)

9. 기도하며 마무리 하기 (워크북에 제시)

CHAPTER 04

복음을 통한 공적 영역의 회복

1. 이 과의 목적

　복음의 일차적인 목적은 하나님나라의 도래, 즉 망가진 창조세계를 회복하는 일이다. 인간의 타락으로 하나님께서 만드신 모든 창조세계가 죄의 영향을 받게 되었다. 따라서 하나님께서 약속하신 구원은 개인의 삶 뿐 아니라 그리스도인이 속한 모든 공적인 영역의 회복도 포함된 것이다. 지금까지 생각한 구원의 범위가 어디까지였는지 돌아보게 하자. 나아가 그리스도인들을 통해 온 세상이 하나님의 통치로 회복될 수 있다는 소망을 갖게 하며 영적인 시야와 범위를 확장하여 양육을 받는 그리스도인들의 삶의 영역에서 의미와 사명을 찾도록 돕자.

　우리가 속한 다양한 삶의 영역, 사업, 정치, 스포츠, 예술, 교육, 학문 등이 어떻게 망가지고 타락했는가? 그리고 이 왜곡된 사회를 어떻게 회복할 것인가? 이들의 문제점을 분별하고 해결방안을 모색하기 위해서는 다시 한 번 기독교적인 세계관을 확립시켜야 함을 강조해야 한다. 본 과를 통해 그리스도인은 왜곡된 세상이 하나님께서 창조하신대로 회복되게 하는 사명을 감당해야 한다는 사실을 발견하고, 삶의 새로운 가치를 발견하는 고민을 시작하도록 도와주도록 하자.

2. 다함께 찬양하기

『찬양』 "이 땅의 황무함을 보소서"

이 땅의 황무함을 보소서 하늘의 하나님 긍휼을 베푸시는 주여
우리의 죄악 용서하소서 이 땅 고쳐주소서
이제 우리 모두 하나되어 이 땅의 무너진 기초를 다시 쌓을 때
우리의 우상들을 태우실 성령의 불 임하소서
부흥의 불길 타오르게 하소서 진리의 말씀 이 땅 새롭게 하소서
은혜의 강물 흐르게 하소서 성령의 바람 이제 불어와
오 주의 영광 가득한 새 날 주소서
오 주님 나라 이 땅에 임하소서

3. 말씀 묵상하기

고후 10:4-6

"우리의 싸우는 무기는 육신에 속한 것이 아니요 오직 어떤 견고한 진도 무너뜨리는 하나님의 능력이라 모든 이론을 무너뜨리며 하나님 아는 것을 대적하여 높아진 것을 다 무너뜨리고 모든 생각을 사로잡아 그리스도에게 복종하게 하니 너희의 복종이 온전하게 될 때에 모든 복종하지 않는 것을 벌하려고 준비하는 중에 있노라"

4. 이 과의 포인트 잡기

1) 하나님나라가 임하는 것이 모든 공적 영역들에 어떤 의미가 있는지 배운다.
2) 복음의 증인으로 우리 삶에 필요한 것들을 생각한다.

5. 여는 대화

1) 당신이 속한 직업의 영역에서 바뀌어야 할 문제점들은 무엇입니까?
▶ 복음은 세상의 모든 영역을 변화시킨다. 정치, 경제, 학문, 교육, 예술 등 다양한 영역에 있는 문제를 나누게 한다. 현장에 대해 공감한다. 인도자가 종교계의 문제를 완곡하게 나누는 것도 좋을 것이다. 훈련생들이 속한 영역에서 이 사회의 문제점들이 무엇인지 인식하고 있는지 또한 그것을 복음으로 변화시킬 수 있다는 소망으로 나아가면 좋을 것이다.

6. 깊이 들어가기

1) 세상의 회복으로서의 구원

① 망가진 창조질서

이 세상은 타락한 인간에 의해 하나님의 창조질서가 망가지고 왜곡된 상태로 존재한다. 인간은 하나님의 통치로부터 벗어나서 사탄의 왕국에서 종노릇하게 되었다. 인간은 하나님의 선한 통치에서 벗어나 하나님의 복을 잃어버리고 스스로 저주의 상태에 놓여 있는데, 이 상태가 바로 사망의 상태이다. '여러분도 전에는 범죄와 죄로 죽었던 사람들입니다'(엡 2:1, 표준새번역)

② 회복으로서의 하나님나라의 복음

하나님께서 예수를 통해서 이루시려는 구원은 십자가에 죽으시고 부활하셨으며, 지금도 세상을 통치하고 계시는 예수를 믿음으로 이 세상 나라에 하나님나라가 오게 하는 것이며, 나아가 예수의 재림을 통해 세상을 심판하고 하나님나라를 완성하는 것이다. 이것이 하나님나라에 대한 좋은 소식, 즉 복음이다. 근본적으로 복음은 하나님의 백성을 뽑아서 내세로 데려가시기 전에, 하나님의 백성들의 삶에 하나님의 통치를 회복하여 하나님나라를 누리게 하며, 그들을 통해 망가진 세상을 회복시키는 것이다.

③ 모든 영역의 회복으로서의 하나님나라

하나님나라가 온다는 소식은 지금 왜곡되어 있는 이 세상의 모든 영역, 즉 타락한 인간을 구원하여 내세의 소망을 주는 일에서 그치는 것이 아니라 정치와 경제, 학문과 예술, 환경에 이르기까지 타락에 의해 망가진 모든 창조세계가 회복될 것이라는 소식이다. 그리스도인은 예수 그리스도를 믿음으로 바로 이 회복을 맛보는 복된 사람들이며, 나아가 밀가루 반죽을 모두 부풀게 하는 누룩처럼 이 세상의 모든 영역에 하나님의 통치가 임하여 하나님의 창조질서가 회복되게 하는 사람이다.

> "에덴 이후 창조 세계에 죄의 영향이 미치지 않은 곳이 하나도 없듯이, 그리스도가 십자가에서 승리하신 이후 창조 세계에서 하나님의 구속이 미치지 않는 영역은 있을 수 없다." _ 마이클 고힌/ 크레이그 바르톨로뮤

2) 이 세상 모든 영역을 회복하는 도구로서의 그리스도인

① 회개와 개인의 회복

이 세상의 모든 영역에 하나님나라가 임하는 도구가 되기 위하여 그리스도인은 먼저 혼신의 힘을 다하여 사탄의 노예가 된 상태로부터 벗어나기 위하여 씨름하여야 한다. 그리하여 개인의 삶이 회복되고, 가정이 하나님의 통치 가운데 회복을 맛보아야 한다. 이를 위해 우리는 먼저 회개해야 한다(마 4:17).[60] 하나님의 통치를 벗어나 스스로의 의지와 생

---

[60] "이 때부터 예수께서 비로소 전파하여 이르시되 회개하라 천국이 가까이 왔느니라 하시더라" (마 4:17)

각대로 행했던 삶, 자신의 이기적인 욕망을 위해 봉사했던 삶이 잘못된 것이었음을 인정하고 방향을 바꿔야 한다.

② 이 세상의 회복

개인의 삶과 가정에 회복을 경험한 그리스도인들은 공동체인 교회를 통해 이 세상 모든 영역에 하나님나라가 임하도록 해야 한다. 삶의 의미를 잃어버린 세상 문명 속에서 그리스도인이 할 수 있는 최선의 일은 그리스도인으로 사는 것이다.

그리스도인은 자신의 직업의 영역, 나아가 온 세상에 하나님나라가 임하게 하기 위하여 이 세상 안에서 그리스도인으로 살아가는 자신의 위치를 명확하게 파악하고 있어야 하며 또한 신앙과 세상과의 관계도 정확하게 이해하고 있어야 한다. '새 사람을 입었으니 이는 자기를 창조하신 이의 형상을 따라 지식에까지 새롭게 하심을 입은 자니라'(골 3:10) 우리는 변화된 이성으로 세상을 바라보며, 왜곡된 창조질서를 고발하고 나아가 하나님의 선하고 온전하신 뜻을 깨달아 이 세상을 회복하는 일에 힘써야 한다. 특히 우리의 삶의 각 영역에 대한 하나님의 뜻을 깨닫고, 각 영역이 하나님이 창조하신대로 회복되도록 사명을 감당해야 한다. 물론 이 사명은 우리 스스로 이룰 수 있는 일이 아니라 성령의 역사를 통해 가능한 것임을 기억해야 하며, 나아가 우리가 이 땅에서 온전히 이룰 수 없는 일임을 명심해야 한다.

③ 변화 받은 지성

우리가 지성의 변화를 받아 세상을 바르게 이해하며, 하나님의 뜻을 분별하기 위해서는 일관적인 기독교적 사고체계가 필요하다. 그리고 이러한 일관적인 사고체계를 얻기 위해서는 전체 사실들에 관한 정확한 지식과 고도로 훈련된 예리한 지성을 소유해야 한다. 이것이 성경을 중심으로 세계관을 정립해야 하는 이유이다. 세상에는 대중매체를 통해 무

분별하게 단편적 정보들이 쏟아지고 있으며, 그리스도인들은 무엇이 진실인지 파악하기가 점점 힘든 상황에 처하고 있다. 그 원인은 어디에 있는가? 첫째, 현대 사회가 극도로 복잡해졌고, 둘째, 엄청난 자본에 의지할 수밖에 없는 지식의 채널이 진실을 전달할 능력을 상실했으며, 셋째 그 지식을 전달하는 채널이 우리에게 세상을 바라보는 세속적인 해석의 틀까지 제공하고 있기 때문이다. 이에 그리스도인들이 해야 할 일은 정보를 전달하는 채널의 영향을 과감히 끊고, 세속적인 해석의 틀을 버리고, 영적인 판단력을 소유하는 것이다.[61] 나아가 모든 세상의 현상과 사실들을 종합하여 통합적 사고 가운데서 성경 중심의 기독교적 세계관과 진리를 구성하려고 노력해야 한다. 그렇게 함으로 우리는 사탄의 지배 하에 있는 이 세상이 우리에게 주입하는 사고의 틀을 버리고, 변화 받은 지성으로 이 세상에 대한 대안을 만들어갈 수 있다. 이러한 과정이 교회의 교육을 통해 이루어져야 한다.[62]

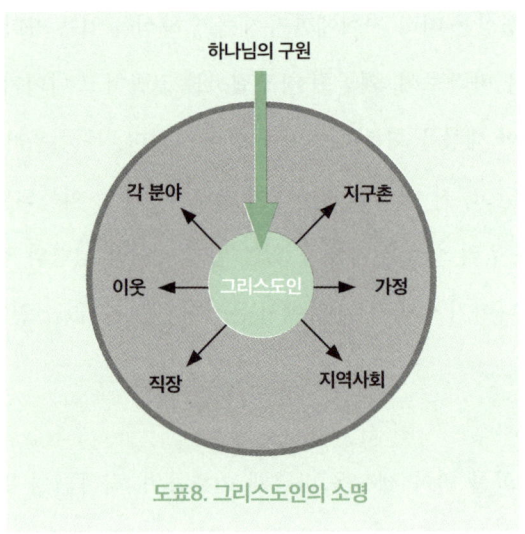

도표8. 그리스도인의 소명

---

61 "그러므로 어리석은 자가 되지 말고 오직 주의 뜻이 무엇인가 이해하라" (엡 5:17)
62 "모든 성경은 하나님의 감동으로 된 것으로 교훈과 책망과 바르게 함과 의로 교육하기에 유익하니 이는 하나님의 사람으로 온전하게 하며 모든 선한 일을 행할 능력을 갖추게 하려 함이라" (딤후 3:16-17)

> "하나님은 모든 일을 귀하게 여기신다. 그러므로 자신이 하는 일이 빌리 그래함이나 마더 테레사의 일에 비해 하찮다고 느끼는 것은 옳지 않다. 하나님이 보시기에 중요한 것은, 드러나지 않는 자리든 잘 드러나는 자리든 간에 그 분의 부르심을 따르는 것이다." _ 허드슨 아머딩

3) 하나님의 창조질서 회복의 사명에 대한 고민들(다음의 인용문을 읽으라)

(1) 어느 큰 회사의 중간 관리직으로 일하는 그리스도인 여성 사업가가 있다. 다른 모든 요인은 안중에 없이 영리적 목적만이 회사를 지배하고 있고 정말 중요한 것은 돈뿐이라는 사실을 그녀는 점점 분명히 알게 된다. 하지만 그렇게 영리만 추구하면 불의한 경제구조가 굳어져 개발도상국들의 빈곤을 악화시키고 자연 환경을 파괴한다는 것을 그녀는 알고 있다. 일자리를 지키면서도 이러한 불의에 대처하려면 이 여성 사업가는 어떻게 반응해야 할까?

(2) 공립 대학에서 박사 과정을 밟고 있는 그리스도인 대학원생이 있다. 자신이 연구하는 주제의 기초 자체가 상대주의라는 사실을 그는 점점 분명히 알게 된다. 교수들과 동료 학생들은 독단적인 자세를 취하여, 성경을 비롯한 참된 메타내러티브가 존재할 수 있는 가능성 자체를 아예 배제한다. 하지만 그들의 세계관 자체도 극히 신앙적인 것이며, 거기에 근거하여 그들은 동성애자 차별, 가부장제, 인종 차별, 자민족 우월주의 등을 '죄'로 여기고 가차 없이 맹비난한다. 그들은 모든 학자가 자신들의 기준대로 학문을 해야 한다고 독단적으로 주장한다. 생각하는 그리스도인인 학생은 이러한 학계에서 어떻게 처신할 것인가?

(3) 어느 정신과 병원에 부임한 그리스도인 여성 사회복지사가 있다. 인간의 죄성이라는 사실을 무조건 부인하는 인간관이 그동안 병원의 정책을 이끌어 왔음을 그녀는 알게 된다. 이 문화의 관점에 따르면, 모든 문제는 외부의 환경 탓이며 개인은 자신의 문제에 대해 일말의 책임도 없다. 하지만 이 그리스도인 사회복지사는 그런 식으로 접근하는 의료 문화가 자신이 섬기는 사람들의 존엄성을 박탈하며 오히려 문제의 해결을 방해한다고 확신한다. 그녀는 인간이 하나님의 형상대로 지음 받았으되 죄성을 지닌 존재임을 진지하게 받아들

이는 편이 훨씬 더 유익한 접근이라고 믿고 있다. 그렇지만 그녀가 일하는 분야의 문화 전체는 그러한 접근을 거부한다. 이렇게 신념이 상충되는 환경 속에서 그녀는 어떻게 자신의 본분을 다할 것인가?

(4) 어느 공립 초등학교에 역사 교사로 부임한 그리스도인 교사가 있다. 학교 측은 그녀에게 어떤 식으로든 신앙이 일에 '개입' 되어서는 안 된다고 못 박는다. 교과서에 나온 대로 역사를 가르치라는 것이다. 하지만 곧 알고 보니, 그 교과서가 말하는 이야기는 복음을 출발점으로 한 이야기와 일치하지 않는다. 그 학교에서 가르쳐야 할 공식 '역사'는 인류가 특히 과학과 기술을 통해 진보하고 진화한다는 개념을 당연시하고 있다. 이러한 상황 속에서 이 교사는 어찌할 것인가?

(5) 마침내 꿈을 이루어 프로 야구팀에 입단한 그리스도인 야구 선수가 있다. 그는 경쟁을 하나님의 선물로 보고 즐기는 사람이지만, 프로 스포츠 세계를 지배하는 경제학이 점점 불편하게 느껴진다. 한 선수의 가치가 정말 수천만 달러나 된단 말인가? 목숨만이라도 부지하려고 발버둥치는 사람들이 세상에 수없이 많은데, 그런 어마어마한 연봉이 과연 정당화될 수 있는가? 연봉을 협상하는 기준이 선수들에게 현실적으로 필요한 돈의 액수도 아니고 선수 생활이 아주 짧을 수 있다는 인식에 있지도 않음을 그는 곧 알게 된다. 그보다, 선수들이 요구하는 연봉은 이기주의와 노골적 탐욕의 산물이다. 이러한 환경 속에서 그는 '하나님의 영광을 위해' 야구를 한다는 것이 과연 어떤 의미일지 의문이 든다.

(6) 관직에 선출된 그리스도인 여성 정치인이 있다. 그녀는 진정으로 사회를 더 정의롭게 하는 법률들을 제정하고 싶다. 하지만 정치 과정에 점점 더 개입하면서 그녀는 어떤 희생도 마다않고 개인의 자유만 떠받드는 자유주의 이데올로기가 편만해 있으며 그것이 오히려 불의를 조장하고 있음을 알게 된다. 진정으로 정의를 우려하는 마음보다 돈과 정치적 압력이 정책의 결정을 좌우할 때가 더 많다는 것도 알게 된다. 그런데도 이것은 정치판의 당연한 모습일 뿐 주변의 누구도 그런 사실들 때문에 고민하지 않는다. 이 여자는 끝까지 현실에 동화되지 않고도 훌륭한 정치인이 될 수 있을까? (『세계관은 이야기다』/ 마이클 고힌 외 p.276-278에서 발췌)

① 여섯 영역 : 사업, 정치, 스포츠, 예술, 교육, 학문

하나님의 구원은 이 세상의 모든 영역에 하나님나라가 임하게 하는 것이다. 우리는 우리가 속한 영역에 모두 하나님의 창조질서가 임하도록 해야 한다. 사업은 인간이 살아가는데 꼭 필요한 재화들을 제작하고 공급하는 것이다. 정치는 발생하는 권력으로 국민들이 안전하게 보호받고, 더불어 살아갈 수 있는 공정한 시스템을 만드는 것이다. 스포츠는 경쟁을 통해 하나님께서 우리에게 주신 신체를 건강하게 유지하며 즐거움을 누리는 것이다. 예술은 창의력을 통해 모든 아름다움을 표현하고 삶의 풍성하게 하는 것이다. 교육은 세상을 살아가기 위해 필요한 건전한 지식을 전함으로 사회를 풍요롭게 만드는 재원들을 양성하는 것이다. 학문은 진리를 추구하며 하나님께서 창조하신 세상의 이치를 다양한 분야에서 밝혀 인간의 삶에 필요한 지식을 창안하는 것이다. 우리는 하나님께서 각 영역에 부여한 선한 창조질서를 부정하지 말아야 한다. 성속의 논리를 들이대지 말아야 한다. 동시에 악한 방식으로 왜곡된 질서를 바로잡기 위해 힘써야 한다. 예수께서 오신 이유는 모든

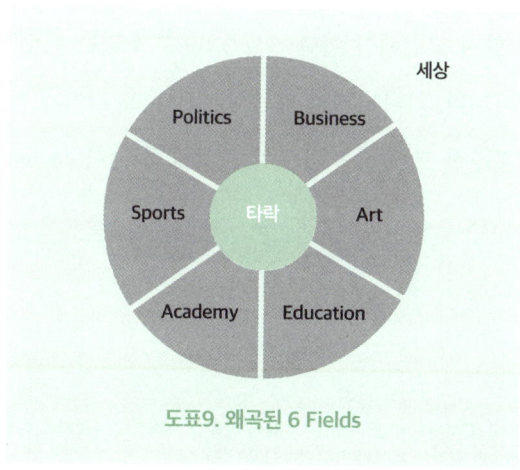

도표9. 왜곡된 6 Fields

영역을 회복하시기 위함이다(고전 15:28).[63]

② 각 영역의 왜곡 상태 : 어떻게 할 것인가?

　지금 우리의 사업은 부정한 방법으로 경쟁하며, 불필요한 것들까지 돈을 위해 판매하고, 부를 독점하여 사람들을 돈의 노예로 만든다. 지금 우리의 정치는 권력자들에 의한 권력의 독점을 위해 각종 언론플레이로 거짓을 양산하며, 국민들 다수가 피해를 보는 방식으로 진행된다. 지금 우리의 스포츠는 자본주의 마케팅을 통해 많은 사람들의 관심을 지나치게 빼앗아 노예로 만들며, 일부 스타들에게 어마어마한 부를 제공하여 공정한 경제질서를 교란시키고 있다. 지금 우리의 예술은 하나님께서 금하신 욕망들을 다루며 인간을 하나님께로부터 멀어지게 하고 있다. 지금 우리의 교육은 하나의 직업적 기술로 전락하여, 교육의 목표를 상실한 채 각 분야의 정보나 기술만을 전달함으로 참된 인간성을 파괴하는 방향으로 진행되고 있다. 지금 우리의 학문은 하나님의 창조질서를 밝히는 것이 아니라 인간의 이성을 절대화하여 하나님을 대적하는 방향으로 가게 됨으로 오히려 세상에 전해져야 할 진리를 막고 있다. 우리는 이러한 상황에서 어떻게 각자의 분야에 하나님의 창조질서를 회복해야 할지 고민해야 한다(요일 2:16).[64] 우리는 어떻게 이 왜곡된 세상 속에서 자신을 지킬 뿐 아니라, 하나님께서 말씀하신 것들을 지키게 할 것인지 답을 찾아야 한다. '내가 너희에게 분부한 모든 것을 가르쳐 지키게 하라(마 28:20a)'

---

[63] "만물을 그에게 복종하게 하실 때에는 아들 자신도 그 때에 만물을 자기에게 복종하게 하신 이에게 복종하게 되리니 이는 하나님이 만유의 주로서 만유 안에 계시려 하심이라" (고전 15:28)
[64] "이는 세상에 있는 모든 것이 육신의 정욕과 안목의 정욕과 이생의 자랑이니 다 아버지께로부터 온 것이 아니요 세상으로부터 온 것이라" (요일 2:16)

7. 적용 및 토론

1) 우리 개인의 삶과 가정에 하나님나라가 임하며, 우리 교회 공동체에 하나님나라가 임하기 위해 나는 무엇을 해야 하는지 나누어봅시다.

2) 당신은 어떤 영역에 속해 있습니까? 당신의 영역에 하나님나라의 회복이 일어나기 위해 고민하고 해결해야 할 문제들은 어떤 것이 있습니까?

8. 내용 정리하기

1) 인도자 Question (인도자가 제시하는 질문으로 의견을 나눕시다.)

2) 간증을 읽고 결단하기 (워크북에 제시)

9. 기도하며 마무리 하기 (워크북에 제시)

CHAPTER 05 하나님나라를 구하는 기도

1. 이 과의 목적

우리는 이제까지 그리스도인을 언약과 하나님나라 관점에서 새롭게 정의하고, 세상 속에서 어떠한 사명을 가지고 살아가야 하는지 살펴보았다. 이제 그리스도인의 삶에서 가장 중요한 기도와 복음전도의 차원을 이번 과와 다음 과에서 살펴보도록 하자. 우리는 앞서 그리스도인의 신앙과 삶의 일치의 문제의 원인을 내세 일변도의 샤머니즘적인 신앙에 있음을 보았다. 이러한 문제점은 신앙인의 기도 생활에서도 드러나게 된다. 기독교 신앙에 깊이 뿌리내린 샤머니즘은 그리스도인들이 하나님을 향한 믿음과 기도를 이용해 개인의 욕망을 이루도록 유혹한다. 신앙생활에서 기도는 그리스도인이 그리스도인답게 살 수 있게 하는 중요한 영적 통로이므로 그 참된 의미를 파악하는 것이 매우 중요하다.

이 과를 통해 지금까지 자신의 기도가 이러한 우상숭배적인 기도가 아니었는지 점검한다. 또한 예수께서 가르치신 기도를 배우며 진정한 기도는 나의 무능력을 인정하며 하나님 통치 가운데 살아가게 하는 과정임을 깨닫게 한다. 기도를 통해 하나님의 절대적인 주권을 인정하게 되며, 우리 삶에 하나님나라가 임하게 하시는 하나님의 놀라운 능력을 경험할 수 있다는 것을 소망하게 하자.

2. 다함께 찬양하기

『찬양』두 손 들고 찬양합니다

두 손 들고 찬양합니다
다시 오실 왕 여호와께
오직 주만이 나를 다스리네
나 주님만을 섬기리 헛된 마음 버리고
성령이여 내 영혼 충만하게 하소서
주님 앞에 내 생명 드리리라

3. 말씀 묵상하기

엡 1:15-19

"이로 말미암아 주 예수 안에서 너희 믿음과 모든 성도를 향한 사랑을 나도 듣고 내가 기도할 때에 기억하며 너희로 말미암아 감사하기를 그치지 아니하고 우리 주 예수 그리스도의 하나님, 영광의 아버지께서 지혜와 계시의 영을 너희에게 주사 하나님을 알게 하시고 너희 마음의 눈을 밝히사 그의 부르심의 소망이 무엇이며 성도 안에서 그 기업의 영광의 풍성함이 무엇이며 그의 힘의 위력으로 역사하심을 따라 믿는 우리에게 베푸신 능력의 지극히 크심이 어떠한 것을 너희로 알게 하시기를 구하노라"

4. 이 과의 포인트 잡기

1) 하나님나라를 구하라고 가르치신 예수님의 기도를 배운다.
2) 우리의 기도에 대한 이론과 실천방향을 모색한다.

5. 여는 대화

1) 지금까지 당신은 언제 간절히 기도하게 되었나요?
▶ 과거의 기도의 경험을 진술하게 나눈다. 훈련생들이 기도의 능력에 대한 확고하고 바른 믿음이 있는지, 그런 믿음은 어떻게 형성되었는지 파악한다. 과정에서 훈련생들이 갖고 있는 기도에 대한 정의에 대해 자연스럽게 파악하게 될 것이다. 후에 그것과 비교하여 하나님나라를 구하는 기도를 설명하면 좋을 것이다.

2) 당신은 실제로 어떻게 기도를 실천하고 있습니까?
▶ 지금 현재 구체적인 기도의 실천들에 대해 나눈다. 언제 어디서 어떻게 기도하는지, 기도의 방식은 어떠한지 나누도록 한다. 이를 통해 훈련생들이 기도생활에 대해 소망하게 한다. 또한 자신의 기도가 성경적으로 올바른 것인지 점검하고 본 과의 내용으로 들어가도록 한다.

6. 깊이 들어가기

1) 그리스도인들에게 팽배해 있는 샤머니즘적 기도

① 모든 종교의 공통현상으로서의 기도

어느 사회에나 어떤 절대자에 대한 믿음과 그에 대한 의존현상으로서의 종교 현상이 나타난다. 그리고 모든 종교 현상에는 공통적으로 기도가 존재한다. 따라서 특정 종교를 신봉하지 않는 사람들도 다른 사람들을 위해 기도하겠다는 말을 한다. 그 의미는 물론 '잘 되기를 바라겠다'는 것이리라.

② 샤머니즘적 기도

우리는 기도에 대한 바른 개념을 소유하며, 성경적 기도를 훈련하기 위하여 먼저 샤머니즘적 기도에 대해 생각해 보아야 한다. 샤머니즘 종교관에서는 기도를 들어줄 절대적 존재에 대한 믿음, 그 절대자의 힘을 이끌어내는 샤먼, 절대적 존재에게 요청하는 소원을 가진 대중이 존재한다. 대중은 자신의 소원을 들어줄 절대자에 대한 믿음으로 신에게 직접 혹은 샤먼을 통해서 종교적 정성을 바친다. 그리고 신에게 직접 혹은 샤먼을 통하여 소원을 이루기 위해 기도한다. 이 과정에서 신이 누구냐, 신의 뜻이 무엇이냐는 전혀 중요하지 않다. 대중의 간절한 소원과 신이 이루어줄 것이라는 믿음이 있으면 된다. 이런 방식으로 자신의 간절한 소원(보통 기도제목이라고 한다)을 자신이 의존하는 신이 들어줄 것이라는 확신(보통 믿음이라고 한다)을 가지고 기도하는 것이 바로 샤머니즘적 기도이다. 문제는 대부분의 그리스도인들도 이런 것을 기도라고 생각하고 있다는 것이다. 예수께서는 이런 기도를 이방인들의 기도라고 책망하신다. '그러므로 염려하여 이르기를 무엇을 먹을까 무엇을 마실까 무엇을 입을까 하지 말라 이는 다 이방인들이 구하는 것이라 너희 하늘 아버지께서 이 모든 것이 너희에게 있어야 할 줄을 아시느니라'(마 6:31-32)

③ 하나님의 뜻 안에서

이런 방식의 기도는 아무리 그 기도가 하나님을 대상으로 한다고 해도 의미가 없다. 하나님께서는 우리의 일방적인 소원을 들어주시는 분이 아니다. 하나님께서는 이 세상을 창조하시고 구원하시고, 결국 예수의 재림으로 이 세상을 완성하실 분이시다. 하나님께서는 우리에게 하나님의 구원을 계시하시고, 우리가 하나님의 뜻 안에서 기도하도록 가르치신다.

> "하나님의 뜻에 합당하게 써서 사람들을 이롭게 하려는 게 아니라 그저 개인적인 욕심에서 '아무개한테 그러신 것처럼 제게도 큰 돈을 주세요'라든지 '이름을 날리게 해주세요. 힘 있는 자리에 가고 세상에서 다 알아주는 인물이 되게 해주세요'라고 기도하는 이가 있다면, 주기도문의 어느 한 부분과도 자신의 요청들을 연관시켜서 맞출 수 없다. 그런 제목을 두고 구하는 걸 부끄럽게 여길 줄 알아야 한다." _ 어거스틴

2) 기도의 가능성

① 기도를 들으시는 하나님

우리는 하나님의 말씀을 따라 하나님께서 기뻐하시는 기도를 해야 한다. 하지만 우리는 여전히 하나님께서 기뻐하시는 기도를 하는 일에 미숙하다. 그럼에도 불구하고 우리가 하나님께 기도할 수 있는 이유는 그분이 기도를 들으시는 하나님이시기 때문이다. '여호와께서 내 음성과 내 간구를 들으시므로 내가 그를 사랑하는도다 그의 귀를 내게 기울이셨으므로 내가 평생에 기도하리로다'(시 116:1-2) 우리는 말을 배우듯 기도를 배울 수 있다. 우리가 말을 배울 때 미숙함에서 성숙함으로 훈련되듯이 지속적인 기도의 실천은 우리에게 성숙을 가져다 줄 것이다. 하나님께서는 성령을 통해 미숙함에서 성숙함으로 인도하신다. 나아가 훈련의 과정에서 이론에 그쳤던 기도에 대한 지식이 체험적 지식으로 변화된다.

② 기도할 수밖에 없는 인간

우리는 하나님의 복이 결핍된 세상 속에 살아가고 있다. 인간은 모두 미래에 가장 확실한 것, 즉 죽음을 향해 달려가고 있으며, 수많은 질병과 위기를 겪는다. 단 한 번뿐인 생소한 인생을 살아가기에 인간의 지혜는 너무나 부족하다. 심지어 우리는 하나님의 인도하심이 없이는 우리에게 필요한 것이 무엇인지도 잘 알지 못한다. 따라서 하나님께서는 우리에게 권리이자 의무인 기도를 가르치신다. 예수께서는 아버지이신 하나님께서 기도하는

자에게 가장 좋은 것으로 응답하신다고 말씀하신다(마 7:11).[65] 우리는 기도를 통해 하나님의 통치를 누리며 살아갈 수 있으며, 나아가 이 땅에 하나님나라를 이루는 사명을 감당하는 삶을 살아갈 수 있다. 모든 것이 결핍된 세상에서 살아가기 위해 우리는 모두 하나님께 기도할 수밖에 없다.

3) 예수께서 가르치신 기도
① 기도는 나의 무력함을 인정하며 하나님께 절대 의존하는 것이다.

예수님께서 가르치신 기도는 '하늘에 계신 우리 아버지여'(마 6:9a)로 시작된다. 즉, 기도의 시작은 우선 아버지를 찾는 것이다. 아버지를 간절히 찾는 자녀를 생각해 보라. 두 손을 벌리고 아버지에게 뭔가 도움을 구하는 자녀는 철저히 무력함을 인정하고 아버지에게 의존한다. 기도는 자신을 의지하거나 세상의 다른 의지할 만한 것을 것에 대한 의존을 끊어버리고 아버지 하나님께 절대 의존하며 나아가는 것이다. 하나님을 '아버지'로 부르는 성도는 자신이 스스로 이 세상을 살아갈 수 없음을 인정하는 것이며, 동시에 하나님은 전지전능하신 분임을 인정하는 것이다. 기도를 실천한다는 것은 그러한 마음의 표현이다.

② 기도는 나의 욕망을 이루려는 자기 통치의 삶을 거부하고, 하나님의 뜻이 이루어지는 나라의 임재를 기대하는 것이다.

예수께서 가르치신 기도는 '이름이 거룩히 여김을 받으시오며 나라가 임하시오며 뜻이 하늘에서 이루어진 것 같이 땅에서도 이루어지이다'(마 6:9-10)로 이어진다. 우리는 늘 나의 욕망이 이루어지길 바라고 기도한다. 하지만 예수께서 가르치신 기도는 우리의 욕망이 이루어지는 것을 거부하며, 하나님의 뜻이 이루어지는 나라를 간구하라고 가르친다. 나의

---

[65] "너희가 악한 자라도 좋은 것으로 자식에게 줄 줄 알거든 하물며 하늘에 계신 너희 아버지께서 구하는 자에게 좋은 것으로 주시지 않겠느냐"(마 7:11)

욕망이 아니라 하나님의 뜻이 이루어질 때, 우리 개인은 복을 얻고, 세상은 회복되고, 세상을 창조하신 하나님 아버지께는 영광이 된다.

하나님의 통치를 거부한 인간은 자신의 욕망이 이루어지는 것을 세상의 해결책이라고 믿는 경향이 있다. 또한 자신의 뜻과 신념을 관철시키는 것이 세상을 구원하는 방법이라고 믿는 경향이 있다. 하지만 예수께서 가르치신 기도는 이러한 생각을 철저히 거부한다. 우리가 상담자에게 나아갈 때, 자신의 뜻을 관철시키려는 자세로는 아무 도움을 얻지 못한다. 철저히 자신의 뜻과 계획을 내려놓고, 조언자에게 나아가야만 그의 조언을 기대할 수 있다. 기도하는 사람은 자신의 욕망이 이루어지거나 자신의 계획대로 일이 진행되기를 바라는 마음을 내려놓고, 하나님의 뜻을 구하고 하나님나라가 이루어지기를 소망하는 마음으로 기도해야 한다. 그래야만 하늘로부터 하나님의 뜻을 깨닫게 되며, 기도의 참된 유익을 얻을 수 있다.

③ **기도는 자신의 탐욕을 자신의 힘으로 이루려는 죄를 회개하고, 하나님의 도우심을 믿으며 거룩한 삶을 살아가기를 결단하는 것이다.**

예수께서 가르치신 기도는 '오늘 우리에게 일용할 양식을 주시옵고'(마 6:11)로 이어진다. 일용할 양식을 구하라는 것은 우리의 삶이 자신의 힘으로 탐욕을 이루려는 삶임을 고백하며, 나의 인생이 하나님께서 주시는 것으로 채워짐을 인정하라는 것이다. 이 간구에는 또한 하나님의 도우심을 믿으며 자신의 미래를 위해 물질을 무한정 쌓으려는 탐욕으로부터 벗어난 거룩한 삶, 즉 하나님을 사랑하고 이웃을 사랑하는 삶을 살아갈 것을 결단하는 것이 포함된다. 하나님을 사랑하고 이웃을 사랑하는 삶을 살아가는 것은 하나님께서 일용할 양식을 채우신다는 것을 믿지 않는 한 불가능하다.

따라서 일용할 양식을 구하는 기도는 '우리가 우리에게 죄 지은 자를 사하여 준 것 같이 우리 죄를 사하여 주시옵고 우리를 시험에 들게 하지 마시옵고 다만 악에서 구하시옵소서'(마 6:12-13a)로 이어진다. 이것은 용서하는 삶을 통해 주님의 용서를 구하며, 시험을 이기고, 악에서 자유한 삶을 구하는 것이다. 하나님께 전적으로 의지하는 삶은 거룩한 삶의 기초이다. 우리의 모든 죄는 세상에서 자신의 탐욕을 이루려는 과정에서 생긴다. 하나님께서 아버지로서 모든 것을 공급하신다는 것을 우리가 믿고 성실한 삶을 살아간다면, 서로 사랑하고 용서하고 죄를 멀리하는 삶을 살아갈 수 있을 것이다.

④ 성경적 기도는 신에 대한 막연한 믿음에서 하나님에 대한 참된 지식으로 나아가는 것이다.

'나라와 권세와 영광이 아버지께 영원히 있사옵나이다'(마 6:13b)라는 고백은 하나님의 주권을 철저히 인정하며, 하나님에 대한 참된 지식 가운데로 나아가겠다는 소망을 담고 있다.

이와 달리 세상 종교에서의 기도는 자신의 뜻과 소원을 이루기 위한 수단이다. 이것은 능력이 많은 신에 대한 인간의 막연한 믿음에서 나온다. 하지만 주님께서 가르치신 기도, 즉 성경적 기도는 하나님에 대한 참된 지식으로 나아가는 것이다. 즉, 하나님께서는 우리에게 구원을 베푸시는 유일한 신이심을 아는 것과, 우리가 하나님의 통치 가운데 살아가기를 원하신다는 참된 지식으로 나아가면, 우리는 철저히 아버지 하나님을 믿고 의지하며 하나님의 뜻을 이 땅에 이루는 통치의 대리자로 거룩하게 살아가기고 결단하게 된다. 이렇게 하나님의 통치를 이루는 자로 살아가기로 결단하며 실천할 때 하나님께서는 모든 풍성한 것으로 우리의 삶을 채우신다. 하나님에 대한 참된 지식이 없다면 우리는 절대로 성경적인 기도를 배울 수 없다. 기도는 바로 하나님께 하는 것이기 때문이다.

4) 기도를 체험하라

하늘에 계신 우리 아버지여	나의 무력함을 인정하며 아버지께 나아가는 것
이름이 거룩히 … 땅에서도 이루어지이다	자기 통치의 삶을 거부하고 하나님의 통치를 기대하는 것
오늘날 우리에게 … 다만 악에서 구하옵소서	자신의 욕망을 따르는 삶을 회개하고, 하나님의 도우심을 믿으며 거룩한 삶을 결단하는 것
나라와 권세와 영광이 … 있사옵나이다	신에 대한 막연한 믿음에서 구원하시는 하나님에 대한 참된 지식으로 나아가는 것

도표10. 예수께서 가르치신 기도

① 절대 고독의 시간

예수님이 가르치신 기도는 하나님과의 진정한 교제이다. '너는 기도할 때에 네 골방에 들어가 문을 닫고 은밀한 중에 계신 네 아버지께 기도하라 은밀한 중에 보시는 네 아버지께서 갚으시리라'(마 6:6) 우리의 기도는 은밀하며 진실한 하나님과의 만남이다. 하나님과의 진정한 만남을 위해 우리는 어떤 인간의 방해도 없는 절대고독의 시간을 만들어야 한다. 그리고 우리는 이 절대고독의 시간 속에서 하나님과 교제하며 진정한 기도를 체험해야 한다. 온갖 미디어에 24시간 접속되어 있는 이 시대에 이러한 고독의 시간을 만들기 위해서는 각자에게 많은 노력과 훈련이 필요할 것이다.

② 초점은 그의 나라와 그의 의

하나님과의 만남을 통해 우리는 하나님나라와 그의 의를 구해야 한다. 우리의 기도의 초점은 우리의 삶에, 가정에, 공동체에, 세상의 각 영역 속에, 특별히 자신의 직업의 분야에 하나님나라가 임하기를 구하는 것이다. 이러한 기도에는 욕망을 따르는 삶에 대한 철저한 회개와 하나님의 구원에 대한 절대적 요청, 또한 세상 모든 영역에 하나님의 통치가 이루어지기 소망하는 내용이 포함된다. 더불어 이러한 기도는 우리가 그에 필요한 사명을 감당하겠다는 헌신의 다짐을 포함한다.

③ 응답하시는 하나님

기도를 들으시는 하나님께서는 세상을 창조하신 분이시다. 하지만 그분의 능력은 우리의 모든 소원을 이루기 위한 것이 아니다. 단순히 우리의 소원을 이루는 이루는 것은 세상을 구원하시는 하나님의 뜻과 맞지 않을 수도 있기 때문이다. 대신 하나님은 자신의 뜻을 이루시기 위하여 그 뜻을 우리에게 계시하시고, 우리가 기도할 때 성령을 통해 그것을 깨닫게 하신다. 더불어 자신의 뜻을 이루시기 위해 인간에게는 도저히 불가능한 일들을 행하신다. 하나님께서는 하나님의 방식으로 하나님의 때에 하나님의 놀라운 능력으로 우리의 기도에 가장 아름답게 응답하신다.

④ 하나님의 무한한 능력

기도를 통해 귀신 들린 자에게 하나님의 구원이 임하며(막 9:28-29),[66] 개인과 공동체에 성령이 임하여 놀라운 회개와 변화가 나타난다(행 4:31-32).[67] 기도는 자연 현상도 주관하며(약 5:17-18),[68] 질병과 죽음 같은 죄의 모든 증상들을 치유하기도 한다(행 9:40).[69] 그러나

---

[66] "집에 들어가시매 제자들이 조용히 묻자오되 우리는 어찌하여 능히 그 귀신을 쫓아내지 못하였나이까 이르시되 기도 외에 다른 것으로는 이런 종류가 나갈 수 없느니라 하시니라" (막 9:28-29)
[67] "빌기를 다하매 모인 곳이 진동하더니 무리가 다 성령이 충만하여 담대히 하나님의 말씀을 전하니라 믿는 무리가 한마음과 한 5)뜻이 되어 모든 물건을 서로 통용하고 자기 재물을 조금이라도 자기 것이라 하는 이가 하나도 없더라" (행 4:31-32)
[68] "엘리야는 우리와 성정이 같은 사람이로되 그가 비가 오지 않기를 간절히 기도한즉 삼 년 육 개월 동안 땅에 비가 오지 아니하고 다시 기도하니 하늘이 비를 주고 땅이 열매를 맺었느니라" (약 5:17-18)
[69] "베드로가 사람을 다 내보내고 무릎을 꿇고 기도하고 돌이켜 시체를 향하여 이르되 다비다야 일어나라 하니 그가 눈을 떠 베드로를 보고 일어나 앉는지라" (행 9:40)

우리는 이에 근거하여 샤머니즘적 기도를 하는 실수를 범하지 말고, 철저히 하나님께 의존하며 거룩한 삶으로 나아가기 위해 하나님의 통치를 구하는 기도를 해야 한다. 이렇게 하나님의 구원을 바라고 소망하는 기도, '나라와 의'를 구하는 기도를 할 때만이 우리는 하나님의 무한한 능력을 이 땅에 초청할 수 있다.

> "기도만큼 위대한 것은 없다. 하나님 앞에선 어떤 문제도 하찮은 것이 된다." _ 팀 켈러

7. 적용 및 토론

1) 샤머니즘적 기도와 비교해 지금까지 당신의 기도생활에 대해 나누어봅시다.
2) 예수님의 기도를 통해 당신이 지금까지 했던 기도에 대해 개선 방향을 이야기 해 봅시다.

8. 내용 정리하기

1) 인도자 Question (인도자가 제시하는 질문으로 의견을 나눕시다.)
2) 간증을 읽고 결단하기 (워크북에 제시)

9. 기도하며 마무리 하기 (워크북에 제시)

CHAPTER 06

복음을 증거하는 삶

1. 이 과의 목적

그리스도인의 신앙적 삶에 관한 마지막 시간이다. 하나님나라의 도구인 그리스도인과 교회의 첫째 사명은 필연적으로 복음을 증거하는 삶이다. 하지만 복음 증거는 단지 예수님을 받아들여 내세에 천국 갈 것을 확신하게 하는 것에 머무르지 않도록 해야 한다. 복음을 증거하기 위해서는 먼저 자신과 교회 공동체에 하나님의 통치가 구현되는 회개와 변화의 삶이 선행되어야 한다. 그럴 때 하나님나라의 복음이 세상 사람들에게 설득력이 있다. 나아가 그리스도인들이 하나님나라를 구현하는 공동체를 세워가며, 삶에서 하나님의 통치를 따라 진정한 복을 누리게 된다.

이 과를 통해 복음 증거를 위해 먼저 복음적인 공동체로 존재하고 있는가 돌아보고, 복음의 핵심적인 메시지인 예수 그리스도와 그분께서 성취하시고 완성하실 하나님나라를 익히도록 하자. 복음의 증인이 되고자 하는 강한 열망이 불타오르도록 양육하자. 그리고 구체적으로 교회로 인도하는 방법들까지 익히고 실천하도록 이끌자.

2. 다함께 찬양하기

『찬양』 "아버지 당신의 마음이 있는 곳에"

아버지 당신의 마음이 있는 곳에 나의 마음이 있기를 원해요
아버지 당신의 눈물이 고인 곳에 나의 눈물이 고이길 원해요
아버지 당신이 바라보는 영혼에게 나의 두 눈이 향하길 원해요
아버지 당신이 울고 있는 어두운 땅에 나의 두 발이 향하길 원해요
나의 마음이 아버지의 마음 알아 내 모든 뜻 아버지의 뜻이 될 수 있기를
나의 온 몸이 아버지의 마음 알아 내 모든 삶 당신의 삶 되기를

3. 말씀 묵상하기

행 20:22-24

"보라 이제 나는 성령에 매어 예루살렘으로 가는데 거기서 무슨 일을 당할지 알지 못하노라 오직 성령이 각 성에서 내게 증언하여 결박과 환난이 나를 기다린다 하시나 내가 달려갈 길과 주 예수께 받은 사명 곧 하나님의 은혜의 복음을 증언하는 일을 마치려 함에는 나의 생명조차 조금도 귀한 것으로 여기지 아니하노라"

4. 이 과의 포인트 잡기

1) 복음을 증거하는 삶이 무엇을 의미하는지 정리한다.
2) 복음 증거의 삶을 위한 구체적인 실천 방안을 모색한다.

5. 여는 대화

1) 지금까지 당신이 복음을 증거하는 삶을 살아왔다면 어떤 방식으로 복음을 증거

했는지 나눠 봅시다.
▶ 훈련생들의 전도 생활의 실상에 대해 파악한다. 어떤 방식으로 복음을 전달했는지, 그 결과는 어떤지 돌아보며 문제점이 있다면 인식하게 한다. 직접적이든 간접적이든 다양한 방식의 복음 증거의 삶의 경험을 진솔하게 나누면서 각 훈련생의 전도 스타일도 파악하면 좋을 것이다.

2) 당신이 전도하는 것이 어려웠다면 그 이유는 무엇입니까?
▶ 실제로 전도할 때 어떤 어려움이 있었는지 나누며 그것을 해결하기 위해서는 어떻게 하는 것이 좋은지 고민하게 한다. 이런 질문들을 가지고 교재의 내용을 전달하며 도전을 주면 좋을 것이다.

6. 깊이 들어가기

1) 복음 증거의 기초 : 공동체의 존재방식

① 오순절 이후의 교회 공동체

베드로는 오순절에 십자가에 달리신 예수께서 인류의 메시야요 주님이라고 설교하면서 회개하라고 선포했다. 사도들이 죽으시고 부활하신 예수 그리스도를 통해 하나님나라의 소식을 전했을 때, 회개하고 예수를 믿은 사람들은 하나님나라 공동체를 형성했다. 그 공동체의 특징은 탐욕을 버리고 자신의 것을 나누며, 공동체와 가정에 하나님나라의 모습이 나타나고, 사람들로부터 칭송을 받는다(행 2:44-47).[70] 이 공동체의 존재방식이 공동체의 구성원들이 예수를 메시야요 주로 고백하며 하나님나라를 경험하고 있다는 가장 큰 증

---

[70] "믿는 사람이 다 함께 있어 모든 물건을 서로 통용하고 또 재산과 소유를 팔아 각 사람의 필요를 따라 나눠 주며 날마다 마음을 같이하여 성전에 모이기를 힘쓰고 집에서 떡을 떼며 기쁨과 순전한 마음으로 음식을 먹고 하나님을 찬미하며 또 온 백성에게 칭송을 받으니 주께서 구원 받는 사람을 날마다 더하게 하시니라" (행 2:44-47)

거였다.

② 하나님의 통치가 구현되는 공동체가 전하는 소식

복음을 증거하는 공동체의 첫 번째 사명은 회개하여 하나님의 통치가 구현되는 공동체로 존재하는 것이다. 자신의 이기적 욕망을 따라 존재하는 세상의 모든 모임의 존재방식을 버리고, 진정으로 회개함으로 하나님의 통치를 따르는 존재방식을 구현할 때 교회가 전하는 소식은 복음일 수 있다. 교회에서 성도는 예수를 통해 성취된 복음 이야기를 배우고, 그 예수를 인격적으로 체험하고, 복음 안에서 존재할 때 복음을 증거하는 삶을 살게 된다. '하나님의 나라는 먹는 것과 마시는 것이 아니요 오직 성령 안에 있는 의와 평강과 희락이라 이로써 그리스도를 섬기는 자는 하나님을 기쁘시게 하며 사람에게도 칭찬을 받느니라 그러므로 우리가 화평의 일과 서로 덕을 세우는 일을 힘쓰나니'(롬 14:17-19)

③ 복음 증거에 가장 중요한 것은 존재방식

그리스도인들은 자신의 삶, 가정, 자신이 속한 공동체 안에서 단순히 기도하고 말씀을 보는 개인 경건의 삶을 넘어서서 성경 이야기가 가르치는 방식으로 존재하기 위해 힘써야 한다. 모두가 하나님의 뜻을 따라 선택하고 결정하며, 자신의 시간과 물질, 인생 자체를 하나님의 통치 하에 두고 살아야 한다. 성도 개개인과 교회가 예수 이름으로 모여 있다 하더라도 그들의 존재방식이 탐심과 정욕의 방식이라면 복음의 증인이 될 수 없다. 현대교회의 문제는 예수를 내세우지만, 공동체 자체의 탐심을 위한 이익공동체의 존재방식을 따른다는 것이다. 진정한 그리스도인들은 자신의 욕망을 위해 살아가던 옛 사람을 버리고 하나님의 통치가 임하는 새 사람이 되어야 한다. 새롭게 변화된 사람들의 공동체는 비로소 복음을 증거하기에 적합한 공동체가 된다. '오직 위로부터 난 지혜는 첫째 성결하고 다음에 화평하고 관용하고 양순하며 긍휼과 선한 열매가 가득하고 편견과 거짓이 없나니 화평

하게 하는 자들은 화평으로 심어 의의 열매를 거두느니라'(약 3:17-18)

2) 그리스도인이 증거할 복음의 내용

① 십자가에 죽으시고 부활하신 예수가 주님이시요, 인류를 구원할 메시야(그리스도)이다.

우리가 증거할 복음은 십자가에 죽으시고 부활하신 예수께서 하나님께서 인류를 구원하시기 위해 보내신 하나님의 아들로서 진정한 메시야(그리스도)라는 것이다. 예수는 복음의 핵심이다. 하나님께서는 이 세상에 구원이 임할 것이라는 사실을 구약 이스라엘 백성들을 통해 계시하셨다. 성경은 구약에서 계시한 하나님의 구원이 바로 신약이 전하는 예수를 통해서만 이 땅에 온다는 것이다. '너희와 모든 이스라엘 백성들은 알라 너희가 십자가에 못 박고 하나님이 죽은 자 가운데서 살리신 나사렛 예수 그리스도의 이름으로 이 사람이 건강하게 되어 너희 앞에 섰느니라 이 예수는 너희 건축자들의 버린 돌로서 집 모퉁이의 머릿돌이 되었느니라 다른 이로써는 구원을 받을 수 없나니 천하 사람 중에 구원을 받을 만한 다른 이름을 우리에게 주신 일이 없음이라 하였더라'(행 4:10-12) 하나님나라 복음의 중심에는 예수가 있다. 복음의 가장 간단한 형태는 십자가에 죽으시고 부활하신 예수가 인류의 진정한 메시야요, 주라는 것이다.

② 하나님의 구원으로서의 하나님나라가 예수를 통해 이미 임했고, 예수의 재림을 통해 완성될 것이다.

우리가 전해야 할 복음의 또 하나의 내용은 하나님의 구원으로서의 하나님나라가 예수를 통해 이미 임했다는 것이다. 복음은 십자가에 죽으시고 부활하셔서 지금도 세상을 다스리고 계시는 예수 그리스도께서 하나님의 아들이며 구원자요 메시야로 이 세상에 오셔서 하나님나라를 이미 시작하셨고, 장차 다시 오심으로 하나님나라를 완성할 것이라는 소식이다.

우리는 이스라엘의 역사를 통해 계시된 하나님의 구원이 예수를 통해 이루어졌다는 사실을 구약에 대한 깊은 이해를 바탕으로 포괄적으로 전해야 한다. 구약은 하나님이 다스릴 나라가 임할 것을 예고하고 있으며, 사도들은 구약에서 계시한 하나님나라를 예수를 통해 전했다. 이것이 사도들이 복음을 전한 방식이다. '그들이 날짜를 정하고 그가 유숙하는 집에 많이 오니 바울이 아침부터 저녁까지 강론하여 하나님의 나라를 증언하고 모세의 율법과 선지자의 말을 가지고 예수에 대하여 권하더라 … 하나님의 나라를 전파하며 주 예수 그리스도에 관한 모든 것을 담대하게 거침없이 가르치더라'(행 28:23, 31) 예수를 주로 영접하면 하나님을 떠나 파괴된 개인의 삶과 세상이 회복되기 시작한다. 또한 영원한 내세의 생명을 누리게 된다. 이렇듯 복음은 예수를 통한 하나님나라의 소식이다.

3) 망가진 세상의 모든 영역에서 복음의 증인이 된다는 것의 의미
① 모든 영역을 회복시키는 복음의 능력

복음은 단지 한 개인을 내세의 천국으로 인도하는 것에서 끝나지 않는다. 복음은 하나님나라가 이 땅에 임하게 함으로 이 세상의 모든 영역들을 회복하는 능력을 가지고 있다. 예수는 하나님나라를 선포하시고, 설교만 하셨던 것이 아니다. 예수는 수많은 병든 자들을 고치시며, 이 세상의 악한 질서들을 고치셨다(마 4:23).[71] 예수께서는 내세의 천국만을 가르치신 것이 아니라, 이 땅의 종교, 결혼, 정치, 사업 등 모든 면들을 고치시는 말씀을 전하셨다. 이렇듯 복음은 모든 타락한 영역을 회복한다.

② 복음의 증인이 된다는 것

복음의 증인이 된다는 것은 예수의 사역을 묵상하며, 자신의 삶의 영역에 하나님나라

---

[71] "예수께서 온 갈릴리에 두루 다니사 그들의 회당에서 가르치시며 1)천국 복음을 전파하시며 백성 중의 모든 병과 모든 약한 것을 고치시니" (마 4:23)

의 새로운 질서가 임하게 하는 것이다. 우리는 하나님이 창조한 동료 인간들이 더 나은 삶을 살게 하려는 목적으로 사업하고, 하나님의 통치를 대행하는 방식으로 정치하고, 하나님께서 주신 창의적 달란트로 하나님의 영광을 높이도록 예술을 하고, 인류에게 하나님의 뜻을 따라 다양한 유용한 지식을 주도록 학문을 하고, 참된 인격과 성품을 갖도록 하나님의 마음으로 교육을 하는 등의 일을 통해 이 세상의 모든 영역에 하나님의 통치가 임하도록 각자 맡은 역할을 감당해야 한다. 또한 한 걸음 더 나아가 우리의 영역을 넘어서 함께 연대하여 소외된 사회의 약자들을 돌보는 사역에 물질을 모으며 자원하여 봉사하고, 세상의 불의에 맞서 공동체적으로 대항하며 그 악한 구조를 밝히는 일도 하나님나라 복음의 증인이 감당할 사명일 것이다. 이것이 바로 하나님과 세상을 화목하게 하는 증인의 사명이다. '모든 것이 하나님께로서 났으며 그가 그리스도로 말미암아 우리를 자기와 화목하게 하시고 또 우리에게 화목하게 하는 직분을 주셨으니 곧 하나님께서 그리스도 안에 계시사 세상을 자기와 화목하게 하시며 그들의 죄를 그들에게 돌리지 아니하시고 화목하게 하는 말씀을 우리에게 부탁하셨느니라'(고후 5:18-19)

③ 한 사람을 온전한 그리스도인으로 양육하여 왜곡된 창조세계를 회복

내세의 천국만을 강조하며, 이방 종교와 다름없는 기복주의를 추구하면 사회로부터 우리가 전하는 복음이 무지한 복음이라는 비난을 받는다. 교회에 와서 세례를 받고, 주일성수와 십일조를 하고, 교사나 성가대를 하는 것이 성도들의 삶이라고 양육한다면 바리새인들을 양성하는 것이다. 복음을 증거한다는 것은 한 사람을 온전한 그리스도인이 되도록 양육하며, 왜곡된 하나님의 창조세계를 회복하는 것이다. 복음은 십자가에 죽으시고 부활하신 예수에 대한 소식이며, 그가 이 세상에 가지고 온 하나님나라에 대한 소식이다.

> "우리는 증거가 일련의 말이나 계획이라는 생각을 극복해야 한다. 최고의 증거는 삶을 통한 증거이다. 물론, 모든 증거는 언어적 측면이 있다. 당신이 모범적인 삶을 살고 있다면, 다른 사람들이 정말 감동을 받고 당신을 찾아와 이렇게 말할 것이다. '저도 당신처럼 살고 싶어요. 당신이 왜 그렇게 사는지 알고 싶어요.' '그리스도를 영접하고 싶어요.'" _ 빌 브라이트

4) 이웃들을 교회로 인도해야 하는 이유

① 복음을 전하고, 세상 모든 사람들을 제자 삼는 일은 예수님의 유일하고도 가장 큰 명령이기 때문이다. '또 이르시되 너희는 온 천하에 다니며 만민에게 복음을 전파하라'(막 16:15)

② 예수 그리스도의 복음은 세상을 창조하신 하나님의 구원을 얻는 유일한 길이기 때문이다. '예수께서 이르시되 내가 곧 길이요 진리요 생명이니 나로 말미암지 않고는 아버지께로 올 자가 없느니라'(요 14:6)

③ 사람들은 모두 인생에 대한 해답이 필요하기 때문이다. "왜 이 세상에 살고 있는가?" "인생의 의미는 무엇인가?" "우리는 어떻게 구원을 받아 새로운 삶을 살 수 있는가?" 세상 사람들에게는 이런 질문에 진정한 해답이 필요하다. '너희 마음에 그리스도를 주로 삼아 거룩하게 하고 너희 속에 있는 소망에 관한 이유를 묻는 자에게는 대답할 것을 항상 준비하되 온유와 두려움으로 하고'(벧전 3:15)

④ 그리스도인만이 복음을 듣고 체험했으며, 전할 수 있기 때문이다. 우리는 모두 예수의 증인이다. '또 그의 이름으로 죄 사함을 받게 하는 회개가 예루살렘에서 시작하여 모든 족속에게 전파될 것이 기록되었으니 너희는 이 모든 일의 증인이라'(눅 24:47-48)

⑤ 교회 공동체는 세상의 결핍을 채울 수 있는 하나님의 충만함이기 때문이다. '교회는 그의 몸이니 만물 안에서 만물을 충만하게 하시는 이의 충만함이니라'(엡 1:23) 교회의 타락과 연약함에도 불구하고 교회는 복음을 증거하는 세상의 유일한 소망이다.

따라서 우리는 복음을 전하여 사람들을 교회로 인도해야 한다.

5) 이웃들에게 예수의 복음을 전하고 교회로 인도하는 실제적 방법들

① 직접 복음을 전한다.

가장 간단하고도 효과적인 방법이다. 4영리나 브리지 같이 복음의 핵심을 다루는 전도책자를 암송하여 3~5분 정도 간략히 전할 수 있도록 준비하면 어디에서도 복음을 전할 수 있다. 경우에 따라서는 즉석에서 주님을 영접하도록 요청할 수 있다.

② 예배로 인도한다.

매주일 예배는 하나님의 복음을 선포하고 들을 수 있는 가장 좋은 기회다. 사람들은 예배에 참석하여 공개적으로 신앙을 표현하며 찬양하고 기도하는 모습을 통해 강력한 하나님의 역사를 느끼게 된다.

③ 자신의 개인적 간증을 전해준다.

자신이 예수를 만나서 변화된 삶을 살게 되었음을 말과 행동으로 간증하는 것은 대단한 능력을 갖는다. 강요의 복음 전파보다는 자신의 삶을 보여주는 자연스럽고도 조용한 간증은 힘이 있다.

④ 섬김을 통해서 마음을 전한다.

이 세상은 명성, 권력 그리고 돈에 관심이 있다. 그러나 예수님은 세상과 전혀 다른 방식으로 사람들을 대하셨다. 천하고 가난한 사람들도 찾아가셨다. 제자들에게 종이 되었다. 그것은 사람들에게 강한 감동을 주었다. 섬김은 섬기는 자를 기쁘게 하는 놀라운 힘이 있으며, 섬김을 받는 자에게 마음을 열어 복음을 받아들이게 하는 힘이 있다.

⑤ 믿지 않는 사람(친척, 이웃, 직장동료)들을 친구로 삼고 사랑하며 살아간다.

아직 믿지 않는 사람들도 하나님의 형상을 지녔다는 것을 기억하고 그들을 단지 '전도 대상자'로만 보지 말고 진정한 친구로 관계하며 살아가라. 모든 면에서 그리스도의 향기를 나타내라. 그럴 때 마음 문이 열리고 말이 통하며 복음을 전할 수 있게 된다.

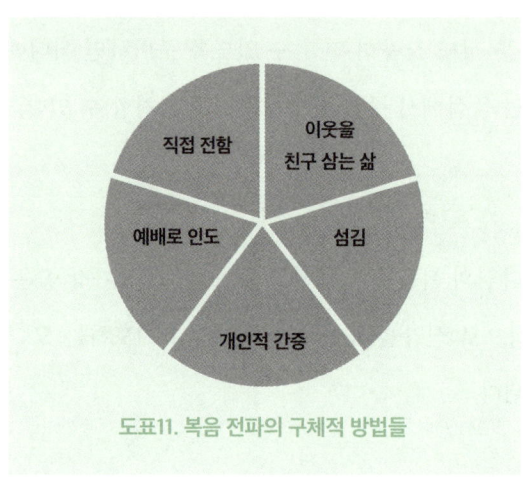

도표11. 복음 전파의 구체적 방법들

> "그토록 많은 하나님의 자녀들이 벙어리라는 사실은 매우 슬픈 일이다. 그렇지만 그것은 사실이다. 부모들은 그들의 자녀들이 벙어리로 태어나는 것을 커다란 재난으로 생각한다. 그들은 그 사실에 큰 슬픔을 느낄 것이다. 그러나 당신은 하나님의 자녀 가운데 벙어리가 많다는 사실을 생각해 본 적이 있는가? 교회는 그러한 자들로 가득 차 있다. 그들은 그리스도를 증거하지 못한다. 그들은 정치, 예술, 과학, 유행 등과 같은 것에 대해서는 곧잘 이야기하지만 하나님의 아들에 대해서는 벙어리다." _D. L. 무디

7. 적용 및 토론

1) 당신은 하나님께서 다스리시는 복음적 삶을 살아가고 있습니까? 하나님의 통치가 이루어지지 않는 내 삶의 모습은 무엇입니까?
2) 당신은 복음을 증거하는 삶을 살아가고 있습니까?
3) 당신이 복음을 전하여 교회로 인도하고자 원하는 사람은 누구인지 나누어봅시다.

8. 내용 정리하기

1) 인도자 Question (인도자가 제시하는 질문으로 의견을 나눕시다.)
2) 간증을 읽고 결단하기 (워크북에 제시)

9. 기도하며 마무리 하기 (워크북에 제시)

제 3 권 세상에 대한 유일한 이야기 : 성경

복음 안에서 기독교 세계관을 정립하고, 삶의 기초를 확고히 하기 위해서 우리에게는 성경의 이야기가 필요하다. 성경은 온전한 하나님의 계시인가? 그렇다면 성경은 세상과 다르게 어떤 이야기를 하고 있는가? 성경의 이야기를 습득하고, 그 이야기를 따라 살아가는 것이 인생의 유일한 답이다. 성경을 성경의 이야 기 순서대로 양육하고, 우리에게 필요한 신앙적 주제들을 그 이야기에서 끌어 내는 것을 훈련한다면 진정으로 성경이 우리의 삶을 지배할 것이다.

1. 하나님의 말씀인 성경
2. 창조와 타락
3. 이스라엘을 통한 하나님의 구원 계획
4. 예수 그리스도를 통한 구원
5. 하나님나라의 도구, 교회
6. 성령을 따라 살아가는 삶
7. 하나님나라의 완성

CHAPTER 01 하나님의 말씀인 성경

1. 이 과의 목적

 18세기 이후 성경이 하나님의 말씀이며 진리라는 교리는 항상 강한 도전을 받아 왔다. 오늘날 그 도전은 거세지고 있다. 본 과는 성경의 이야기를 배우기 전에 현대인들의 모든 의심의 근거들을 간략하게 정리하고 반박하는 과정을 진행한다. 성경의 내용을 배우는 것보다 선행해야 할 것은 성경이 정말 진리인가를 확신하는 것이다. 현대인들은 이성적이고 합리적인 사고로 모든 것을 판단한다. 문제는 이성적이고 합리적인 사고로 판단할 수 없는 영역까지도 그런 판단의 기준을 제시하고, 그 불신을 확신한다. 특히 우리의 믿음의 근거인 성경에 대해 이성적인 의문과 의심들이 집중되어 있다. 성도들의 이런 경향에 대해 우리는 진지하게 접근하고 그 의문들에 답을 줄 수 있어야 한다.

 이 과를 통해 성경에 대한 현대의 합리주의적 비판들을 변증적으로 평가하고 그 허점에 대해 지적한다. 또한 성경이 하나님의 거룩한 계시임을 다양한 증거들로 뒷받침 한다. 그리스도인들은 성경에 대한 세상의 비판에 대해 지적으로 무장되어 있어야 한다. 이를 통해 기독교의 진리를 더 명확하게 이해하게 되며 성경이 하나님의 계시임을 더욱 확신할 수 있다. 그리고 성경이 말하는 내용을 더욱 진지하게 받아들이게 되며 하나님의 통치를 소망하는 삶을 살아가게 된다.

2. 다함께 찬양하기

『찬양』주의 말씀 앞에 선

주의 말씀 앞에 선 당신의 참된 예배자
그토록 찾으시던 하나님의 기쁨
이 세상을 향한 거룩한 생명 빛 되어
이 세상을 위한 구원의 소망 되어
영원한 하나님의 나라 함께 세워가리
주의 부르심 따라 당신의 삶을 드릴 때
세상은 당신 안에서 주의 영광 보리라
이 세상을 이길 주님의 군사 되어
이 세상을 섬길 주님의 손과 발 되어
영원한 하나님의 나라 함께 세워가리

3. 말씀 묵상하기

딤후 3:14-17

"그러나 너는 배우고 확신한 일에 거하라 너는 네가 누구에게서 배운 것을 알며 또 어려서부터 성경을 알았나니 성경은 능히 너로 하여금 그리스도 예수 안에 있는 믿음으로 말미암아 구원에 이르는 지혜가 있게 하느니라 모든 성경은 하나님의 감동으로 된 것으로 교훈과 책망과 바르게 함과 의로 교육하기에 유익하니 이는 하나님의 사람으로 온전하게 하며 모든 선한 일을 행할 능력을 갖추게 하려 함이라"

4. 이 과의 포인트 잡기

1) 성경이 하나님의 계시인지 논증한다.
2) 성경을 통해 우리 신앙의 근거와 삶의 방향을 세우기 위한 실천 방안을 논의한다.

5. 여는 대화

1) 당신은 성경이 무엇이라 생각합니까?
▶ 기독교 신앙의 근본인 성경에 대해 훈련생들이 어떻게 생각하는지 파악한다. 솔직히 대화하면서 훈련생들이 성경을 문자 그대로 믿고 있는지, 믿는다면 내용을 얼마나 알고 있는지 추가적으로 질문해도 좋을 것이다. 반대로 성경에 대해 다양한 방식의 의심들이 있을 것이다. 성경의 모순들에 대해 내면의 갈등도 있을 것이다. 자유롭게 이야기할 수 있는 분위기가 중요하다.

2) 당신은 성경이 하나님의 말씀으로 믿어지십니까? 그렇다면 이유는 무엇이며, 그렇지 않다면 이유는 무엇입니까?
▶ 성경에 대한 의문을 가감 없이 나누게 한다. 하나님의 말씀으로 믿는다면 어떤 근거와 경험이 있는지도 나누도록 하고, 의심이 된다면 그 근거와 경험도 존중하며 들어보도록 한다.

6. 깊이 들어가기

1) 성경에 대한 의심들의 근거와 그에 대한 평가
① 성경에 대한 의심들
우리가 지금까지 정리한 대로 예수께서는 하나님의 구원을 성취하신 메시야이며 부활

하신 주님이며, 그를 통해 하나님나라가 성취되었다는 것을 믿는 것이 기독교 신앙이다. 이 기독교 신앙은 철저히 성경에 근거하고 있다. 하지만 현대사회에는 성경에 대한 이미 오래된 다양한 의심들이 존재한다. 사실상 성경의 모든 부분들이 의심을 받고 있는 상황이며, 신학자들도 성경을 다양한 방법으로 부정하고 있다.

② 의심의 근거로서의 과학적 합리주의

16세기 이후 계몽주의 철학의 영향으로 서서히 형성된 과학적 합리주의는 성경을 믿을 수 없는 문서로 격하시키기 시작했다. 볼테르와 같이 성경이 아예 무가치한 문서라는 주장을 하는 이도 있었고, 진리를 담고 있지만 많은 부분에 오류가 있다는 주장을 하는 신학자들도 많이 있었다. 20세기 대표적인 신학자인 루돌프 불트만은 신약은 1세기의 신화적 세계관에 기초하여 기록된 것이기 때문에 비신화화의 방법론을 통해 신약의 내용 중에서 동정녀 탄생, 기적, 부활 등의 기사들은 역사적 사실이 아니며 일부 예수의 윤리적 가르침만이 예수에 대한 진정한 기록이라고 주장했다. 입장은 다양하지만 이런 주장을 하는 사람들의 마음 속에는 성경에 대한 의심들이 있다(요일 5:10).[72]

③ 의심의 근거에 대한 평가

이들이 가진 의심들의 근거는 무엇인가? 왜 이런 주장들이 나오게 되었을까? 그것은 바로 이들이 과학적 합리주의의 신봉자들이었기 때문이다. 이들은 과학법칙을 벗어나는 일들은 절대로 일어날 수 없다는 믿음을 잣대로 성경을 바라보았고, 신에 의한 절대적 계시는 불가능한 것으로 단정지었다. 이러한 주장들은 과학에 근거한 진실이 아니라, 모든 것을 이성과 과학적 기준으로 평가하려는 모더니즘의 산물에 불과하다. 성경에 대한 그들의

---

[72] "하나님의 아들을 믿는 자는 자기 안에 증거가 있고 하나님을 믿지 아니하는 자는 하나님을 거짓말하는 자로 만드나니 이는 하나님께서 그 아들에 대하여 증언하신 증거를 믿지 아니하였음이라" (요일 5:10)

의심들의 근거에는 바로 자신들의 이성과 과학적 발전에 대한 무한한 믿음이 있는 것이다 (히 3:12).[73]

그들의 의심들의 근거는 결국 스스로 만들어낸 이성과 과학에 대한 믿음이다. 만약 이 세상을 창조하신 하나님께서 신적 능력으로 자신의 뜻을 계시할 수 있다면, 이러한 신적 능력으로 하나님의 구원을 예수를 통해 이루실 수 있다는 믿음이 있다면, 성경에 대한 의심들의 근거는 힘을 잃고 만다. 물론 모든 것을 하나님이 하실 수 있으니 맹목적으로 믿자는 것이 아니다. 우리는 성경에 대한 의심들을 진지하게 검토하고, 성경의 기록이 왜 사실인지 입증할 필요가 있다. 하지만 과학적 합리주의에 근거하여 섣불리 성경을 부정하려 드는 것은 결국은 믿음과 전제의 문제이다. 하나님과 그의 계시에 대한 믿음은 성경에 대한 의심들의 근거가 단지 이성과 과학에 근거한 무책임한 환원주의의 산물이라고 말할 수 있다. 그들의 주장은 우리가 믿음으로 성경을 하나님의 말씀으로 고백하는 것처럼, 이성과 과학을 신봉하는 자신들의 믿음에 근거한 고백에 불과하다.

> '축자 영감'이란 성령님이 인간 저자들을 통해 말씀하셨고 지금도 말씀하시는 것 - 사용된 단어들의 명백하고도 자연스러운 의미에 따라 이해되는 - 이 참되며 오류가 없다는 의미이다. 기독교의 이러한 믿음에 대해 당황하거나, 그것으로 인해 부끄러움이나 두려움을 가질 필요는 전혀 없다. 반대로 그것은 아주 합리적이다. 단어들은 문장을 구성하고 있는 단위이기 때문이다. 단어는 말의 기초 요소이다. 그러므로 정확한 단어로 구성된 정확한 문장을 구성하지 않고서 정확한 메시지를 나타내는 것은 불가능하다. 이것이 사도들의 주장이다." _ 존 스토트

---

[73] "형제들아 너희는 삼가 혹 너희 중에 누가 믿지 아니하는 악한 마음을 품고 살아 계신 하나님에게서 떨어질까 조심할 것이요" (히 3:12)

2) 성경 자체를 믿을 수 없다는 주장에 대한 답변

① 성경을 불신하는 두 가지 주장

사실 성경의 내용을 신뢰할 수 없다는 주장은 크게 두 가지 정도의 근거를 가지고 있다. 하나는 성경의 많은 부분이-특히 기적 이야기들이- 날조된 기록들이라는 것이며, 다른 하나는 성경 자체에도 이미 같은 사건들에 대한 모순적인 기록들이 있다는 것이다.

② 성경의 기적들에 대한 문제

첫 번째 주장에 대해 생각해 보자. 성경은 하나님과 예수(와 그의 제자들)에 의한 많은 기적들을 기록하고 있다. 이 기적들을 믿는 사람들이든, 믿지 않는 사람들이든 그 기적들을 보지는 못했다. 과학적 법칙에 위배되기 때문에 그런 기적이 일반적으로는 일어날 수 없다는 주장은 옳은 주장이다. 하지만 과학적 법칙에 위배되기 때문에 그런 일이 일어난 적이 없을 것이라든지, 하나님도 그런 일을 하실 수 없을 것이라는 주장은 근거가 없다. 사실 이 주장은 하나님이 없다는 주장의 연장선에 불과한 것이다. 이 주장은 논리적으로도 합리적이지 않다. 성경에 나오는 기적들 때문에 성경을 날조된 가치 없는 책으로 여기는 것은 합당하지 않다. 그것은 성경이 계시하는 하나님을 믿지 않는 불신이지, 결코 합리적인 판단이 아니다. 성경의 기적들이 날조된 이야기라는 판단은 판단하는 사람 스스로가 절대적 기준이 될 때 가능한 일이다. 오히려 유일하신 하나님, 전지전능하신 하나님을 믿는 신앙인에게는 성경에 기록된 기적들이 이 세상을 창조하시고 다스리시는 하나님의 능력의 계시이다. 이 계시는 하나님에 대한 더욱 확고한 믿음을 발생시킨다. 신약성경이 수납되는 과정에서 예수님의 이적들 중 진정성이 의심되는 기록들을 담은 "도마의 유년복음서"는 정경으로 인정되지 않았다는 점을 주목할 필요가 있다.

③ 성경 안에 있는 상호 모순된 기록들에 대한 문제

두 번째 주장에 대해 검토해 보자. 성경 안에 이미 같은 사건들에 대한 모순적인 기록들이 있고, 이것이 성경이 믿을 수 없는 책이라는 근거라는 것이다. 성경은 십자가 사건에 대하여, 부활의 목격자들에 대하여 상이해 보이는 진술을 하고 있다(마 28:2-5, 막 16:5, 눅 24:2-4, 요 20:6-7).[74] 부활에 대한 복음서의 기록들이 표면상 상이함을 가지고 있는 것이 사실이다.

하지만 이 표면적 상이함이 성경 자체 기록의 신뢰성을 떨어뜨리거나, 성경에 기록된 사건들이 날조된 기록임을 보여주는 것은 아니다. 부활에 대한 복음서의 기록들에 대해 이야기해 보자. 신학자 리차드 보캄은 "복음서들이 목격자들의 증언"이라고 말했다. 우리는 우선 신약의 복음서들이 어떤 사건을 시간 순서에 따라 기록한 것이 아니라, 사건을 전하려는 목격자가 듣는 사람들에게 증언을 하는 형식으로 기록된 것임을 이해하고 복음서에 접근해야 한다. 목격자들의 증언에는 약간의 상이함이 있을 수 있다. 이야기의 구성과 전달 방식이 조금 다를 수도 있다. 그러나 증언들은 일어난 사건들에 대한 가장 최초의 가장 오래된 가장 정확한 신뢰할만한 기록일 수밖에 없다.

좋다. 십분 양보하여 부활 사건의 상이함을 인정하고 이야기해 보자. 복음서의 기자들이 부활에 대해 조금씩 사실과 어긋난 증언을 했다고 가정해보자. 그렇다 하더라도, 신학

---

74 "큰 지진이 나며 주의 천사가 하늘로부터 내려와 돌을 굴려 내고 그 위에 앉았는데 그 형상이 번개 같고 그 옷은 눈 같이 희거늘 지키던 자들이 그를 무서워하여 떨며 죽은 사람과 같이 되었더라 천사가 여자들에게 말하여 이르되 너희는 무서워하지 말라 십자가에 못 박히신 예수를 너희가 찾는 줄을 내가 아노라" (마 28:2-5)
"무덤에 들어가서 흰 옷을 입은 한 청년이 우편에 앉은 것을 보고 놀라매" (막 16:5)
"돌이 무덤에서 굴려 옮겨진 것을 보고 들어가니 주 예수의 시체가 보이지 아니하더라 이로 인하여 근심할 때에 문득 찬란한 옷을 입은 두 사람이 곁에 섰는지라" (눅 24:2-4)
"시몬 베드로는 따라와서 무덤에 들어가 보니 세마포가 놓였고 또 머리를 쌌던 수건은 세마포와 함께 놓이지 않고 딴 곳에 쌌던 대로 놓여 있더라" (요 20:6-7)

자 톰 라이트는 그 상이함이 오히려 부활 사건 자체의 사실성을 더 강력하게 증거하며, 말을 맞춘 날조된 기록들이 아니라는 것을 확실히 보여준다고 말한다. 왜냐하면 무덤이 비었다는 것과 그것들을 여인들과 제자들이 목격했다는 것, 부활한 예수를 후에 많은 이들이 보았다는 것은 공통된 증언이기 때문이다. 오히려 우리의 관심은 부활 사건이 실제 일어난 사건인데, 왜 상이한 기록들이 남았느냐는 것에 있어야 한다. 성경 기록의 상이함은 성경의 모순을 증거하는 것이 아니라 사건의 사실성에 대한 믿음을 요구하며, 우리에게 상이한 기록을 분석하는 과제를 요청할 뿐이다.

3) 성경이 하나님의 말씀임을 증거하는 내적/외적 증거
① 성경의 내적 증거

성경은 자체적으로 하나님의 말씀을 기록한 것이며, 성령의 영감으로 오류가 없다는 것을 주장한다. 구약의 많은 저자들은 자신들이 하나님의 말씀을 기록하고 있다는 직접적인 언급들을 수없이 반복한다. '여호와의 말씀이 내게 임하여 이르시되(겔 11:14)' 신약의 저자들도 구약을 일컬어 성령의 감동으로 된 것이라고 강조하고 있다(벧후 1:20-21).[75]

마찬가지의 방식으로 27권의 신약성경도 구약의 모든 말씀을 성취하는 성경으로 수납되었다. 성령의 감동은 각 저자들의 모든 특성을 사용하여 기록하게 하셨으나, 그 기록에 있어 거짓이나 오류가 없게 하셨다. 성령의 감동은 하나님의 구원 계시의 통일성을 완전히 유지하게 하셨으며, 모든 단어에까지 절대적으로 진리이며 완전하게 하셨다. 비록 사본 상의 불일치로 본문에 약간의 이견이 존재하며, 연구의 부족함으로 많은 부분이 온전히 그 뜻을 드러내도록 설명되지 않고 있지만, 성경은 지금까지 수많은 사람들을 변화시

---

[75] "먼저 알 것은 성경의 모든 예언은 사사로이 풀 것이 아니니 예언은 언제든지 사람의 뜻으로 낸 것이 아니요 오직 성령의 감동하심을 받은 사람들이 하나님께 받아 말한 것임이라" (벧후 1:20-21)

킨 하나님의 말씀이라고 강력하게 증거되고 있다.

② 성경의 외적 증거

성경은 1500년 정도의 기간 동안 히브리어와 헬라어로 수십 명의 저자들에 의해 기록되었다. 인간의 이해의 부족함에도 불구하고 엄청난 세월 동안 여러 저자들에 의해 기록된 성경의 다양한 책들이 세상을 창조한 하나님께서 하나님을 반역한 인간과 그 결과 생긴 왜곡된 세상을 구원하는 이야기를 완벽한 통일성으로 전달하고 있다는 것은 성경이 하나님의 말씀이라는 것의 가장 강력한 증거이다(눅 24:44-45).[76]

성경이 수천 년에 걸쳐 사본들에 의해 전달되면서도 사본들이 거의 완벽히 일치한다는 사실도 하나님께서 하나님의 말씀인 성경의 보존을 위해 섭리하셨다는 증거이다. 성경의 이야기가 다양한 장르와 내용의 표면적 상이함을 가지고 있다는 자체는 오히려 성경의 저자들이 모여 조작하지 않았다는 강력한 증거이다. 사실 성경은 오랜 시간 동안 다른 저자들이 기록한 것이기 때문에 모여서 조작한다는 것이 불가능하다. 그러면서도 그레고리 빌이나 크리스토퍼 라이트와 같은 학자들이 주장하듯이 성경 전체가 내용적 통일성을 가지고 있다는 것은 정말 놀라운 일이 아닐 수 없다.

복음서가 4개로 상이하게 존재한다는 것은 복음서의 저자들이 모여서 조작하지 않았다는 증거일 뿐만 아니라, 1세기 당시의 여러 공동체들에게 복음을 전하는 데 매우 유익했으며, 오늘날에도 우리가 예수의 복음을 이해하는 데 매우 유익을 준다. 성경이 날조된 것이라는 어떤 증거도 없는 상태에서 몇 가지 이해가 되지 않는 부분들을 가지고 성경을 믿

---

[76] "또 이르시되 내가 너희와 함께 있을 때에 너희에게 말한 바 곧 모세의 율법과 선지자의 글과 시편에 나를 가리켜 기록된 모든 것이 이루어져야 하리라 한 말이 이것이라 하시고 이에 그들의 마음을 열어 성경을 깨닫게 하시고" (눅 24:44-45)

지 못하는 것은 영적으로 자신의 무덤을 파는 것이다. 오히려 성경은 우리의 무지를 넘어 올바른 이해를 구하는 기도와 우리의 악함을 넘어 순종을 위한 성령의 인도하심을 요청하게 만든다.

내적 증거	구약 저자들의 언급 "여호와께서 말씀하시기를…"
	신약 저자들의 주장 "성경은 하나님의 감동으로 됨"
외적 증거	긴 시대 다수의 저자들이 기록한 설명 자체의 놀라운 통일성
	엄청난 사본들에 의한 놀라운 보존과 전승

도표1. 성경이 하나님의 말씀임을 증거하는 내적/외적 증거

4) 하나님의 말씀인 성경에 대한 우리의 태도

① 믿고 배우기에 힘써야 한다.

우리는 성경을 하나님의 말씀으로 믿고, 성경 전체의 내용을 복음으로 배우려는 자세를 가져야 한다. 복음은 예수 그리스도의 죽음과 부활로 결정적으로 계시되었지만, 그 풍성하고 깊은 의미를 다 이해하기 위해서는 진지한 연구가 필요하다. 성경을 통해 복음을 깊이 있게 이해하고, 기독교 세계관을 형성하기 위해 힘써야 한다. 복음에 대한 이해와 기독교 세계관을 통해서만 우리는 우리의 인생을 하나님의 뜻대로 살아갈 수 있기 때문이다. 또한 잘 이해가지 않는 부분에 대해서는 더 나은 이해를 구해야겠지만, 이미 이해된 복음에는 철저히 순종해야 한다. 하나님께서는 이스라엘의 왕에게 말씀을 평생 곁에 두고 배우라고 하셨다. '평생에 자기 옆에 두고 읽어 그의 하나님 여호와 경외하기를 배우며 이 율법의 모든 말과 이 규례를 지켜 행할 것이라'(신 17:19) 성경은 하나님의 백성이 순종하

여 하나님의 통치를 이 땅에 회복하는 것을 목적으로 한다.

② 목회자들의 진지한 연구와 가르치는 열심이 있어야 한다.

교회에서 하나님의 말씀을 설교하는 목회자들은 하나님의 말씀에 대한 평생에 걸친 진지한 연구가 있어야 한다. 또한 설교와 양육을 통해 말씀을 배우는 성도들은 설교자를 위해 기도하며 설교자를 통해 주어지는 하나님의 말씀을 진실하게 듣고 하나님의 뜻을 따라 살아가야 한다. '에스라가 여호와의 율법을 연구하여 준행하며 율례와 규례를 이스라엘에게 가르치기로 결심하였었더라'(스 7:10)

③ 하나님께서 자신을 통치하도록 읽고 묵상하며 경건의 시간을 가져야 한다.

하나님의 말씀은 우리가 읽을 수 있는 언어로 주어졌으며, 비록 많은 연구가 필요하지만 모든 성도들이 읽을 수 있도록 번역되었다. 우리는 성경을 타락한 마음으로 읽지 않도록 기도해야 하며, 성경을 묵상하는 경건의 시간을 가져야 한다. 또한 말씀을 스스로 읽고 묵상하기 위해 배움의 시간을 가져야 한다. 이렇게 말씀을 가까이 하면 하나님께서 말씀을 통해 자신을 통치하여 하나님나라가 자신의 삶과 가정을 회복하며, 나아가 자신을 통해 세상에 하나님나라가 이루어지는 경험을 할 수 있다(시 19:7-10).[77]

> "그리스도인의 삶에서 큰 과제 가운데 하나는 성경 앞에 귀를 여는 것이다. 중심 되는 방법이 바로 예배이다. 예배는 근본적으로 하나님의 말씀에 귀를 기울이고 응답하는 행위이다." _유진 피터슨

---

[77] "여호와의 율법은 완전하여 영혼을 소성시키며 여호와의 증거는 확실하여 우둔한 자를 지혜롭게 하며 여호와의 교훈은 정직하여 마음을 기쁘게 하고 여호와의 계명은 순결하여 눈을 밝게 하시도다 여호와를 경외하는 도는 정결하여 영원까지 이르고 여호와의 법도 진실하여 다 의로우니 금 곧 많은 순금보다 더 사모할 것이며 꿀과 송이꿀보다 더 달도다" (시 19:7-10)

7. 적용 및 토론

1) 당신은 성경을 폄하하는 다양한 주장을 들어본 적이 있습니까? 그 주장들에 대해 어떻게 생각하십니까?
2) 당신은 성경을 하나님의 말씀으로 확신하십니까? 그렇다면 근거는 무엇입니까?
3) 성경을 통해 하나님의 통치를 경험하는 삶을 살아가기 위해 당신은 어떻게 성경을 읽고 배우길 결단하십니까?

8. 내용 정리하기

1) 인도자 Question (인도자가 제시하는 질문으로 의견을 나눕시다.)
2) 간증을 읽고 결단하기 (워크북에 제시)

9. 기도하며 마무리 하기 (워크북에 제시)

CHAPTER 02 창조와 타락

1. 이 과의 목적

지난 시간 성경이 하나님의 참된 계시임을 확인했다. 그렇다면 이제는 그 하나님의 계시인 성경의 내용을 바탕으로 성도들이 기독교적 세계관을 정립하게 도와주어야 한다. 이제부터 성경 이야기를 구체적으로 살펴보는 시간을 갖는다. 성경은 창조부터 예수 그리스도의 재림으로 완성되는 하나님나라를 이야기하고 있다.

이 과에서는 창조와 타락에 대해 살펴본다. 우리가 누구이며, 세상의 문제들의 해결책은 무엇이며, 우리는 어떻게 살아야 하는지 확신하려면 제일 먼저 세상은 어떻게 시작되었고, 왜 하나님의 구원이 필요한 본질적인 문제가 생겼는지 알아야 한다. 그것이 바로 창조와 타락의 문제다. 이것은 합리적인 사고, 역사실증주의적 방법으로 입증될 수 없는 절대적인 믿음과 전제의 문제다. 우리는 먼저, 성경의 창조 이야기를 통해 하나님께서 창조하신 창조세계와 인간은 어떤 목적과 의미를 갖고 있는지 파악하게 한다. 또한 타락의 본질과 그 결과를 이해하며 이를 통해 왜곡되고 망가진 세상의 모습을 깨닫게 한다. 창조와 타락의 이야기 속에 있는 의미를 배우며 인간과 이 세상의 영적 문제를 이해한다. 그리고 그 문제의 해결책인 하나님의 구원은 어떤 방식인지 정립한다. 하나님의 구원에 관한 자세한 이야기는 다음 과로 연결된다.

2. 다함께 찬양하기

『찬양』 나를 지으신 주님

나를 지으신 주님 내 안에 계셔
처음부터 내 삶은 그의 손에 있었죠
내 이름 아시죠 내 모든 생각도
내 흐르는 눈물 그가 닦아 주셨죠
그는 내 아버지 난 그의 소유
그가 어딜 가든지 날 떠나지 않죠
내 이름 아시죠 내 모든 생각도
아바라 부를 때 그가 들으시죠

3. 말씀 묵상하기

롬 3:9-18

"그러면 어떠하냐 우리는 나으냐 결코 아니라 유대인이나 헬라인이나 다 죄 아래에 있다고 우리가 이미 선언하였느니라 기록된 바 의인은 없나니 하나도 없으며 깨닫는 자도 없고 하나님을 찾는 자도 없고 다 치우쳐 함께 무익하게 되고 선을 행하는 자는 없나니 하나도 없도다 그들의 목구멍은 열린 무덤이요 그 혀로는 속임을 일삼으며 그 입술에는 독사의 독이 있고 그 입에는 저주와 악독이 가득하고 그 발은 피 흘리는 데 빠른지라 파멸과 고생이 그 길에 있어 평강의 길을 알지 못하였고 그들의 눈 앞에 하나님을 두려워함이 없느니라 함과 같으니라"

4. 이 과의 포인트 잡기

1) 성경을 통해 하나님이 창조한 세상에 대해 정리한다.
2) 타락의 본질과 결과를 이해한다.
3) 창조와 타락의 이해를 바탕으로 예수님을 통한 구원의 밑그림을 그린다.

5. 여는 대화

1) 세상의 기원에 대해 창조 이외의 다른 생각을 해 본 적 있습니까? 세상의 기원에 대한 어떤 다른 설명이 가능할까요?

▶ 훈련생들이 갖고 있는 성경 이외의 세상의 기원에 대한 생각들을 파악한다. 성경의 문자적 이해를 통한 하나님의 창조를 믿는 이들부터, 변형된 창조론(자연발생이나 진화를 통한 창조)을 지지하는 이들까지, 창조론을 의심하는 이들도 있을 것이다. 대화를 통해 그렇게 생각하는 이유도 나누면 좋을 것이다. 그리고 성경적인 창조론은 근거보다는 믿음으로 얻어지는 것임을 설명하고, 나아가 하나님의 창조를 전제하지 않으면 세상의 모든 존재의 목적과 의미가 사라진다는 것을 나누면 좋을 것이다.

2) 창조와 타락에 대하여 당신이 가진 궁금증은 무엇입니까?

▶ 훈련생들이 갖고 있는 성경에서 말하는 창조와 타락에 대한 이해는 어떠한지 파악하고, 창조와 타락의 이야기가 이 세상의 불행한 현실을 잘 설명하고 있음을 강조한다. 세상의 모든 문제와 훈련생들의 모든 문제가 타락에서부터, 하나님의 통치를 거부함에서부터 왔다는 사실을 공감하며, 내용으로 들어가서 예수 그리스도를 통한 하나님의 구원을 확신하도록 나아가면 좋을 것이다.

6. 깊이 들어가기

1) 세상을 창조하신 하나님

① 시작 : 창조

세상을 창조하신 하나님이 존재하시고, 우리에게 성경을 통해 구원의 길을 계시하셨다면, 우리는 이제 기독교 세계관을 정립하기 위해 성경의 이야기를 요약해야 한다. 성경의 이야기는 창조에서 시작되어야 한다. 성경적 세계관은 하나님의 창조를 논하지 않고는 시작될 수 없다.

② 하나님의 창조에 대한 믿음의 중요성

하나님께서 세상을 창조하셨다(창 1:1).[78] 이것은 과학적으로 입증하기도 부인하기도 어렵다. 다양한 창조이론들과 무신론적 진화론은 나름의 증거들을 가지고 끊임없이 논쟁할 것이다. 하지만 창조는 과학적인 입증이 아니라 믿음을 요구한다. 성경의 하나님은 세상을 선하게 창조하셨고, 세상에 복을 주셨으며, 창조 이후에도 계속 세상을 다스리시는 분이시다. 하나님께서 세상을 창조하셨다는 믿음에서 출발하지 않는 어떤 사상도 사실 세상의 기원과 원리에 대한 온갖 부정확한 추론에 도달할 수밖에 없다. 하나님의 창조에 확고한 바탕을 두어야만, 우리는 우리 자신과 이 세상에 대해 올바른 사고를 시작할 수 있다.

> "현대성의 힘과 유혹도 자신의 진리를 교회에서 실현하시는 하나님, 자신의 성품을 평범한 사람들의 삶에서 가르치시는 하나님, 구원의 목적을 세계에서 현실화하고 세계가 나아갈 방향과 과정에서 섭리로 다스리시는 하나님의 활동을 전혀 방해할 수 없다." _ 데이빗 웰스

---

[78] "태초에 하나님이 천지를 창조하시니라" (창 1:1)

2) 하나님께서 창조하신 피조물과 인간의 가치

① 하나님의 피조물과 인간

세상을 하나님께서 창조하셨다면, 인간을 비롯한 모든 피조물들은 하나님과 관련하여만 가치를 가지며, 인간은 하나님과의 관계 속에서 세상을 바라봐야 한다. 인간을 비롯한 모든 피조물은 하나님의 창조물이므로 자체로 선하고 아름답다(창 1:31).[79] 자연 만물부터 음식, 스포츠, 성, 예술은 모두 하나님의 선한 창조의 일부이다. '혼인을 금하고 어떤 음식물은 먹지 말라고 할 터이나 음식물은 하나님이 지으신 바니 믿는 자들과 진리를 아는 자들이 감사함으로 받을 것이니라 하나님께서 지으신 모든 것이 선하매 감사함으로 받으면 버릴 것이 없나니'(딤전 4:3-4) 특별히 인간은 하나님의 형상으로 다른 자연 만물과는 다른 독특한 지위를 가지고 있다. 인간은 하나님의 특별한 목적과 계획을 가지고 창조되었으며, 개개인이 하나님의 형상으로 인격적으로 존귀하다. 주목할 것은 하나님께서는 인간을 통해 하나님의 통치를 이 땅에 구현하시려 했다는 점이다. 인간은 하나님의 통치를 대행하는 하나님의 형상으로서 독특한 가치를 갖는다.

② 하나님께 의존해야 하는 피조물

모든 피조물은 그 존재를 하나님께 의존한다. 세상 만물과 인간은 피조물이며 하나님의 복을 필요로 한다. 복은 피조물이 살아가는 데 있어 필요한 모든 것인데, 이것은 하나님에게서만 올 수 있다는 것이 성경의 가르침이다. 인간이 하나님의 피조물의 위치에서 창조주 하나님께 순종하며 하나님의 통치를 대행하는 사명을 따라 살아갈 때, 세상은 하나님의 복을 누리게 된다. '하나님이 그들에게 복을 주시며 하나님이 그들에게 이르시되 생육하고 번성하여 땅에 충만하라, 땅을 정복하라, 바다의 물고기와 하늘의 새와 땅에 움직

---

[79] "하나님이 지으신 그 모든 것을 보시니 보시기에 심히 좋았더라 저녁이 되고 아침이 되니 이는 여섯째 날이니라" (창 1:31)

이는 모든 생물을 다스리라 하시니라'(창 1:28) 인간이 하나님께 의존하여 그 분의 복을 바라며 하나님이 세상을 다스리시려는 뜻에 순종하며 살아가고, 하나님은 순종하는 인간과 세상에 복을 주시는 상태가 하나님이 창조하신 세상의 질서였다.

3) 타락의 본질과 결과 : 하나님의 통치 거부와 선한 창조세계의 파괴

① 타락의 본질

인간은 사탄의 유혹을 받아 하나님을 반역하게 되었다. 선악과를 따먹지 말라는 명령에 순종하는 것은 인간이 하나님께 의존하며, 하나님의 주권적 통치를 따라 주어진 사명을 감당하며 살겠다는 인격적인 결정을 보여주는 것이었다. 하지만 인간은 선악과를 따먹음으로서 스스로 하나님의 통치를 벗어나기로 했다. 타락은 인간이 하나님의 위치에 오르려는 시도였으며, 하나님에 대한 의존을 벗어나 스스로 독립적인 존재가 되어 자신의 의미와 욕망을 따라 살아가기로 한 결단이었다. '여호와께서 하늘에서 인생을 굽어살피사 지각이 있어 하나님을 찾는 자가 있는가 보려 하신즉 다 치우쳐 함께 더러운 자가 되고 선을 행하는 자가 없으니 하나도 없도다 죄악을 행하는 자는 다 무지하냐 그들이 떡 먹듯이 내 백성을 먹으면서 여호와를 부르지 아니하는도다'(시 14:2-4)

② 타락의 결과

인간이 하나님을 반역한 결과는 어떤 것인가? 하나님의 선한 창조세계의 질서가 파괴된 것이다. 하나님과 인간의 관계가 파괴되면서, 하나님의 복이 사라져 버리고 저주(복의 결여)가 이 땅에 가득하게 되었다. 인간이 하나님의 피조물의 위치에서 창조주 하나님께 의존하며 하나님의 통치를 대행하는 사명을 따라 살아가기를 거부하였을 때, 세상은 하나

님의 복의 공급이 끊어진 상태가 되었다(창 3:17, 롬 8:22).[80]

③ 모든 영역의 왜곡

타락은 모든 선한 창조의 영역들을 왜곡시켰다. 인간 간의 관계, 노동, 결혼, 사업, 예술이 모두 하나님의 창조의 본질을 잃어 버렸다. 이로 인해 인간은 하나님의 복이 사라진 상태에서 스스로 자신에게 필요한 것들을 찾아야 했다. 이것이 우상 숭배와 각종 탐욕을 만들어내는 이유가 된다. 인간은 서로를 정복하려 한다. 서로의 재화를 빼앗음으로 자신의 미래를 보장하려 한다. 또한 인간은 자신에게 복을 줄 신을 찾는다. 이런 상황 속에서 대중을 위안하는 종교 시스템이 만들어진다. 인간은 자신들을 부유하게 해 줄 지도자와 사회 시스템을 찾는다. 그 과정에서 또한 다른 인간, 다른 나라를 정복하는 제국주의가 싹튼다. '그의 나라는 시날 땅의 바벨과 에렉과 악갓과 갈레에서 시작되었으며 그가 그 땅에서 앗수르로 나아가 니느웨와 르호보딜과 갈라와 및 니느웨와 갈라 사이의 레센을 건설하였으니 이는 큰 성읍이라'(창 10:10-12)

④ 우상숭배와 하나님의 진노

하나님께 대한 의존이 아닌 다른 방법으로 필요한 것을 얻으려는 모든 시도인 우상숭배는 하나님께서 창조한 세상을 더욱 왜곡시킨다. 인간의 탐욕적 우상숭배는 종교만을 타락시키는 것이 아니라, 경제적 이익을 위해 환경을 파괴하며, 국가 간 계층 간 엄청난 빈부격차를 만든다. 또한 서로를 소외시킴으로 각종 스트레스와 육체적이고 정신적인 질병을 만들어 내며, 쾌락을 추구하는 결과로 성의 타락, 이기적 인간관계 등을 만들어 가정을 비롯한 모든

---

[80] "아담에게 이르시되 네가 네 아내의 말을 듣고 내가 네게 먹지 말라 한 나무의 열매를 먹었은즉 땅은 너로 말미암아 저주를 받고 너는 네 평생에 수고하여야 그 소산을 먹으리라" (창 3:17)
"피조물이 다 이제까지 함께 탄식하며 함께 고통을 겪고 있는 것을 우리가 아느니라" (롬 8:22)

관계들을 파괴한다. 따라서 이 세상에는 하나님의 진노가 더욱 가중되어 간다(창 6:7).[81]

⑤ 영원한 사망의 상태

인간의 타락은 하나님의 선한 창조세계의 모든 것을 오염시키고, 왜곡 시켰다. 인간은 타락으로 하나님의 복을 잃고 저주로 가득한 세상에서 이생의 삶을 살아가게 되었다. 또한 인간은 반역의 대가로 죽음 이후에 영원한 형벌을 받게 되었다. 이것이 성경이 말하는 사망이다(롬 6:23a).[82] 사망의 상태는 인간의 절망적인 이생과 내세의 형벌을 포함하는 말이다. '여호와 하나님이 에덴 동산에서 그를 내보내어 그의 근원이 된 땅을 갈게 하시니라 이같이 하나님이 그 사람을 쫓아내시고 에덴 동산 동쪽에 그룹들과 두루 도는 불 칼을 두어 생명 나무의 길을 지키게 하시니라'(창 3:23-24)

도표2. 타락의 결과

---

81 "이르시되 내가 창조한 사람을 내가 지면에서 쓸어버리되 사람으로부터 가축과 기는 것과 공중의 새까지 그리하리니 이는 내가 그것들을 지었음을 한탄함이니라 하시니라" (창 6:7)
82 "죄의 삯은 사망이요" (롬 6:23a)

4) 인간의 타락과 그 결과가 요청하는 것

① 타락한 세상에 대한 해결책

인간의 타락은 세상을 망가트렸고, 이 세상은 해결책을 절실히 필요로 하게 되었다. 하나님을 부인하는 인간들은 스스로 해결책을 찾으려 하지만, 세상은 학자들과 철학자들의 연구를 통해 답을 찾기보다는 점점 더 미로 속으로 들어가고 있다. 사실 세상의 문제들은 지협적으로 해결되고 있는 것처럼 보이지만, 전혀 해결되지 않고 있으며, 오히려 모든 문제들이 더욱 심각해지는 상태에 있다.

② 성경에서 계시하는 구원

성경은 인간의 타락으로 창조질서가 깨어진 세상을 구원하여 진정한 회복으로 이끌 하나님의 구원을 계시하고 있다. 성경은 이 모든 문제들이 하나님에 대한 반역으로부터 왔으며, 인간이 스스로는 해결책을 찾을 수 없다고 말한다. 하지만 구약 성경은 타락의 이야기에서 끝나는 것이 아니라 하나님의 구원을 계시하는 이스라엘의 역사로 접어든다. 그 시작은 아브라함과의 언약이다. '내가 내 언약을 나와 너 및 네 대대 후손 사이에 세워서 영원한 언약을 삼고 너와 네 후손의 하나님이 되리라'(창 17:7) 여기에서 복음은 시작된다.

> "기독교 신앙은 타락에 대한 고찰 없이는 설명될 수 없다. 기독교 신앙의 핵심에는 하나님의 의로우심을 드러내고 결국엔 그리스도 안에서 받아들여진 사람들의 성품을 새롭게 하는 방식으로 인류와 하나님의 관계를 회복시키는 구속이 있기 때문이다." _폴 헬름

7. 적용 및 토론

1) 하나님의 창조는 당신에게 어떤 의미가 있습니까?
2) 타락의 결과는 당신의 삶을 어떻게 파괴해왔습니까? 또한 이 세상을 어떻게 왜곡시켰는지 실례를 들어봅시다.
3) 왜곡되고 망가진 당신 개인의 삶과 세상에 하나님의 구원이 필요합니까?

8. 내용 정리하기

1) 인도자 Question (인도자가 제시하는 질문으로 의견을 나눕시다.)
2) 간증을 읽고 결단하기 (워크북에 제시)

9. 기도하며 마무리 하기 (워크북에 제시)

CHAPTER 03 이스라엘을 통한 하나님의 구원 계획

1. 이 과의 목적

창조와 타락 이야기를 통해 절대적인 필요성이 제기된 하나님의 구원은 구약 이스라엘 역사를 통해 계시된다. 이 과에서는 아브라함과 이스라엘의 역사 속에서 추출되는, 장차 예수께서 성취하실 하나님의 구원의 개념을 정립하게 될 것이다. 이 작업은 매우 중요하다. 왜냐하면 오늘날 성도들의 구원과 이스라엘의 역사는 분절된 것이 아니라 연속적이기 때문이다.

하나님께서는 타락한 세상을 회복하기 위해 이스라엘을 선택했다. 이들을 통해 하나님의 통치가 회복되고 이 세상에 하나님의 복이 임하게 될 것을 계시하셨다. 물론 이스라엘을 통해 하나님의 구원이 완성된 것은 아니다. 이스라엘은 하나님의 나라를 이루는 것을 실패했고 이 이야기는 메시야, 예수 그리스도를 소망하는 것으로 연결된다. 이스라엘과 하나님과의 언약 관계, 하나님께 불순종함으로 실패한 이스라엘, 결국 하나님의 구원을 이루실 메시야를 소망하게 되는 이스라엘, 이 모든 것이 오늘날 성도들의 영적 정체성임을 깨닫게 해야 한다. 이스라엘을 가르치는 것은 구약을 바르고 간략하게 정리하여 예수님께 연결하는 매우 중요한 작업이며, 양육자들이 매우 잘 준비해야 하는 부분이다.

2. 다함께 찬양하기

『찬양』너의 하나님 여호와가

너의 하나님 여호와가 너의 가운데 계시니

그는 구원을 베푸실 전능자 전능자시라

그가 너로 인하여 기쁨을 이기지 못하시며

너를 잠잠히 사랑하시며 즐거이 부르며 기뻐 기뻐하시리라

3. 말씀 묵상하기

눅 24:44-48

"또 이르시되 내가 너희와 함께 있을 때에 너희에게 말한 바 곧 모세의 율법과 선지자의 글과 시편에 나를 가리켜 기록된 모든 것이 이루어져야 하리라 한 말이 이것이라 하시고 이에 그들의 마음을 열어 성경을 깨닫게 하시고 또 이르시되 이같이 그리스도가 고난을 받고 제 삼일에 죽은 자 가운데서 살아날 것과 또 그의 이름으로 죄 사함을 받게 하는 회개가 예루살렘에서 시작하여 모든 족속에게 전파될 것이 기록되었으니 너희는 이 모든 일의 증인이라"

4. 이 과의 포인트 잡기

1) 이스라엘을 통해 계시된 하나님의 구원 계획을 이해한다.

2) 하나님의 구원을 성취하실 메시야에 대한 구약의 예언들을 살펴본다.

5. 여는 대화

1) 이스라엘에 대해 알고 있는 것을 이야기해봅시다.

▶ 이스라엘과 이스라엘 역사에 대해 아는 대로 이야기해 보자. 그 과정에서 구약 성경에서

등장하는 이스라엘의 이야기에 대해 훈련생들은 어떻게 생각하고 있는지 알아보고, 국가로서의 이스라엘이 하나님께서 구원을 계시하시는 중요한 통로였음을 깨닫게 한다.

2) 이스라엘의 역사는 우리에게 어떤 의미가 있습니까?
▶ 구약의 이스라엘과 오늘날 교회의 의미를 분리하여 이해하는 그리스도인들이 많다. 1번에서 나눈 내용을 바탕으로 하나님의 선택된 백성으로서의 이스라엘 민족의 역사가 그리스도인들의 삶의 방향을 보여주며, 그리스도인의 역사관을 형성하는 중요한 이야기임을 확신하도록 한다. 이후 교재의 내용을 통해 하나님의 백성 이스라엘의 이야기인 구약을 통해서만이 예수님의 하나님나라 사역을 이해할 수 있음을 설명해 가도록 한다.

6. 깊이 들어가기

1) 타락에 대한 하나님의 반응
① 하나님의 심판

하나님께서는 인간의 반역에 대해 노하셨다. 홍수를 통해 세상을 심판하셨고, 인간의 반역을 무력화시키기 위해 언어를 흩으셨다(창 11:9).[83] 그리고 이러한 사건들은 선악과를 먹으면 죽을 것이라고 말씀하신 대로 하나님을 반역한 인간에 대해 하나님께서 보여주신 심판이었다. 인간은 이렇게 죄에 대한 하나님의 심판을 경험했고, 에녹과 노아 같은 소수의 인물들은 이를 통해 하나님의 뜻을 깨닫기 시작했다. '하나님이 노아에게 이르시되 모든 혈육 있는 자의 포악함이 땅에 가득하므로 그 끝 날이 내 앞에 이르렀으니 내가 그들을 땅과 함께 멸하리라'(창 6:13) 그러나 대부분의 사람들은 여전히 하나님을 알지 못한 채 스

---

[83] "그러므로 그 이름을 바벨이라 하니 이는 여호와께서 거기서 온 땅의 언어를 혼잡하게 하셨음이니라 여호와께서 거기서 그들을 온 지면에 흩으셨더라" (창 11:9)

스로의 욕망을 따라 '사망'의 삶을 살아갔다.

② 아브라함을 통한 하나님의 계획

인간의 타락 이후 현재까지의 절망스러운 세상의 상황을 보며 추론할 수 있듯이 하나님은 반역의 대가로 인류를 영원히 저주 가운데 두시려는 것은 아닐까? 그렇지 않다. 하나님께서는 아브라함을 부르심으로 온 세상을 구원하시려는 하나님의 계획을 계시하시기 시작했다. '아브라함은 강대한 나라가 되고 천하 만민은 그로 말미암아 복을 받게 될 것이 아니냐'(창 18:18) 하나님의 목적은 분명하다. 이 세상을 구원하는 것이다. 하나님의 구원계획은 아브라함의 자손 이스라엘을 통해 계시되었다. 이것이 바로 구약 이스라엘 역사의 의미이다. 이렇게 이 세상을 구원하시려는 하나님의 계획만이 이 세상의 유일한 소망이다.

> "하나님의 은혜로운 약속만이 이스라엘 역사를 계속 유지하여 그리스도 안에서 그 역사의 정점으로 향하게 한다." _마이클 호튼

2) 이스라엘을 통해 계시된 하나님의 구원

① 아브라함에게 계시된 하나님의 구원

하나님께서는 인간이 타락으로 잃어버렸던 복을 아브라함과 그의 후손 이스라엘을 통해 다시 이 세상에 회복하실 것이라고 말씀하신다(창 12:3b).[84] 이것이 타락으로 망가진 세상을 구원하시려는 하나님의 계획이다. 하나님은 하나님에 대한 인간의 반역을 뒤집고, 인간이 다시 하나님께 의존하며 하나님의 통치를 대행하도록 변화시킴으로, 다시 창조세계 안에 하나님의 복을 통한 회복을 성취하려 하셨다.

---

[84] "…땅의 모든 족속이 너로 말미암아 복을 얻을 것이라 하신지라" (창 12:3b)

② 이스라엘에게 계시된 구원 : 하나님의 통치 회복, 그리고 포로됨

하나님의 구원은 이스라엘의 역사 가운데 구체적으로 계시된다. 이스라엘은 아브라함의 언약을 계승하여 애굽에서 해방되어 하나님과 언약을 맺는다. 하나님의 언약은 자신을 반역한 백성들을 자기 백성으로 부르심으로 시작된다. 그리고 부르신 백성들에게 땅을 허락하신다. 그 땅에 하나님의 통치를 위한 법을 주시고, 인간이 반역을 회개하고 하나님의 법을 따라 살아가도록 요청하신다. '그의 백성이 즐겁게 나오게 하시며 그의 택한 자는 노래하며 나오게 하시고 여러 나라의 땅을 그들에게 주시며 민족들이 수고한 것을 소유로 가지게 하셨으니 이는 그들이 그의 율례를 지키고 그의 율법을 따르게 하려 하심이로다 할렐루야'(시 105:43-45) 하나님의 구원은 하나님의 은혜로 반역한 백성을 자기 백성으로 삼으시고, 그들에게 주신 땅에서 하나님의 말씀에 따라 살아가게 하시는 것이다. 이 과정에서 하나님의 복은 다시 이 땅에 임하며, 나아가 죄의 문제로 생겼던 죽음과 형벌을 거두시고 영원한 복된 생명을 허락하시기로 약속하셨다. 이스라엘은 하나님과의 언약으로 온 세상을 구원할 도구로 선택되었다. 다윗을 통해 이 땅이 하나님의 통치로 가득하게 될 때, 이스라엘 백성은 하나님의 복이 임하는 것을 경험하게 된다(시 145:13, 19).[85] 그러나 결국 이스라엘은 하나님과의 언약을 깨트리고 하나님의 구원의 도구의 역할을 감당하지 않음으로 포로상태를 맞이한다.

③ 이스라엘의 의의와 실패

이스라엘 백성들은 하나님의 구원계획을 계시하는 통로의 역할을 감당했지만, 하나님의 구원을 이 땅에 이룰 수는 없었다. 이것이 이스라엘의 역사적 의의이며 한계였다. 하나님께서는 이스라엘을 통해 보이셨듯이 이 땅을 구원하실 것이다. 즉, 이스라엘을 택하셨

---

[85] "주의 나라는 영원한 나라이니 주의 통치는 대대에 이르리이다 그는 자기를 경외하는 자들의 소원을 이루시며 또 그들의 부르짖음을 들으사 구원하시리로다" (시 145:13, 19)

듯이 반역한 백성 중에서 하나님의 백성을 택하실 것이며, 그들에게 주신 이 땅에서 하나님의 통치에 순종하며 하나님의 통치를 이 땅에 대행하게 하실 것이다. 그렇게 하나님은 이 땅에 다시 복을 주실 것이며, 반역의 대가로 주어진 영원한 형벌을 내세의 영원한 복된 생명으로 바꾸실 것이다. 하지만 이러한 구원의 역사가 이스라엘을 통해 완성되지는 않는다. 구약은 스스로 완성에 이를 수 없다. 미완의 이야기이다. 구약은 필연적으로 하나님의 구원을 이루실 메시야를 요청한다. '만군의 여호와가 이르노라 보라 용광로 불 같은 날이 이르리니 교만한 자와 악을 행하는 자는 다 지푸라기 같을 것이라 그 이르는 날에 그들을 살라 그 뿌리와 가지를 남기지 아니할 것이로되 내 이름을 경외하는 너희에게는 공의로운 해가 떠올라서 치료하는 광선을 비추리니 너희가 나가서 외양간에서 나온 송아지 같이 뛰리라'(말 4:1-2) 이것이 하나님의 구원을 바라보는 선지자들의 공통적인 메시지였다.

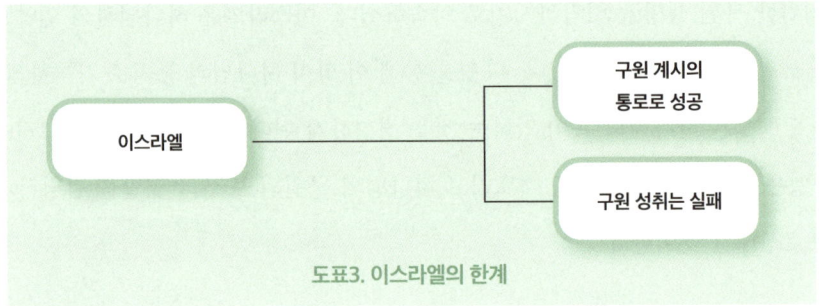

도표3. 이스라엘의 한계

"창세기 12장에 나오는 아브라함의 소명은 이스라엘 역사의 기원이 되고 그 이전에 있었던 모든 사건을 단지 그 이야기의 서론으로 만들어 버릴 만큼 결정적인 사건이다. 사실 바빙크는 특별계시는 아브라함의 소명과 더불어 시작된다고 결론짓기까지 한다. 구속사는 이제 처음에는 모형과 그림자로, 그 다음에는 때가 차면 실체로, 메시아를 향해 빠르게 움직이기 시작한다." _마이클 호튼

3) 선지자들을 통해 계시된 메시야를 통한 하나님의 구원

① 이스라엘의 포로됨 : 통치를 거부한 결과

선지자들은 공통적으로 언약을 깨트리고 아담과 같이 반역하는 이스라엘의 모습을 책망한다(호 6:7).[86] 하나님의 구원은 이스라엘을 통해 구체적으로 드러났다. 하지만 이스라엘 역사의 결국은 이방인들처럼 하나님께 반역함으로 하나님의 진노 가운데 처하는 것이었다(겔 5:5-6).[87] 이것이 바로 이스라엘의 포로됨의 의미이다.

② 메시야에 의해 성취될 아름다운 소식

이스라엘의 역사는 하나님의 은혜를 통해 이 세상이 회복될 것임을 재건된 성전과 공동체의 회복을 통해 보여준다(스 6:15).[88] 선지자들은 이스라엘이 하나님의 말씀의 통치에 순종하지 않음으로 멸망하겠지만, 결국 하나님께서 이 세상을 통치할 시대, 즉 하나님나라가 임할 것이라고 가르쳤다. 하나님께서 다스림으로 세상에 진정한 평화가 올 것이라는 소식이 바로 좋은 소식, 즉 복음이다. 그 복음은 이스라엘을 통해서 성취되는 것이 아니라, 하나님께서 보내실 종으로서 이스라엘을 다스릴 진정한 왕을 통해 성취될 것이다.

'베들레헴 에브라다야 너는 유다 족속 중에 작을지라도 이스라엘을 다스릴 자가 네게서 내게로 나올 것이라 그의 근본은 상고에, 영원에 있느니라'(미 5:2) 이스라엘의 왕은 세상 사람들이 하나님을 반역한 죄를 짊어지고 죽으심으로 하나님의 구원을 성취하게 될 것이다(사 53:5-6).[89] 그리고 이 죽음이 이스라엘과의 언약을 대체하는 새 언약이 될 것이다.

---

[86] "그들은 아담처럼 언약을 어기고 거기에서 나를 반역하였느니라" (호 6:7)
[87] "주 여호와께서 이와 같이 이르시되 이것이 곧 예루살렘이라 내가 그를 이방인 가운데에 두어 나라들이 둘러 있게 하였거늘 그가 내 규례를 거슬러서 이방인보다 악을 더 행하며 내 율례도 그리함이 그를 둘러 있는 나라들보다 더하니 이는 그들이 내 규례를 버리고 내 율례를 행하지 아니하였음이니라" (겔 5:5-6)
[88] "다리오 왕 제육년 아달월 삼일에 성전 일을 끝내니라" (스 6:15)
[89] "그가 찔림은 우리의 허물 때문이요 그가 상함은 우리의 죄악 때문이라 그가 징계를 받으므로 우리는 평화를 누리고 그가 채찍에 맞으므로 우리는 나음을 받았도다" (사 53:5-6)

③ 구약의 결론 : 메시야에 의한 하나님나라를 고대함

하나님께서 메시야를 통해 이 땅을 다스릴 때 백성들이 이스라엘과 달리 하나님의 말씀을 순종하게 될 것이며, 하나님의 복이 다시 이 땅에 임하기 시작할 것이다. '또 새 영을 너희 속에 두고 새 마음을 너희에게 주되 너희 육신에서 굳은 마음을 제거하고 부드러운 마음을 줄 것이며 또 내 영을 너희 속에 두어 너희로 내 율례를 행하게 하리니 너희가 내 규례를 지켜 행할지라 내가 너희 조상들에게 준 땅에서 너희가 거주하면서 내 백성이 되고 나는 너희 하나님이 되리라 내가 너희를 모든 더러운 데에서 구원하고 곡식이 풍성하게 하여 기근이 너희에게 닥치지 아니하게 할 것이며 또 나무의 열매와 밭의 소산을 풍성하게 하여 너희가 다시는 기근의 욕을 여러 나라에게 당하지 아니하게 하리니(겔 36:26-30)' 즉, 하나님께서 통치하시는 새로운 세계가 열릴 것이다. 이스라엘은 이렇게 자신들의 역사와 성전과 제사와 율법을 통해 하나님의 구원을 계시하는 역할을 감당했다(롬 9:4-5).[90] 하지만 이스라엘은 다른 민족들과 동일하게 자신들에게 하나님의 구원을 가져올 메시야를 고대해야 했다. 이것이 구약 이야기의 결론이다. 이제 이스라엘을 포함한 온 인류가 구원자를 고대하게 되었다. 유대인을 포함한 모든 인류는 하나님에 대한 반역으로 자신들에게 주어진 문제를 결코 스스로 해결하지 못했다. 이제 메시야가 누군지가 인류 역사에서 가장 중요한 문제가 되었다.

---

[90] "그들은 이스라엘 사람이라 그들에게는 양자 됨과 영광과 언약들과 율법을 세우신 것과 예배와 약속들이 있고 조상들도 그들의 것이요 육신으로 하면 그리스도가 그들에게서 나셨으니 그는 만물 위에 계셔서 세세에 찬양을 받으실 하나님이시니라 아멘" (롬 9:4-5)

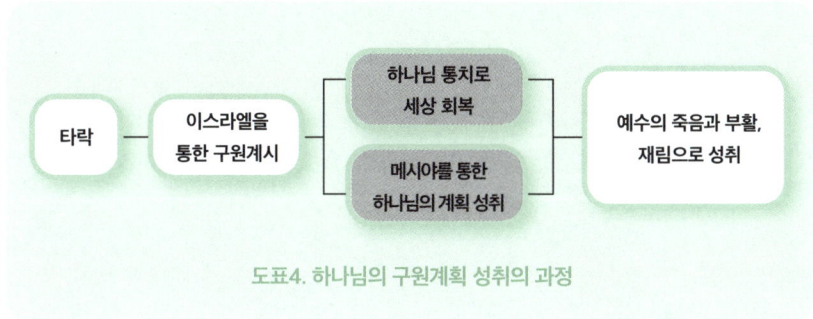

도표4. 하나님의 구원계획 성취의 과정

7. 적용과 토론

1) 이스라엘의 역사를 통해 드러난 하나님의 구원은 어떤 것인지 이해되는 대로 나누어봅시다.
2) 이스라엘의 역사는 당신과 어떤 관련이 있습니까?

8. 내용 정리하기

1) 인도자 Question (인도자가 제시하는 질문으로 의견을 나눕시다.)
2) 간증을 읽고 결단하기 (워크북에 제시)

9. 기도하며 마무리 하기 (워크북에 제시)

CHAPTER 04

예수 그리스도를 통한 구원

1. 이 과의 목적

창조와 타락, 이스라엘을 통해 계시된 하나님의 구원을 배웠다면, 이제 이 과를 통해 예수님께서 하나님나라를 가르치시고, 증거하시고, 죽음과 부활을 통해 성취하셨고, 그것이 구원의 핵심임을 양육함으로 예수 그리스도를 통한 구원을 총체적으로 이해하도록 돕는다. 앞서 하나님의 구원을 이루는데 실패한 이스라엘은 선지자들의 메시지를 통해 메시야를 소망하게 된다. 그리고 하나님께서 약속하신 대로 예수 그리스도께서 메시야로서 이 땅에 오셨다. 그 메시야께서 행하신 일이 바로 인류의 구원이다.

예수께서 이 땅에서 이루신 모든 사역의 목적은 하나님께서 계획하신 하나님나라의 성취이며, 그 나라의 온전한 완성은 예수의 재림으로 완성된다. 이러한 예수의 사역에서 가장 핵심적인 것은 그의 죽음과 부활이다. 이것이 어떻게 성도들의 삶에 하나님나라를 이루게 하는지 설명한다. 이를 통해 예수만이 하나님의 구원을 누리게 하실 유일한 소망이며 참 메시야임을 확신하게 한다.

2. 다함께 찬양하기

『찬양』 "아버지 사랑 내가 노래해"

아버지 사랑 내가 노래해 아버지 은혜 내가 노래해

그 사랑 변함 없으신 거짓 없으신 성실하신 그 사랑

상한 갈대 꺾지 않으시는 꺼져가는 등불 끄지 않는

그 사랑 변함 없으신 거짓 없으신 성실하신 그 사랑 사랑

그 사랑 날 위해 죽으신 날 위해 다시 사신 예수 그리스도

다시 오실 그 사랑 죽음도 생명도 천사도 하늘의 어떤 권세도

끊을 수 없는 영원한 그 사랑 예수

3. 말씀 묵상하기

행 26:21-23

"유대인들이 성전에서 나를 잡아 죽이고자 하였으나 하나님의 도우심을 받아 내가 오늘까지 서서 높고 낮은 사람 앞에서 증언하는 것은 선지자들과 모세가 반드시 되리라고 말한 것 밖에 없으니 곧 그리스도가 고난을 받으실 것과 죽은 자 가운데서 먼저 다시 살아나사 이스라엘과 이방인들에게 빛을 전하시리라 함이니이다 하니라"

4. 이 과의 포인트 잡기

1) 구약에서 예언된 구원과 관련하여 예수님이 무엇을 하기 위해 오신 것인지 정리한다.
2) 예수의 사역의 절정인 죽음과 부활은 어떻게 구원을 성취하는지 정리한다.

5. 여는 대화

1) 당신에게 예수님은 어떤 분이시며 당신의 삶에 어떤 의미가 있나요?
   ▶ 예수 그리스도를 개인적으로 어떻게 고백하며, 지금까지의 삶에 어떤 의미가 있었는지 실제적으로 나누게 한다. 이 대화를 통해 훈련생들이 주님을 주인으로 모시고 살아가고 있는지 파악해 보도록 하자.

6. 깊이 들어가기

1) 예수께서 세상에 오신 목적 : 하나님나라의 성취

① 구약의 성취로서의 하나님나라

구약을 통해 하나님께서 창조하신 세상이 인간의 반역을 통해 저주 아래 있게 되었고, 하나님께서는 세상을 다시 구원하실 것이라는 것이 분명해졌다. 그 구원은 죄로 타락한 백성을 하나님의 백성으로 삼아, 그들을 하나님의 말씀에 순종하게 하여 그들이 사는 땅을 회복시키는 것으로 시작하여, 결국 그들의 죽음 이후의 모든 형벌을 거두고 영원한 생명을 주는 것이다. 하나님의 통치를 벗어나 반역한 인간을 구원하여 주어질 이 땅의 회복과 내세의 영원한 생명을 '하나님나라'라고 한다. '예수께서 대답하시되 진실로 진실로 네게 이르노니 사람이 물과 성령으로 나지 아니하면 하나님의 나라에 들어갈 수 없느니라'(요 3:5)

② 하나님나라를 성취하실 메시야 : 예수

예수는 구약에서 약속하신 하나님나라를 성취하실 메시야로 이 세상에 오셨다. 하나님께서는 메시야이신 예수를 통해 온 인류의 죄를 사하고 하나님의 통치를 회복시킴으로 죄가 인류와 온 세상에 가져온 문제를 해결하실 것이라고 예언하셨다(슥 14:9, 11).[91] 이것이 바로 예수께서 이 세상에 오셔서 하려 하신 것이다. 복음서들은 이 하나님의 구원을 이루실 메시야가 바로 유대 땅에 오신 예수라고 증거한다. '아들을 낳으리니 이름을 예수라 하라 이는 그가 자기 백성을 그들의 죄에서 구원할 자이심이라 하니라 이 모든 일이 된 것은 주께서 선지자로 하신 말씀을 이루려 하심이니 이르시되 보라 처녀가 잉태하여 아들을 낳을 것이요 그의 이름은 임마누엘이라 하리라 하셨으니 이를 번역한즉 하나님이 우리와 함께 계시다 함이라'(마 1:21-23)

2) 예수께서 성취하신 삼위일체적 구원

① 삼위일체적 구원

예수께서 세상에 오셔서 이루신 구원은 삼위일체적 사역이다. 하나님께서는 이 구원을 계획하시고 이스라엘의 역사 속에 계시하셨고(엡 1:5),[92] 예수께서는 하나님의 계획에 순종하심으로 이 땅에 오시어 죽으심으로 그 구원을 성취하셨다(빌 2:8).[93] 하나님께서는 예수를 죽은 자 가운데서 살리셨고, 성령은 그 예수를 주로 고백하는 자들을 하나님의 백성으로 인치시며 하나님의 통치를 따라 살아가게 하심으로 그 구원을 보증하셨다. '그 안에서 너희도 진리의 말씀 곧 너희의 구원의 복음을 듣고 그 안에서 또한 믿어 약속의 성령으로 인치심을 받았으니'(엡 1:13)

② 계시된 삼위일체의 신비

삼위일체 하나님은 동등한 세 인격이 하나로 그 신비한 방식으로 존재하시면서 세상을

---

[91] "여호와께서 천하의 왕이 되시리니 그 날에는 여호와께서 홀로 한 분이실 것이요 그의 이름이 홀로 하나이실 것이라 사람이 그 가운데에 살며 다시는 저주가 있지 아니하리니 예루살렘이 평안히 서리로다" (슥 14:9, 11)
[92] "그 기쁘신 뜻대로 우리를 예정하사 예수 그리스도로 말미암아 자기의 아들들이 되게 하셨으니" (엡 1:5)
[93] "사람의 모양으로 나타나사 자기를 낮추시고 죽기까지 복종하셨으니 곧 십자가에 죽으심이라" (빌 2:8)

함께 창조하셨고, 예수를 통해 역사의 절정에서 함께 하셨으며(마 3:16-17),[94] 함께 세상을 구원하신다. 예수를 통한 하나님의 구원에는 삼위일체 하나님의 신비가 고스란히 계시되어 있다.

> "삼위일체 교리를 다룰 때 나는 성부와 성자와 성령의 사역을 창조와 구속과 구원의 적용 관점에서 분리시키는 위험을 지적했다. 신성의 모든 행동에서 각각의 위격이 관여한다. 각각의 위격은 이 경륜에서 감당해야 할 구분된 사역을 가지고 있지만, 모든 사역은 성부로부터, 성자 안에서, 성령을 통해 이루어진다." _ 마이클 호튼

3) 예수의 하나님나라 사역

① 예수의 하나님나라 사역

예수의 모든 사역은 하나님의 구원의 결과인 '하나님나라'를 성취하시는 사역이었다. 예수께서는 구약의 계시에 따라 하나님의 구원을 의미하는 '하나님나라'에 대해 선포하심으로 이 사역을 시작하셨다. 예수께서는 복음서에 기록된 수많은 가르침들을 통해 '하나님나라'가 무엇인지 가르치셨다(마 13:31).[95] 또한 이적들을 통해 하나님나라의 강력한 통치가 이 땅에 이미 왔으며, 이로 인해 이 땅은 죄로 인한 모든 문제들에서 회복될 것임을 보여주셨다. '해 질 무렵에 사람들이 온갖 병자들을 데리고 나아오매 예수께서 일일이 그 위에 손을 얹으사 고치시니(눅 4:40)' 결국 예수께서는 십자가에 죽으심으로 이 땅을 구원하시는 하나님의 사역을 성취하셨고, 부활하심으로 자신이 메시야임을 나타내셨다.

---

[94] "예수께서 세례를 받으시고 곧 물에서 올라오실새 하늘이 열리고 하나님의 성령이 비둘기 같이 내려 자기 위에 임하심을 보시더니 하늘로부터 소리가 있어 말씀하시되 이는 내 사랑하는 아들이요 내 기뻐하는 자라 하시니라" (마 3:16-17)
[95] "또 비유를 들어 이르시되 천국은 마치 사람이 자기 밭에 갖다 심은 겨자씨 한 알 같으니" (마 13:31)

② 아직 완성되지 않고 진행 중인 하나님나라

예수를 통한 하나님의 구원은 지금도 여전히 역사 가운데 진행 중이다. 하나님의 구원은 하나님의 통치가 이 땅에 회복됨으로 나타나는데, 하나님의 통치는 말씀을 따라 하늘 보좌 우편에 계신 예수를 주로 고백하며 성령의 인도하심을 따름으로 이 땅에 이루어지고 있다. 하나님의 구원은 예수의 재림과 더불어 완성된다. 이 예수를 주로 고백하는 사람들에게는 하나님의 구원이 주어진다. 그들은 은혜로 하나님의 백성으로서의 자격을 얻는다. 그들은 성령을 통해 하나님의 통치를 따라 살아가며, 이 땅에서 하나님나라를 누린다. 나아가 하나님나라의 도구로 이 땅을 회복시키는 하나님의 통치에 동참한다. '자녀이면 또한 상속자 곧 하나님의 상속자요 그리스도와 함께 한 상속자니'(롬 8:17a) 하나님께서는 그를 내세의 영원한 하나님나라에 동참하도록 초청하신다. 성령은 우리가 이 초청에 응하도록 인도하신다.

4) 예수의 죽음 : 어떻게 우리에게 하나님의 구원을 주는가?

① 속죄 제사로서의 죽음

예수께서는 죽음과 부활을 통해 하나님의 구원을 성취하셨다. 예수의 죽음과 부활은 어떻게 우리에게 하나님의 구원을 주는가?

예수께서 십자가에 죽으셨다. 십자가는 유대인들에게는 신의 저주를, 로마인들에게는 극악무도한 죄에 대한 징벌을 의미한다. 하지만 예수의 죽음은 한 위대한 인간의 억울한 죽음이 아니라, 하나님의 구원의 계획을 성취하는 속죄 제사이다(엡 1:7).[96] 이미 구약의 유월절 어린 양과 성전의 제사가 예수의 십자가 죽음을 예표한다. 예수의 십자가 죽음은 인

---

96 "우리는 그리스도 안에서 그의 은혜의 풍성함을 따라 그의 피로 말미암아 속량 곧 죄 사함을 받았느니라" (엡 1:7)

류의 죄를 대신하신 죽음이며, 인류의 죄를 사하는 죽음이다(딛 2:14).[97] 유월절 어린양과 레위 계열 제사장들의 모든 제사를 온전히 성취하신 죽음이다. '그가 거룩하게 된 자들을 한 번의 제사로 영원히 온전하게 하셨느니라'(히 10:14) 예수의 죽음 이후 성전의 휘장이 찢어진 것은 그의 죽음이 임마누엘 하나님의 구원의 약속이 이 땅에 성취되는 사건이라는 것을 보여주는 것이다(막 15:38).[98]

② 의롭게 하시는 예수의 죽음

따라서 예수의 십자가의 죽음은 우리의 죄를 깨끗하게 하여 하나님의 백성이 되게 하는 효력이 있다. 예수의 죽으심은 예수를 주로 고백하는 사람들에게 죄를 사하는 화목제사가 되어 의롭다 하심을 얻게 한다. '그리스도 예수 안에 있는 속량으로 말미암아 하나님의 은혜로 값 없이 의롭다 하심을 얻은 자 되었느니라 이 예수를 하나님이 그의 피로써 믿음으로 말미암는 화목제물로 세우셨으니 이는 하나님께서 길이 참으시는 중에 전에 지은 죄를 간과하심으로 자기의 의로우심을 나타내려 하심이니'(롬 3:24-25) 이렇게 예수의 십자가의 죽음은 '예수를 믿으면 십자가의 피로 우리의 죄를 사하시어 하나님의 백성이 되게 하는 방식으로' 우리에게 구원을 주신다. 예수께서는 하나님나라를 선포하시며 회개하라고 하셨고, 하나님나라에 들어오라고 초청하셨는데, 이 부르심에 대한 반응은 예수를 믿고 그 보혈을 의지하는 것이며, 그 결과 우리는 아무 공로 없이 믿음으로 하나님의 백성이 된다(엡 2:8).[99] 성령은 우리가 하나님의 자녀임을 우리 안에 증거하심으로 확신을 주시고(롬 8:16),[100] 우리는 회개하고 성령을 따라 삶의 열매를 맺음으로 성도라는 증거를 얻는다.

---

[97] "그가 우리를 대신하여 자신을 주심은 모든 불법에서 우리를 속량하시고 우리를 깨끗하게 하사 선한 일을 열심히 하는 자기 백성이 되게 하려 하심이라" (딛 2:14)
[98] "이에 성소 휘장이 위로부터 아래까지 찢어져 둘이 되니라" (막 15:38)
[99] "너희는 그 은혜에 의하여 믿음으로 말미암아 구원을 받았으니 이것은 너희에게서 난 것이 아니요 하나님의 선물이라" (엡 2:8)
[100] "성령이 친히 우리의 영과 더불어 우리가 하나님의 자녀인 것을 증언하시나니" (롬 8:16)

5) 예수의 부활 : 어떻게 우리에게 하나님의 구원을 주는가

① 이생과 내세의 새 생명의 보증으로서의 부활

예수의 부활은 우리에게 어떻게 하나님의 구원을 가져다주는가? 부활은 그가 메시야이며, 우리가 믿어야 할 하나님의 아들이요, 주라는 것을 증거한다. 부활은 우리가 예수를 믿게 하는 믿음을 창조한다. 나아가 예수의 부활은 우리의 이생과 내세의 새 생명을 보증한다. 하나님께서 십자가에 죽으신 예수를 살리신 것과 같이 예수를 믿은 자들에게 하나님의 통치를 따르는 이생에서의 새로운 삶을 보증하신다. '그러므로 우리가 그의 죽으심과 합하여 세례를 받음으로 그와 함께 장사되었나니 이는 아버지의 영광으로 말미암아 그리스도를 죽은 자 가운데서 살리심과 같이 우리로 또한 새 생명 가운데서 행하게 하려 함이라'(롬 6:4), 또한 예수의 부활은 예수를 믿는 자들에게 내세의 부활을 보증한다. '나팔 소리가 나매 죽은 자들이 썩지 아니할 것으로 다시 살아나고 우리도 변화되리라'(고전 15:52) 예수의 부활은 육체의 욕망을 따라 사망의 인생을 살아가던 우리에게 '성령을 따르는 새로운 삶과 내세에서의 몸의 부활을 보증하는 방식으로' 우리에게 하나님의 구원을 가져다준다.

② 진정한 소망, 예수 그리스도

위에서 살펴본 바와 같이 예수 그리스도는 죽음과 부활을 통해 우리에게 구원을 성취하셨다. 이 구원은 개인적인 차원에서 머무는 것이 아니라 이 땅에 하나님나라가 임함을 통해 이 땅의 모든 영역들이 회복되는 공적인 차원으로 확대된다. 또한 죽을 수밖에 없는 모든 인류에게 내세의 심판과 영원한 삶을 바라보면서 믿음 안에서 살아갈 수 있도록 소망을 준다(딤전 4:10).[101] 우리가 이 땅에서부터 하나님의 구원을 경험하며 살아간다면, 우리는 죽으시고 부활하신 예수의 증인이 된다.

---

[101] "이를 위하여 우리가 수고하고 힘쓰는 것은 우리 소망을 살아 계신 하나님께 둠이니 곧 모든 사람 특히 믿는 자들의 구주시라" (딤전 4:10)

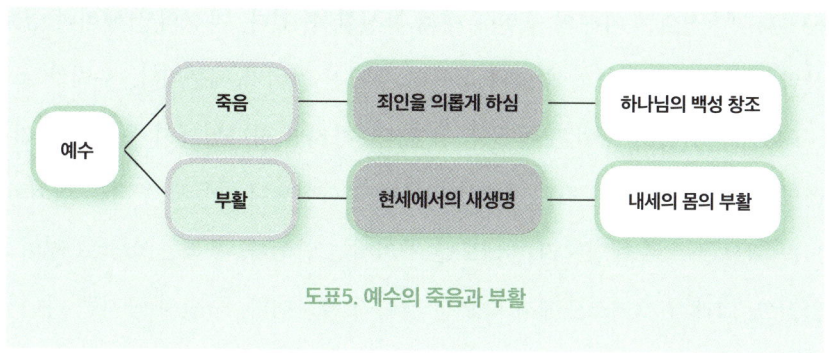
도표5. 예수의 죽음과 부활

6) 구원 받은 하나님의 백성으로서의 삶
① 구원의 확실성

하나님께서 택한 자들은 십자가에서 구원하신 예수 그리스도를 믿게 되는 성령의 역사를 체험한다. 구원은 우리가 무엇을 해서 얻는 것이 아니다. 구원은 인간의 의가 아닌 하나님의 의로 주어진다. 하나님께서 구원을 계획하시고, 구원하실 자를 택하시고, 예수를 세상에 보내어 대속의 죽음을 죽게 하시고, 택하신 자들에게 믿게 하셨다. 구원은 하나님께서 행하신 일로만 가능한 것이며, 우리는 구원에 어떤 영향을 미칠 수 없다. 우리는 하나님의 은혜로 하나님의 백성이 되었다. 우리의 행위가 아니라 하나님의 행위로 구원이 이루어졌으니, 하나님의 백성이 된 자들의 구원은 확실한 것이다. '그리스도 예수 안에 있는 속량으로 말미암아 하나님의 은혜로 값 없이 의롭다 하심을 얻은 자 되었느니라'(롬 3:24)

② 구원의 근거

예수 그리스도를 믿고 구원 받은 성도의 구원에 대해 우리는 어떤 문제도 제기할 수 없다(롬 8:31-34).[102] 성도는 자신의 구원에 대해 확신할 수 있다. 자신의 선행이나 공로가 아니라, 삼위일체 하나님의 사역에 의해 구원이 주어진 것이기 때문이다. 우리가 스스로의 공로로 구원을 얻었다면 구원은 확실할 수 없다. 하지만 하나님께서 우리를 구원하셨다면, 우리의 구원은 확실하다. 하나님께서 의롭다고 하셨으니 아무도 우리를 정죄할 수 없다. 성도는 죄를 스스로 책임지려는 태도를 가져서는 안된다. 우리는 스스로 죄의 책임을 질 수 없었고, 그래서 그리스도께서 죽으신 것이기 때문이다. 구원의 근거는 하나님의 구원 행위에 있다.

③ 구원의 증거로서의 삶의 열매

이제 우리에게 중요한 것은 주어진 구원을 확신하고, 영적 훈련을 통해 우리에게 남아 있는 죄의 영향을 끊어내는 것이다. 우리가 구원을 확신하는 것은 우리가 남은 삶을 어떻게 살아도 구원을 받을 수 있다는 경거망동한 생각에 확고함을 주기 위함이 아니다. 스스로 구원의 확신만 있고, 구원 받은 자로서의 삶의 증거가 없다면 문제가 심각하다. 성경에는 자신이 하나님의 백성임을 확신하지만, 하나님의 뜻대로 살아가지 않고 하나님의 가르침에서 떠나 불행하게 된 자들의 예가 수없이 많이 나온다.

구원을 받은 하나님의 백성은 하나님의 주권을 따라 하나님의 통치를 이뤄야 하는 사명을 갖는다. 따라서 경건의 훈련을 통해 새로운 삶을 추구해야 한다. 그러한 훈련은 하나님께 영광이 되며, 우리 자신에게는 매우 의미 있고 가치 있는 삶을 살아갈 수 있게 해 줄

---

[102] "그런즉 이 일에 대하여 우리가 무슨 말 하리요 만일 하나님이 우리를 위하시면 누가 우리를 대적하리요 자기 아들을 아끼지 아니하시고 우리 모든 사람을 위하여 내주신 이가 어찌 그 아들과 함께 모든 것을 우리에게 주시지 아니하겠느냐 누가 능히 하나님께서 택하신 자들을 고발하리요 의롭다 하신 이는 하나님이시니 누가 정죄하리요 죽으실 뿐 아니라 다시 살아나신 이는 그리스도 예수시니 그는 하나님 우편에 계신 자요 우리를 위하여 간구하시는 자시니라" (롬 8:31-34)

것이다. 영적 훈련을 통해 우리의 삶이 변하면 구원의 열매들이 나타난다(빌 1:10-11).[103] 그러한 열매들은 우리의 구원에 가장 확실한 증거가 된다. 나무가 어떤 나무인지는 열매로 알 수 있는 것이다.

> "결국 신앙의 승리는 자기를 비우고 그리스도께 온전히 의존함이며, 이러한 신앙의 완성을 위하여 하나님은 모든 성도의 실존 속에 개입하고 계심을 알아야 한다." _ 박영선

7. 적용 및 토론

1) 예수께서 이 세상에 하신 일은 무엇이며, 당신에게 어떤 의미가 있습니까?
2) 당신은 십자가에 죽으시고 부활하신 예수를 믿습니까? 그러면 당신에게는 어떤 구원의 약속이 보장됩니까?

8. 내용 정리하기

1) 인도자 Question (인도자가 제시하는 질문으로 의견을 나눕시다.)
2) 간증을 읽고 결단하기 (워크북에 제시)

9. 기도하며 마무리 하기 (워크북에 제시)

---

[103] "너희로 지극히 선한 것을 분별하며 또 진실하여 허물 없이 그리스도의 날까지 이르고" (빌 1:10-11)

CHAPTER 05 하나님나라의 도구, 교회

1. 이 과의 목적

　예수께서 세상에 오심으로 하나님나라가 성취되었지만, 그 나라는 주님의 재림 때에 완성된다. 그 과정이 바로 종말이다. 종말에 복음을 통해 하나님나라를 성취하기 위해 세워진 도구가 바로 교회다. 교회 시대를 사는 우리에게는 그리스도인의 정체성을 찾는 것과 함께 그 성도들의 모임인 교회의 본질을 분명히 파악하는 것이 필수적이다. 교회는 단지 믿는 사람들의 군집이 아니다. 하나님나라의 완성을 위해 공동체적으로 부여받은 목적이 있다. 그 목적과 사명을 깨달을 때 성도들의 교회는 하나님나라를 위해 존재하는 본연의 기쁨을 누리게 되며, 교회의 지체들은 신앙 생활에 참된 보람을 느끼게 될 것이다. 특히 교회에 대한 실망감이 크게 확산되어 있는 상황에서 하나님나라 관점으로 성경 전체의 이야기를 다루는 과정 속에 교회의 본질을 공유하는 본 과는 정말 중요한 내용이라 할 수 있다.

　이 과에서는 하나님나라를 완성해 나가는 성경 이야기 속에서의 교회의 정의, 교회의 역할, 교회의 지향점 등을 배운다. 그리고 이를 통해 자신이 속한 교회의 방향성을 점검하게 한다. 또한 교회 공동체가 하나님께서 부여하신 사명을 완수하는데 있어 성도 개개인은 어떤 역할을 감당해야 하는지를 깨닫게 한다.

2. 다함께 찬양하기

『찬양』 우리에겐 소원이 하나 있네

우리에겐 소원이 하나 있네 주님 다시 오실 그 날까지
우리 가슴에 새긴 십자가 사랑 나의 교회를 사랑케 하네
주의 교회를 향한 우리 마음 희생과 포기와 가난과 고난
하물며 죽음조차 우릴 막을 수 없네 우리 교회는 이 땅의 희망
교회를 교회되게 예뻴 예배되게 우릴 사용하소서
진정한 부흥의 날 오늘 임하도록 우리를 사용하소서

3. 말씀 묵상하기

마 16:18-19

"또 내가 네게 이르노니 너는 베드로라 내가 이 반석 위에 내 교회를 세우리니 음부의 권세가 이기지 못하리라 내가 천국 열쇠를 네게 주리니 네가 땅에서 무엇이든지 매면 하늘에서도 매일 것이요 네가 땅에서 무엇이든지 풀면 하늘에서도 풀리라 하시고"

4. 이 과의 포인트 잡기

1) 예수를 주로 고백하는 자들의 공동체인 교회를 이해한다.
2) 교회의 사명에 대해 정리하며, 교회 공동체의 일원으로 성도의 책임을 정리한다.

5. 여는 대화

1) 당신이 살아가는데 있어 교회는 어떤 유익을 줍니까?
▶ 교회에 대해 훈련생들이 어떤 이미지와 의미를 갖고 있는지 파악한다. 교회는 하나

님나라의 도구이며, 이 세상과 우리의 모든 문제를 해결하기 위해 주신 복의 통로임을 대화를 통해 확신을 주는 것이 좋을 것이다. 교회에 대한 상처가 있는 이들에게는 다른 이들의 대화를 통해 교회에 대한 소망을 갖게 하자.

2) 지금 우리 교회에서 진행되고 있는 다양한 사역들은 당신에게 어떤 의미가 있습니까?
▶ 훈련생들이 자신의 교회에서 진행되고 있는 사역이 하나님나라를 세우는데 중요한 의미가 있음을 인식하고 있는지 파악한다. 교회의 사역에 동참하고자 하는 소망을 갖도록 한다. 과거에 교회 사역에 동참했던 훈련생들이 있다면 훈련생들에게 긍정적인 영향을 주었는지 나눠 보자.

6. 깊이 들어가기

1) 하나님나라와 교회의 관계

① 예수의 성령에 대한 약속과 교회 이야기

예수께서는 부활하여 40일 정도 세상에 계셨고, 승천하시기 전에 성령이 임할 것이라고 약속하셨다(행 1:4-5).[104] 예수께서 승천하시고 예수의 말씀대로 성령이 임함으로 회개하여 예수를 주로 고백하는 사람들이 모여 공동체를 이루게 되었고, 교회 시대가 열렸다. 하나님의 창조, 인간의 반역, 이스라엘을 통해 계시된 하나님의 구원을 성취하신 예수님의 이야기의 다음은 바로 교회의 이야기이다. 교회의 이야기는 예수의 재림으로 하나님의 구원이 완성될 때까지 이어질 것이다. 신약 사도행전과 서신서와 요한계시록의 대부분은 바로 이 교회에 대한 이야기를 하고 있다.

---

[104] "사도와 함께 모이사 그들에게 분부하여 이르시되 예루살렘을 떠나지 말고 내게서 들은 바 아버지께서 약속하신 것을 기다리라 요한은 물로 세례를 베풀었으나 너희는 몇 날이 못되어 성령으로 세례를 받으리라 하셨느니라" (행 1:4-5)

② 하나님나라의 도구로서의 교회

이미 예수님께서 십자가에 달리시기 전에 교회를 세울 것이라고 말씀하셨다(마 16:18).[105] 이 말씀은 예수로 인하여 이 땅에 성취된 하나님나라가 예수의 재림으로 완성될 때까지 교회의 시대가 열릴 것이라는 것을 예고하는 것이었다. 교회는 갑자기 생긴 종교조직이 아니라 예수께서 선포하시고 성취하신 하나님나라와 관련된 필연적인 하나님의 계획이었다. 이 세상에서 교회는 예수 그리스도를 주로 영접함으로 이 땅에서 하나님의 구원을 누리는 사람들의 공동체이자 예수의 재림 때까지 하나님나라의 도구가 된다. 또한 교회는 예수께서 성취하신 하나님의 구원을 가져오는 이 땅의 유일한 소망이 된다.

> "당연히 예수님은 '교회'라는 명사(에클레시아)를 자주 사용하시는 것이 아니라 '나라'(바실레이아)에 대해 거듭해서 언급하신다. 그럼에도 불구하고 예수님은 이렇게 약속하셨다. "내가 … 내 교회를 세우리니 음부의 권세가 이기지 못하리라"(마 16:15-18). 중요한 문제는 '에클레시아'라는 단어가 몇 번이나 사용되고 있는지가 아니라 예수 그리스도가 자신의 말씀과 행동으로 실제로 자신의 교회를 세우셨는가 하는 것이다." _ 마이클 호튼

2) 하나님나라의 도구로서의 교회에 대한 바울의 설명

① 그리스도의 몸으로서의 교회

바울은 교회를 '그리스도의 몸'이며 '만물 안에서 만물을 충만하게 하시는 이의 충만함'이라고 정의한다(엡 1:23).[106] 교회는 예수를 머리, 즉 주로 고백하는 자들의 모임이다. 교회는 자원봉사를 위한 단체나 사회 운동을 위한 모임이 아니다. 또한 예수의 윤리적인 삶

---

[105] "또 내가 네게 이르노니 너는 베드로라 내가 이 반석 위에 내 교회를 세우리니 음부의 권세가 이기지 못하리라"(마 16:18)
[106] "교회는 그의 몸이니 만물 안에서 만물을 충만하게 하시는 이의 충만함이니라"(엡 1:23)

을 약간 동의하는 자들의 동호회도 아니다. 교회는 예수를 세상의 창조주요, 구원자요, 또한 자신의 삶의 주인으로 인정한 자들의 공동체이다. 나아가 예수를 통해 회복된 하나님과의 관계를 바탕으로 서로를 지체로 존중하며 인간의 참된 가치를 실현하는 공동체이다. '우리가 유대인이나 헬라인이나 종이나 자유인이나 다 한 성령으로 세례를 받아 한 몸이 되었고 또 다 한 성령을 마시게 하셨느니라'(고전 12:13)

② 하나님의 충만함으로서의 교회

그리스도의 몸으로서의 교회는 하나님을 떠나 모든 결핍으로 고통당하는 이 세상을 하나님의 구원으로 다시 채울 수 있다. 예수께서 잔치를 온전케 하신 것과 같이(요 2:11),[107] 예수를 통한 구원은 다시 우리를 하나님의 통치 가운데로 초청하심으로 우리와 이 세상의 모든 결핍을 채우신다. 따라서 교회는 예수의 복음을 전함으로 이 세상의 유일한 소망이 될 수 있는 것이다.

3) 교회 공동체의 영적 성장을 위해 필요한 것

① 영적 성장

영적으로 성장한다는 것은 하나님의 통치로 자신의 삶이 새롭게 변화되어 가는 것이다. 나아가 변화된 하나님의 백성들이 이루는 공동체의 존재방식이 하나님의 통치를 따르는 방식으로 변화되는 것이다. 이렇게 개인과 공동체의 존재방식이 하나님나라를 구현할 때 교회가 전하는 복음은 진정성을 입증할 수 있게 된다.

---

[107] "예수께서 이 첫 표적을 갈릴리 가나에서 행하여 그의 영광을 나타내시매 제자들이 그를 믿으니라" (요 2:11)

② 영적 성장의 네 가지 요소

그리스도인이 자신의 삶에 하나님나라를 이루기 위해서 무엇이 필요한가? ① 말씀으로 양육하며 삶의 모범을 보여줄 영적 스승(살전 2:7-8),[108] ② 예배와 기도와 말씀양육을 통한 은혜의 체험(벧후 3:18),[109] ③ 서로 사랑과 선행을 격려하며 인격의 성숙을 도모할 수 있는 공동체(히 10:24-25),[110] ④ 성장을 위한 끊임없는 열심과 노력(빌 2:12)[111]이 있어야 한다.

영적으로 성장하는 그리스도인들이 모인 공동체도 끊임 없이 성장해야 한다. 그리스도인의 공동체는 그 영적 특성에도 불구하고 연약한 인간으로 구성되어 있다. 따라서 영적으로 성숙한 공동체를 이루기 위해서는 서로의 역할들을 존중하는 가운데(고전 12:27),[112] 하나님의 뜻을 따라 공동체적 결정이 내려지도록 함께 기도하며(행 13:3),[113] 함께 모여 상의하여 거룩한 결론에 도달하도록 힘써야 한다(행 15:6).[114] 이러한 과정을 통해 공동체도 하나님의 통치를 따르는 영적 성숙에 이를 수 있다.

---

[108] "우리는 그리스도의 사도로서 마땅히 권위를 주장할 수 있으나 도리어 너희 가운데서 유순한 자가 되어 유모가 자기 자녀를 기름과 같이 하였으니 우리가 이같이 너희를 사모하여 하나님의 복음뿐 아니라 우리의 목숨까지도 너희에게 주기를 기뻐함은 너희가 우리의 사랑하는 자 됨이라" (살전 2:7-8)

[109] "오직 우리 주 곧 구주 예수 그리스도의 은혜와 그를 아는 지식에서 자라 가라 영광이 이제와 영원한 날까지 그에게 있을지어다" (벧후 3:18)

[110] "서로 돌아보아 사랑과 선행을 격려하며 모이기를 폐하는 어떤 사람들의 습관과 같이 하지 말고 오직 권하여 그 날이 가까움을 볼수록 더욱 그리하자" (히 10:24-25)

[111] "그러므로 나의 사랑하는 자들아 너희가 나 있을 때뿐 아니라 더욱 지금 나 없을 때에도 항상 복종하여 두렵고 떨림으로 너희 구원을 이루라" (빌 2:12)

[112] "너희는 그리스도의 몸이요 지체의 각 부분이라" (고전 12:27)

[113] "이에 금식하며 기도하고 두 사람에게 안수하여 보내니라" (행 13:3)

[114] "사도와 장로들이 이 일을 의논하러 모여" (행 15:6)

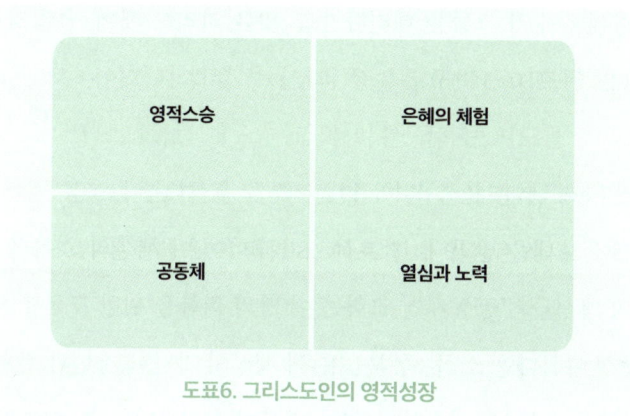

도표6. 그리스도인의 영적성장

4) 교회의 사명

① 하나님나라의 도구로서의 교회의 사명

교회가 하나님나라의 도구라면 교회의 사명은 무엇인지에 대해 구체적으로 정리가 필요하다. 먼저 하나님나라를 어떻게 설명하는지가 중요하다. 김세윤은 하나님나라를 대상적, 영역적, 역동적 의미로 설명했다. 이에 따라 하나님나라를 백성(대상적), 땅(영역적), 주권(역동적)의 세 요소로 정리한다면, 이 세 용어를 따라 교회의 사명을 정리하는 것이 합당하다.

② 교회는 하나님의 백성을 불러 모으는 도구이다.

이 세상은 하나님을 거부하고 하나님과 단절된 상태에 있다. 이러한 가운데 교회는 예수 그리스도를 믿도록 선포함으로 하나님의 백성을 불러 모으는 도구가 되어야 한다. 예수께서 온 세상에 다니며 복음을 전파하라고 말씀하신 의미는 일차적으로 예수를 믿는 하나님의 백성을 불러 모으라는 선교적 명령이다. '이르되 주 예수를 믿으라 그리하면 너와 네 집이 구원을 받으리라 하고 주의 말씀을 그 사람과 그 집에 있는 모든 사람에게 전하더라 그 밤 그 시각에 간수가 그들을 데려다가 그 맞은 자리를 씻어 주고 자기와 그 온 가족이 다 세례를 받은 후'(행 16:31-33)

③ 교회는 이 땅의 회복을 위한 도구여야 한다.

교회는 이 땅에 보냄을 받았다. 기본적으로 교회는 이 세상의 회복을 위해 존재한다. 따라서 하나님의 백성들의 공동체인 교회는 이 땅의 회복을 위한 도구로 역할을 감당해야 한다. 세상에 주신 아름다운 소식, 즉 복음은 이 세상의 가난한 자들과 갇힌 자들과 포로된 자들을 해방하는 것이다. '주 여호와의 영이 내게 내리셨으니 이는 여호와께서 내게 기름을 부으사 가난한 자에게 아름다운 소식을 전하게 하려 하심이라 나를 보내사 마음이 상한 자를 고치며 포로된 자에게 자유를, 갇힌 자에게 놓임을 선포하며'(사 61:1) 이제 우리는 하나님을 떠나 정의를 잃어버린 이 세상에 하나님의 정의가 회복되도록 힘써야 한다. 이에 대한 한 예로 바울은 빌레몬에게 신분제도를 넘어 형제애를 요구했다(몬 1:16).[115] 종을 형제로 대하는 것은 하나님께서 원하시는 이 땅의 회복의 단면이다.

④ 교회는 하나님의 주권(통치)을 구현하는 도구여야 한다.

교회는 하나님이 통치하시는 하나님나라의 도구이다. 따라서 교회는 하나님의 통치가 구현되는 공동체가 되는 것을 목표로 해야 한다. 하나님의 통치가 구현되려면 하나님의 백성들을 불러 모으는 것에 그치지 않고 하나님의 말씀을 가르쳐 지키게 하는 세계관적 변화를 시도해야 한다. 교회는 모든 사람들로 예수를 믿게 하며, 그들에게 하나님의 말씀을 가르쳐 지키도록 양육함으로 하나님의 주권을 선포하는 도구가 될 수 있다. '빌기를 다하매 모인 곳이 진동하더니 무리가 다 성령이 충만하여 담대히 하나님의 말씀을 전하니라

---

[115] "이 후로는 종과 같이 대하지 아니하고 종 이상으로 곧 사랑 받는 형제로 둘 자라 내게 특별히 그러하거든 하물며 육신과 주 안에서 상관된 네게랴" (몬 1:16)

믿는 무리가 한마음과 한 뜻이 되어 모든 물건을 서로 통용하고 자기 재물을 조금이라도 자기 것이라 하는 이가 하나도 없더라'(행 4:31-32)

⑤ 스스로를 복음화해 나가는 교회 공동체

그리스도인의 공동체는 스스로를 계속해서 복음화해야 한다. 말씀을 강론함으로 예수를 믿는 도의 초보에서 벗어나 종교적 형식을 넘어 하나님의 통치가 온전히 이루어지는 것을 사모하며 나아가야 한다. 바울은 빌립보 교회 성도들에게 교회 공동체 구성원들이 더욱 성숙하도록 권면하고 도우라고 명령한다. '내가 유오디아를 권하고 순두게를 권하노니 주 안에서 같은 마음을 품으라 또 참으로 나와 멍에를 같이한 네게 구하노니 복음에 나와 함께 힘쓰던 저 여인들을 돕고 또한 글레멘드와 그 외에 나의 동역자들을 도우라 그 이름들이 생명책에 있느니라'(빌 4:2-3) 언제나 그리스도인과 교회 공동체의 목표는 계속해서 성장하여 하나님의 통치가 온전히 이루어지는 것을 소망해야 한다. 비록 온전함에 도달하지 못할지라도, 교회 공동체의 목적은 사람들을 교회에 나오게 하는 것이 아니라, 하나님의 말씀이 공동체의 모든 구성원과 공동체의 존재방식을 변화시키는 데 있다.

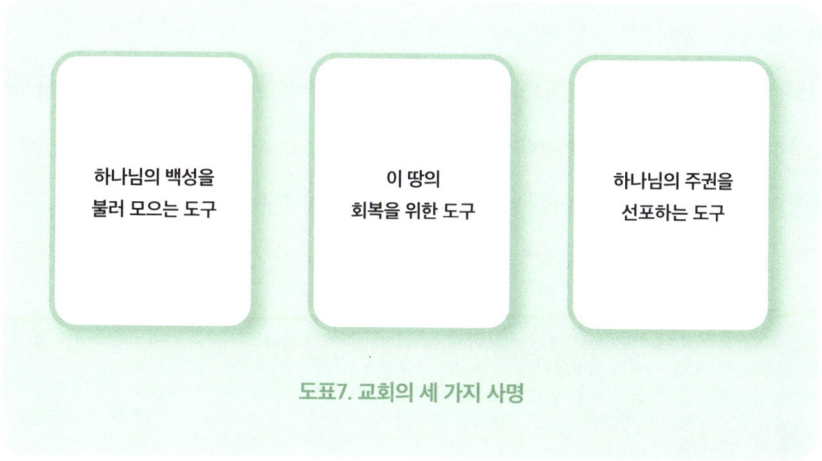

도표7. 교회의 세 가지 사명

> "성령 안에서 예수 그리스도께 연합되어 하나가 되어야 하는 교회, 믿음이 하나인 교회, 사도들의 복음의 순결성에 충성스러운 교회는 또한 그리스도를 닮아 성장해 가며, 그리스도 안에서 새로운 인류의 시작으로 세상적인 분열을 초월하는 이 땅 위의 하나님의 백성이 되어야 하는 것이다."
>
> 에드먼드 클라우니

5) 교회 공동체를 구성하는 성도들의 사명

① 바울의 동역자들

바울은 로마서를 마치면서 자신의 동역자들을 소개한다. 뵈뵈, 브리스가와 아굴라 부부 등 많은 성도들의 섬김으로 교회들을 세우고 복음 사역을 감당했다고 고백한다(롬 16:3-4).[116] 교회 공동체의 구성원들은 각자의 부르심과 은사에 따라 교회 공동체를 위해, 나아가 세상에 복음을 전하기 위해 하나님께서 세우신 동역자들이다.

② 교회의 다양한 사역

교회 공동체가 복음 사역을 하기 위해 필요한 다양한 사역들이 있다. 이에 성도들은 예배, 교육, 새가족, 중보기도, 구제 등의 사역에 자신의 달란트로 동참하여 복음 사역이 온전케 되도록 섬겨야 한다(살전 5:14-15).[117] 나아가 복음에 충만한 성도들은 하나님나라를 누리며 살아가는 동시에 이 세상 속에서 자신에게 맡겨진 다양한 삶의 영역, 즉 가정과 직장과 자신의 전문 분야들에서 하나님나라를 세워나가야 한다.

---

[116] "너희는 그리스도 예수 안에서 나의 동역자들인 브리스가와 아굴라에게 문안하라 그들은 내 목숨을 위하여 자기들의 목까지도 내놓았나니 나뿐 아니라 이방인의 모든 교회도 그들에게 감사하느니라" (롬 16:3-4)
[117] "또 형제들아 너희를 권면하노니 게으른 자들을 권계하며 마음이 약한 자들을 격려하고 힘이 없는 자들을 붙들어 주며 모든 사람에게 오래 참으라 삼가 누가 누구에게든지 악으로 악을 갚지 말게 하고 서로 대하든지 모든 사람을 대하든지 항상 선을 따르라" (살전 5:14-15)

③ 하나님나라를 위한 재정

모든 교회 공동체의 구성원들은 근면하고 성실한 삶으로 얻어진 물질을 복음 사역을 위해 하나님께 드린다. 이렇게 세상의 물질을 모으는 과정 자체는 자본주의적 삶의 방식에 저항하는 하나님나라 백성의 존재 방식이다. 이에 교회 공동체는 건강한 의사소통을 통해 교회의 본질적 사역과 선교적 사명, 소외된 이웃들의 구제 등을 위해 모여진 재정을 선한 방법으로 사용해야 한다. 바울은 마게도냐 성도들이 자원하여 재정을 모아 섬기는 것을 칭찬한다(고후 8:3-4).[118]

7. 적용 및 토론

1) 교회는 세상의 유일한 소망이 될 수 있습니까?
2) 당신의 영적 성장을 위해 필요한 요소는 무엇입니까?
3) 교회 공동체 구성원으로서 성도들의 사명은 무엇입니까? 당신은 사명을 잘 감당하고 있는지 평가해봅시다.

8. 내용 정리하기

1) 인도자 Question (인도자가 제시하는 질문으로 의견을 나눕시다.)
2) 간증을 읽고 결단하기 (워크북에 제시)

9. 기도하며 마무리 하기 (워크북에 제시)

---

[118] "내가 증언하노니 그들이 힘대로 할 뿐 아니라 힘에 지나도록 자원하여 이 은혜와 성도 섬기는 일에 참여함에 대하여 우리에게 간절히 구하니" (고후 8:3-4)

CHAPTER 06 성령을 따라 살아가는 삶

1. 이 과의 목적

지금까지 하나님의 계시의 말씀인 성경을 통해 하나님께서 이 세상을 어떻게 회복하시는지 살펴보았다. 하나님께서는 예수 그리스도를 통해 성도들과 언약관계를 맺으시며, 그 성도들의 순종을 통해 하나님의 통치를 실현시키며 이 땅을 회복시키신다. 그러나 이 위대한 하나님의 일은 인간의 연약함을 고려할 때 타락한 인간의 결심만으로는 절대 불가능하다. 이 부분은 이미 이스라엘의 역사를 통해 입증되었다. 영향력 있는 그리스도인이 되기 위해서는 성도들의 내면에서 실제적으로 역사하시며 하나님의 나라를 이루시는 성령에 대해 알아야 한다. 오늘날 성령 하나님과 관계된 수많은 문제와 부작용들은 그 분이 어떤 분이신가, 그 사역의 목적과 방식, 그 의미는 무엇인가 하는 것에 대한 무지에서 비롯되었다.

이 과에서는 성령에 대해 배우며, 현재 성도들이 갖고 있는 성령에 대한 다양한 편견과 오류를 교정한다. 또한 성령을 따라 살아갈 때만, 자신의 욕망을 이기고 하나님의 통치에 순종할 수 있음을 깨닫게 한다. 참된 그리스도인으로 승리하기 위해 성령 충만을 소망하도록 양육하자. 특히 본 과를 양육하는 과정에서 앞 부분의 대화를 통해 양육을 받는 이들이 가지고 있는 성령에 대한 편견과 무지를 이해하고, 교회 전체가 건강한 성령론으로 통일되어야 할 것이다. 교회가 건강한 신앙으로 하나되는 것은 교회를 건강하게 세워가는 목회에 있어 매우 중요하다.

2. 다함께 찬양하기

『찬양』 오소서 진리의 성령님

오소서 진리의 성령님 이 땅 흔들며 임하소서

거짓과 탐욕 죄악에 무너진 우리 가슴 정케 하소서

오소서 은혜의 성령님 하늘 가르고 임하소서

거룩한 불꽃 하늘로서 임하사 타오르게 하소서 주 영광 위해

부흥의 불길 타오르게 하소서 진리의 말씀 이 땅 새롭게 하소서

은혜의 강물 흐르게 하소서 성령의 바람 이 땅 가득 불어와

흰 옷 입은 주의 순결한 백성 주의 영광 위해 이제 일어나

열방을 치유하며 행진하는 영광의 그 날을 주소서

3. 말씀 묵상하기

엡 5:15-18

"그런즉 너희가 어떻게 행할지를 자세히 주의하여 지혜 없는 자 같이 하지 말고 오직 지혜 있는 자 같이 하여 세월을 아끼라 때가 악하니라 그러므로 어리석은 자가 되지 말고 오직 주의 뜻이 무엇인가 이해하라 술 취하지 말라 이는 방탕한 것이니 오직 성령으로 충만함을 받으라"

4. 이 과의 포인트 잡기

1) 성령의 사역에 대해 이해한다.

2) 성령 충만한 삶을 살기 위해 필요한 것은 무엇인지 정리한다.

5. 여는 대화

1) 당신은 성령을 체험했습니까? 성령을 체험했다고 여겨지는 경험들에 대해 나눠 봅시다.

▶ 훈련생들이 어떤 성령의 실제 경험들이 있었는지 파악한다. 성령 체험이라고 하면 신비한 일을 생각할 수도 있으므로 자신에게 느껴진 신앙적 체험을 이야기하도록 한다. 대화의 과정에서 그리스도인 모두에게 성령의 인도하심이 있었으며, 성령의 인도하심을 통해 우리가 하나님나라를 누릴 수 있음을 강조해 주도록 한다. 성령 체험에 대한 편견을 없애고, 죄를 깨닫게 하시고 회개하게 하시는 성령의 역사하심을 공감하도록 한다.

2) 자신이 성령 충만한 삶을 살았다고 말할 수 있는 시기의 특징은 무엇이었습니까?

▶ 1번 질문과 연결하여 훈련생들의 성령 충만에 대한 인식과 이해도를 파악한다. 자신이 성령 충만한 시기를 나누면서, 진정한 성령 충만의 특징은 변화와 회개에 있음을 강조하는 방향으로 대화를 이끈다. 전반적으로 이 과에서는 하나님나라를 개인에게 성취하시는 성령의 역사하심에 대해 공통의 이해를 갖게 하며, 성령 충만을 소망하게 하자.

6. 깊이 들어가기

1) 삼위일체 하나님의 구원 사역과 성령

① 성령에 대한 정확한 이해의 중요성

우리는 삼위일체 하나님에 대한 완벽한 지식을 갖기 어렵다. 하나님은 인간과 다른 본질을 가진 존재이시기 때문이다. 특히 성령에 대하여는 많은 오해들이 있는 것이 사실이다. 이에 성령에 대해 성경의 다양한 가르침들을 근거로 하여 정확한 이해를 하는 것은 너무나 중요하다. 우리가 갖는 성령에 대한 오해는 하나님의 구원에 대하여, 예수의 하나님 나라 복음 선포에 대하여 또 다른 오해를 만들어낼 수밖에 없기 때문이다.

② 하나님의 영과 예수 그리스도의 영이신 성령

삼위일체 하나님은 이 세상을 창조하시고 섭리하시는 사역에서부터 타락한 세상을 구원하시는 모든 사역에 동일한 뜻과 의지를 가지시고 상호 의논하고 순종하신다. 성부 성자 성령 삼위 하나님은 영원부터 선재하셨지만(창 1:2, 요 1:2),[119] 하나님께서 계획하신 구원을 성취하시기 위하여 예수님께서 오셨고, 예수께서 승천하신 이후에는 성령님께서 오셨다. '그러나 내가 너희에게 실상을 말하노니 내가 떠나가는 것이 너희에게 유익이라 내가 떠나가지 아니하면 보혜사가 너희에게로 오시지 아니할 것이요 가면 내가 그를 너희에게로 보내리니'(요 16:7) 따라서 기본적으로 성령의 사역은 하나님께서 계획하시고 예수께서 성취하신 타락한 세상의 회복으로서의 구원을 이 세상에 완성시켜 가시는 분이라 할 수 있다. 하나님나라의 도구로서의 교회를 통해 성령은 하나님의 구원을 완성시켜 가시는 분이다. 따라서 하나님의 통치의 회복으로서의 구원은 십자가에 죽으시고 부활하신 예수의 주되심으로 성취되며, 성령의 인도하심으로 구체화된다. 성령은 하나님의 구원을 세상에 구체화시키는 하나님의 영이시며, 그리스도의 영이다. '만일 너희 속에 하나님의 영이 거하시면 너희가 육신에 있지 아니하고 영에 있나니 누구든지 그리스도의 영이 없으면 그리스도의 사람이 아니라'(롬 8:9)

---

[119] "땅이 혼돈하고 공허하며 흑암이 깊음 위에 있고 하나님의 영은 수면 위에 운행하시니라" (창 1:2)
"그가 태초에 하나님과 함께 계셨고" (요 1:2)

> "그 분은 삼위일체의 한 위이시며, 성부 및 성자와 동등하시다. 삼위의 사역은 구별되는데, 성부는 계획하시고 성자는 성취하시며 성령은 적용하신다. 세 분이 각각 자기의 사역을 감당하심으로써 하나님의 뜻을 이루어내신다." _노만 가이슬러

2) 성령 : 예수를 믿게 하시며, 하나님의 통치를 구현하시는 영

① 예수의 성령에 대한 가르침

예수께서는 십자가에 달리시기 전에 보혜사(헬, 파라클레토스) 성령께서 오실 것이라고 말씀하셨다. 부활 후에도 예수께서는 성령의 임재를 기다리라고 말씀하신다(눅 24:49).[120] 이 말씀은 그동안 성령께서 세상을 구원하시는 일에 동참하시지 않았다는 뜻이 아니고, 예수의 승천 이후에 그를 믿는 하나님의 백성들에게 보편적으로 내재하셔서 하나님의 구원을 보증하는 시대가 열릴 것이라는 의미이다.

② 하나님의 구원을 적용하시는 성령님

성령께서는 예수를 통한 하나님의 구원의 진리를 하나님의 백성들에게 알게 하시고, 구원 받은 백성들 안에 계셔서 그들이 육체와 마음의 욕망대로 살지 않고 하나님의 통치에 순종하게 하신다(요 16:13).[121] 또한 하나님의 백성들을 공동체로 모으시고 복음 안에서 하나됨을 유지하신다. 우리의 삶을 인도하시어, 사탄의 통치를 끝내고 새로운 삶을 살아가게 하신다. '우리를 너희와 함께 그리스도 안에서 굳건하게 하시고 우리에게 기름을 부으신 이는 하나님이시니 그가 또한 우리에게 인치시고 보증으로 우리 마음에 성령을 주셨

---

[120] "볼지어다 내가 내 아버지께서 약속하신 것을 너희에게 보내리니 너희는 위로부터 능력으로 입혀질 때까지 이 성에 머물라 하시니라" (눅 24:49)
[121] "그러나 진리의 성령이 오시면 그가 너희를 모든 진리 가운데로 인도하시리니 그가 스스로 말하지 않고 오직 들은 것을 말하며 장래 일을 너희에게 알리시리라" (요 16:13)

느니라'(고후 1:21-22)

3) 성령의 열매
① 신비한 성령의 현상들

성령을 떠올리면 광신적인 신비한 현상을 연상하기 쉽다. 물론 성령의 다양한 은사 중에는 신비한 현상도 있다. 하지만 그것은 성령의 다양한 은사 중 일부에 불과하다. 그러므로 그러한 현상을 절대화하거나 금기시해서는 안된다. 신비한 현상은 성령이 없이도 일어날 수 있기 때문에 신비한 현상들을 성령의 열매로 단정해서는 안되며, 신자들 안에서 일어나는 신비한 은사들을 편견을 가지고 바라보지 않아야 한다. '다 병 고치는 은사를 가진 자이겠느냐 다 방언을 말하는 자이겠느냐 다 통역하는 자이겠느냐 너희는 더욱 큰 은사를 사모하라 내가 또한 가장 좋은 길을 너희에게 보이리라'(고전 12:30-31)

② 중요한 것은 성령의 열매

중요한 것은 우리 안에 내주하시는 성령의 최종적인 열매가 무엇인지이다. 성령의 열매는 풍성한 공동체, 풍성한 복음 전파, 하나님의 통치가 구현된 변화된 삶이다. '오직 성령의 열매는 사랑과 희락과 화평과 오래 참음과 자비와 양선과 충성과 온유와 절제니 이같은 것을 금지할 법이 없느니라'(갈 5:22-23) 성령은 각 사람들에게 다양한 은사를 주시지만 분열시키지 않으시고, 하나되어 공동체를 세우게 하신다. 성령은 하나님의 말씀을 각 사람에게 적용하여 각자 다른 상황 속에서 신비한 능력으로 하나님의 통치를 회복하며 하나님의 구원을 성취하신다. 따라서 성령의 인도하심을 따라 존재하는 공동체는 하나님나라를 드러내며, 성령의 인도하심을 따라 존재하는 개인은 삶 속에서 하나님나라를 맛본다. 성령의 인도하심을 따라 존재하는 교회를 통해 하나님의 통치가 침투하여 이 세상에 복음의 진정한 전파가 가능해진다.

> "먼저 성령님은 우리가 죄인임을 깨닫게 하신다. 성령님은 찌르는 막대기처럼 우리의 양심을 찔러서 죄를 깨닫게 하신다. 세속적 의미에서든 영적 의미에서든 간에 인간의 죄의 본질을 과소평가하는 사람은 누구나 복음을 왜곡시키는 것이다." _ 데이빗 매캐나

4) 성령을 따라 살아간다는 것

① 성령의 인도하심을 따라 살아가는 것

인류는 하나님을 반역하고 스스로 만들어낸 삶의 방식을 따라 살아간다. 이러한 삶의 방식으로부터 다시 하나님의 통치를 따라 살아가는 삶의 방식으로 변화시키는 것이 하나님께서 인류에게 제시한 복음의 일차적인 목적이다. '내가 이르노니 너희는 성령을 따라 행하라 그리하면 육체의 욕심을 이루지 아니하리라'(갈 5:16) 하나님의 통치를 벗어난 인류의 삶의 방식은 자신의 욕망을 따라 살아가는 삶의 방식이다. 이러한 삶에는 하나님의 진노하심이 따른다(골 3:5-6).[122] 우리가 회개하고 십자가의 예수를 믿는다는 것은 바로 이러한 삶의 방식을 버리고 새로운 삶의 방식으로 살아가게 되는 것을 의미하는데, 이것이 바로 성령의 인도하심을 따라 살아가는 것이다. 예수를 믿고 성령의 인도하심을 따라 살아가면 성령의 능력이 육체의 욕심을 제어하며 새로운 삶을 살아가게 하신다.

② 성령의 충만함에 대한 소망

성령의 인도하심을 따라 살아가기 위해서 우리는 말씀으로 새로운 세계관을 정립하고, 세상의 염려와 자신의 욕망을 주님 앞에 내어 놓고 기도하며 하나님의 뜻을 구해야 한다. 나의 의지적 결단으로 육체의 욕망을 이길 수 없다는 것은 경험적으로나 성경적으로나 입

---

[122] "그러므로 땅에 있는 지체를 죽이라 곧 음란과 부정과 사욕과 악한 정욕과 탐심이니 탐심은 우상 숭배니라" (골 3:5-6)

증된 것이다. 우리 안에는 우리의 욕망과 성령의 인도하심 사이에서 내적 갈등이 나타난다. '육체의 소욕은 성령을 거스르고 성령은 육체를 거스르나니 이 둘이 서로 대적함으로 너희가 원하는 것을 하지 못하게 하려 함이니라'(갈 5:17) 세상의 방식으로 나의 욕망들을 채우는 삶에서 벗어나 하나님과의 교제 안에서 성령의 충만함을 소망함으로 우리는 하나님의 구원을 풍성히 누리는 삶을 살아갈 수 있다.

7. 적용과 토론

1) 성령은 어떤 분이십니까? 성령님의 사역을 정리해봅시다.
2) 당신의 삶은 육체의 욕망의 지배를 받고 있습니까? 성령의 인도하심을 받고 있습니까?
3) 성령의 인도하심을 따라 살아가기 위해 당신에게 필요한 결단은 무엇입니까?

8. 내용 정리하기

1) 인도자 Question (인도자가 제시하는 질문으로 의견을 나눕시다.)
2) 간증을 읽고 결단하기 (워크북에 제시)

9. 기도하며 마무리 하기 (워크북에 제시)

CHAPTER 07 하나님나라의 완성

1. 이 과의 목적

성경의 끝은 하나님나라의 완성이다. 창조로부터 시작된 이 세상의 타락한 역사는 하나님나라의 완성으로 나아가고 있으며, 이는 예수 그리스도의 재림으로 이루어진다. 이러한 성경의 이야기에 따르면 이 시대는 하나님나라의 완성이 가까운 종말의 시대라 정의할 수 있다. 성경은 이 종말의 때에 사단의 역사가 더욱 활발하여진다고 말한다. 이러한 시대에 그리스도인들은 흔들리지 말고 계속해서 현재의 하나님의 나라를 누리면서 동시에 하나님나라의 완성을 기대하는 삶을 살아야 한다.

이 과에서는 성경 이야기의 끝이자, 세상의 끝인 하나님나라의 완성에 대해, 그 과정에 대해 살펴볼 것이다. 그리고 세상의 끝이 오기 전에 죽음에 이르는 성도의 개인적 종말에 대해서도 분명히 정리하게 될 것이다. 이를 통해 성도들 개인의 종말 뿐 아니라 이 세상의 종말에 대해 분명한 인식을 갖게 하며, 종말을 살아가는 그리스도인과 교회에게 성경이 요구하는 삶의 자세는 무엇인가를 깨닫게 한다.

2. 다함께 찬양하기

『찬양』 "우리 보좌 앞에 모였네"

우리 보좌 앞에 모였네 함께 주를 찬양하며
하나님의 사랑 그 아들 주셨네 그의 피로 우린 구원받았네
십자가에서 쏟으신 그 사랑 강 같이 온 땅에 흘러
각 나라와 족속 백성 방언에서 구원받고 주 경배드리네
구원하심이 보좌에 앉으신 우리 하나님과 어린 양께 있도다 (X2)

3. 말씀 묵상하기

계 18:19-20

"티끌을 자기 머리에 뿌리고 울며 애통하여 외쳐 이르되 화 있도다 화 있도다 이 큰 성이여 바다에서 배 부리는 모든 자들이 너의 보배로운 상품으로 치부하였더니 한 시간에 망하였도다 하늘과 성도들과 사도들과 선지자들아, 그로 말미암아 즐거워하라 하나님이 너희를 위하여 그에게 심판을 행하셨음이라 하더라"

4. 이 과의 포인트 잡기

1) 하나님나라의 완성의 과정으로서 이미 시작된 종말에 대해 이해한다.
2) 종말을 살아가는 성도의 삶과 죽음의 의미에 대해 정리한다.

5. 여는 대화

1) 자신의 죽음에 대하여 자주 생각하십니까? 죽음을 생각하면 어떤 느낌이 드십니까?
▶ 훈련생들이 개인의 삶에서 하나님나라의 관점에서 죽음을 생각하며 영생의 삶을 소

망하는지 여부를 알아본다. 의외로 죽음에 대해 생각하고, 두려워하는 이들이 많다. 진술하게 이야기에 귀를 기울여 보도록 하자.

2) 당신은 역사의 끝에 관하여 어떤 생각, 혹은 어떤 시나리오를 가지고 있습니까?
▶ 훈련생들이 세상 역사의 결론에 대해 어떤 시각을 갖고 있는지 파악한다. 불가지론도 있을 것이며, 영화나 시한부 종말론 이단 등으로 막연한 두려움이 있는 이들도 있을 것이다. 세상의 역사는 하나님나라를 완성해 가는 과정 중에 있음을 인지하도록 하게 하자. 대화의 과정에서 개인의 죽음과 역사의 끝은 모두 하나님께서 창조를 완성하시는 과정이며, 성경에 분명한 가르침이 있음을 주지하도록 한다.

6. 깊이 들어가기

1) 성경 이야기의 끝

① 성경 이야기의 끝 : 하나님나라의 완성

성경 이야기의 처음은 하나님의 창조였다. 하지만 타락으로 이 세상은 변질되었다. 성경은 구약에 계시된 대로 예수 그리스도를 통한 하나님 구원의 이야기에서 절정을 이룬다. 예수를 통해 성취된 하나님의 구원으로서의 하나님나라는 교회를 통해 만물을 회복하는 방식으로 이 땅에 성취된다. 그리고 마지막으로 성경은 예수 그리스도를 통하여 시작된 하나님나라가 예수의 재림으로 완성된다고 말한다. '이르되 갈릴리 사람들아 어찌하여 서서 하늘을 쳐다보느냐 너희 가운데서 하늘로 올려지신 이 예수는 하늘로 가심을 본 그대로 오시리라 하였느니라'(행 1:11)

② 예수의 재림을 통한 완성

예수께서는 재림을 통한 세상의 끝을 이야기하셨다. 사도들은 세상의 끝에 대해서 가르쳤다(살전 5:1-2).[123] 요한은 하나님나라의 완성으로서 이 세상의 멸망과 새 하늘과 새 땅을 가르친다. '또 내가 새 하늘과 새 땅을 보니 처음 하늘과 처음 땅이 없어졌고 바다도 다시 있지 않더라 또 내가 보매 거룩한 성 새 예루살렘이 하나님께로부터 하늘에서 내려오니 그 준비한 것이 신부가 남편을 위하여 단장한 것 같더라'(계 21:1-2)

창조로 시작된 이 세상의 역사는 타락한 세상을 구원하는 하나님의 사역으로 완성을 향해 나아간다. 이것은 이 타락한 세상이 점점 더 온전히 회복되어 아름다워진다는 말이 아니다. 비록 이 세상은 더욱 악해지지만, 하나님나라의 완성을 향하여 역사가 진행된다는 것을 말하는 것이다. 이 세상의 역사는 결국 사탄의 통치를 따라 회개하지 않는 자들의 멸망과 하나님의 백성의 구속으로 마무리된다.

③ 과정으로서의 종말

이렇게 예수의 초림 이후 재림까지 하나님나라가 완성되어 가는 과정을 종말이라 한다. 종말은 하나님께서 임하심으로 한 번에 이루어지는 것이 아니라, 예수의 초림과 재림 사이의 과정 속에서 이루어지는 것이다. 따라서 교회의 성도들은 지금 종말의 시대를 살고 있는 것이다.

> "이 시대에 그리스도의 왕국은 이 시대의 왕국을 전복시키지 않는다. 또한 하나님의 진노를 실행하지도 않는다. 그러나 그리스도가 돌아오시면 영광 가운데 온 땅을 심판하시고 다스리실 것이다." _마이클 호튼

---

[123] "형제들아 때와 시기에 관하여는 너희에게 쓸 것이 없음은 주의 날이 밤에 도둑 같이 이를 줄을 너희 자신이 자세히 알기 때문이라"(살전 5:1-2)

2) 종말을 살아가는 하나님의 백성들의 삶

① 종말을 살아가는 성도

종말을 살아가는 하나님의 백성들은 이미 이루어진 하나님나라를 맛보지만, 동시에 완성을 향해 나아가는 하나님나라를 고대하며 살아간다. 성경은 재림이 오지 않을 것이라고 생각하며 안이하게 살아가는 태도와 당장 재림이 있을 것이라고 생각하여 현세에서의 책임을 회피하는 태도를 배격한다. '주의 약속은 어떤 이들이 더디다고 생각하는 것 같이 더딘 것이 아니라 오직 주께서는 너희를 대하여 오래 참으사 아무도 멸망하지 아니하고 다 회개하기에 이르기를 원하시느니라 그러나 주의 날이 도둑 같이 오리니 그 날에는 하늘이 큰 소리로 떠나가고 물질이 뜨거운 불에 풀어지고 땅과 그 중에 있는 모든 일이 드러나리로다'(벧후 3:9-10)

② 종말을 살아가는 자세

종말은 과정이다. 종말을 살아가는 하나님의 백성의 삶의 자세는 세 가지로 정리할 수 있다. 첫째, 세상의 끝을 분명히 인식하라. 둘째, 주님 나라를 위해 자신에게 주어진 달란트를 사용하라. 셋째, 지극히 작은 자들을 섬기라. 이 세 가지 자세는 마태복음 25장에 열거된 소위 열 처녀의 비유, 달란트의 비유, 양과 염소의 비유에만 들어 있는 것이 아니다. 이는 예수와 사도들의 여러 가르침들에 녹아 있다. '만물의 마지막이 가까이 왔으니 그러므로 너희는 정신을 차리고 근신하여 기도하라'(벧전 4:7)

③ 삶으로 준비하는 재림

우리는 재림의 시기를 알 수 없다(마 24:36).[124] 따라서 우리는 하나님의 통치를 받는 우

---

[124] "그러나 그 날과 그 때는 아무도 모르나니 하늘의 천사들도, 아들도 모르고 오직 아버지만 아시느니라" (마 24:36)

리의 삶으로만 재림을 준비할 수 있다. 재림은 어떤 시기를 정해 놓고 재산을 정리하거나, 기도하거나, 전도하면서 준비할 수 있는 것이 아니다. 재림은 세마포를 입고 준비하는 것이 아니라, 삶으로 준비하는 것이다. '그에게 빛나고 깨끗한 세마포 옷을 입도록 허락하셨으니 이 세마포 옷은 성도들의 옳은 행실이로다 하더라'(계 19:8)

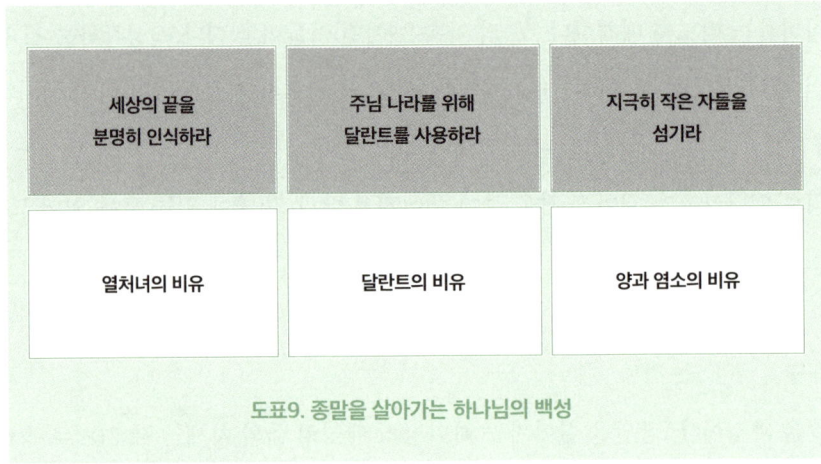

도표9. 종말을 살아가는 하나님의 백성

3) 성도의 죽음의 의미와 예수의 재림
① 성도의 죽음의 의미

인간의 타락은 하나님과의 영적인 단절을 야기했고, 그로 인해 육체의 죽음을 비롯한 인류의 수많은 본질적인 문제들이 생겼다. 그러나 예수의 구원은 우리의 본질적인 문제들을 해결하며, 특히 예수의 부활과 그것이 약속하는 성도의 부활은 죽음의 의미를 전혀 새롭게 바꾼다(고전 15:54-55).[125]

---

[125] "이 썩을 것이 썩지 아니함을 입고 이 죽을 것이 죽지 아니함을 입을 때에는 사망을 삼키고 이기리라고 기록된 말씀이 이루어지리라 사망아 너의 승리가 어디 있느냐 사망아 네가 쏘는 것이 어디 있느냐" (고전 15:54-55)

성도의 죽음은 역사의 끝에 올 재림을 통한 하나님의 나라의 완성이 미리 오는 것이다. 성도의 죽음은 존재의 끝을 의미하는 것이 아니라 주님의 나라에 있게 되는 과정이다. 이것은 성도에게 가장 큰 위로를 준다. '또 내가 들으니 하늘에서 음성이 나서 이르되 기록하라 지금 이후로 주 안에서 죽는 자들은 복이 있도다 하시매 성령이 이르시되 그러하다 그들이 수고를 그치고 쉬리니 이는 그들의 행한 일이 따름이라 하시더라'(계 14:13)

② 몸의 부활과 영광에의 동참

예수의 재림 시에 죽은 자들이 먼저 부활의 몸을 입고, 살아 있는 성도들도 변화되어 부활의 몸을 입는다(살전 4:16-17).[126] 성도들은 죽음과 동시에 하나님의 영광에 동참한다. 하지만 예수의 재림 시까지 먼저 죽은 성도들은 일시적인 중간 상태로 존재한다. 예수의 재림 이전에 죽은 성도들이 예수의 재림까지 어떤 상태로 존재하는지에 대해서는 명확히 알기 어렵다. 하지만 충분히 선을 쌓지 못한 영혼이 연옥에 간다든지, 육체를 배제하고 영혼만이 영원한 생명을 얻는다는 것은 명백히 성경의 가르침에 위배된다. 성도의 죽음은 예수의 재림 전이나 후에나 동일한 의미를 갖는다. 그것은 하나님나라의 영광에의 동참이다.

4) 하나님나라의 완성, 그 과정에서의 교회의 역할
① 하나님나라의 완성

예수를 통한 하나님의 구원은 이 세상 만물을 회복한다(골 1:20).[127] 하지만 교회를 통

---

[126] "주께서 호령과 천사장의 소리와 하나님의 나팔 소리로 친히 하늘로부터 강림하시리니 그리스도 안에서 죽은 자들이 먼저 일어나고 그 후에 우리 살아 남은 자들도 그들과 함께 구름 속으로 끌어 올려 공중에서 주를 영접하게 하시리니 그리하여 우리가 항상 주와 함께 있으리라" (살전 4:16-17)
[127] "그의 십자가의 피로 화평을 이루사 만물 곧 땅에 있는 것들이나 하늘에 있는 것들이 그로 말미암아 자기와 화목하게 되기를 기뻐하심이라" (골 1:20)

해서 지금 이 세상에 하나님나라가 완성되지는 않는다. 오히려 세상은 하나님의 진노에도 불구하고 회개하지 않고 하나님의 반역하는 사탄의 활동으로 더욱 악해질 것이다. '이 재앙에 죽지 않고 남은 사람들은 손으로 행한 일을 회개하지 아니하고 오히려 여러 귀신과 또는 보거나 듣거나 다니거나 하지 못하는 금, 은, 동과 목석의 우상에게 절하고 또 그 살인과 복술과 음행과 도둑질을 회개하지 아니하더라'(계 9:20-21) 하나님나라의 완성은 우리가 상상할 수 없는 방법으로, 즉 하나님의 특별한 능력으로 예수의 재림 시에 새 하늘과 새 땅에서 실현될 것이다. 이 세상은 하나님께서 심판하실 것이며, 하나님께서 놀라운 능력으로 새 하늘과 새 땅의 약속을 이뤄주실 것이다. 이 이상 말하는 것은 상상이 될 것이다.

② 교회의 고난과 복음의 증인으로서의 사명

성도들의 공동체는 이 땅에서 하나님나라의 상속자가 되지만, 복음을 전파하면서 필연적인 고난에 직면한다(롬 8:17).[128] 이렇게 소망과 절망이 교차하는 세상에서 교회는 하나님나라의 증인으로 이 세상에 복음을 전한다(계 11:3).[129] 교회의 권세는 세상의 물질과 권세를 소유하는 방식이 아니라, 복음을 전하는 방식으로 구현된다. 복음을 전하는 교회는 복음의 능력을 풍성히 체험하며, 세상과는 다른 하나님나라의 질서를 구현한다. 하나님나라가 구현된 교회 공동체의 사역을 통해 이 세상 만물의 회복과 죽음 이후의 영원한 삶, 나아가 재림을 통한 하나님나라의 완성을 약속하는 예수의 복음이 전파될 때, 교회는-여전히 믿지 않는 자들에게 박해를 받겠지만- 이 세상에서 가장 권세 있는 공동체가 된다. '이는 이제 교회로 말미암아 하늘에 있는 통치자들과 권세들에게 하나님의 각종 지혜를 알게 하려 하심이니 곧 영원부터 우리 주 그리스도 예수 안에서 예정하신 뜻대로 하신 것이

---

128 "자녀이면 또한 상속자 곧 하나님의 상속자요 그리스도와 함께 한 상속자니 우리가 그와 함께 영광을 받기 위하여 고난도 함께 받아야 할 것이니라" (롬 8:17)
129 "내가 나의 두 증인에게 권세를 주리니 그들이 굵은 베옷을 입고 천이백육십 일을 예언하리라" (계 11:3)

라'(엡 3:10-11)

> "그때에는 아버지의 섭리하시는 능력을 역사 속에서 행사하고, 아들에게 영광을 가져다 준 하나님의 성령의 역할이 절정의 상태에서 목격될 것이다. 그리고 성령이 오순절에 주어진 궁극적인 목적이 그가 교회를 인치신 그 의도를 유념하면서 총체적으로 성취될 것이다." _싱클레어 퍼거슨

7. 적용 및 토론

1) 당신은 종말을 살아가는 성도의 모습을 가지고 있습니까?
2) 성도의 죽음에 대한 성경의 가르침은 당신에게 어떤 소망을 주나요?

8. 내용 정리하기

1) 인도자 Question (인도자가 제시하는 질문으로 의견을 나눕시다.)
2) 간증을 읽고 결단하기 (워크북에 제시)

9. 기도하며 마무리 하기 (워크북에 제시)

부록

이단으로부터 자유한 건강한 교회
하나님나라 제자훈련 레포트 샘플 모음
테스트 문제 샘플
양육PPT 자료 다운로드

01 이단으로부터 자유한 건강한 교회

서론

종교개혁 이후의 두드러진 특징은 모든 사람들이 자국어로 성경을 읽고, 성경의 해석자가 될 수 있다는 것이다. 따라서 종교개혁 이전보다 우리는 더욱 정교히 이단을 연구하고, 교회의 순수성을 지켜야 한다. 이단의 정의와 특징으로부터 각 이단들에 대한 개요를 살펴보고, 우리와 주변의 지체들을 이단으로부터 지키도록 기초적 지식을 습득하는 것은 이 시대 성도들의 가장 중요한 일 중 하나다. 하나님나라 제자훈련을 마무리하며 3권 19과를 진행한 양육자는 20번째 모임을 갖는 것이 좋다. 양육자는 이단으로부터 자유한 교회에 대해 이 부록의 내용을 1시간 정도 강의한다. 그리고 양육을 받는 이들이 주위의 이단들에 대해 하나님나라 제자훈련을 통해 배운 내용들을 토대로 하나씩 조사하여 발표하도록 함으로써 스스로 이단에 대한 지식과 경각심을 갖도록 한다. 이단의 특징은 먼저 교회론에 있다. 다른 교회, 다른 교파를 부정하고 자신들의 교회, 자신들의 지도자만을 진정한 지도자로 주장하는 특징이 있다. 거기에 구원론 등 교리적인 문제, 그 교리적인 문제들을 뒷받침하기 위한 성경해석의 문제가 있다. 자세한 지식 보다는 간결한 정리가 도움이 될 것이다.

1. 여는 대화

주위에서 이단을 만나보거나 이단에 피해를 겪은 사람을 만난 적이 있습니까?

2. 강의 내용

1) 이단 문제를 해결해야 하는 이유

① 반드시 해결해야 하는 이단 문제

성경에는 이미 이단적인 가르침들로부터 복음을 지키려는 수많은 시도들이 나온다. 구약의 거짓 선지자들부터 신약의 수많은 다른 복음들, 하나님의 복음과 유사하게 보이지만, 복음이 아닌 수많은 형태의 이단적 가르침들은 성도들을 유혹한다. 이단들은 이 땅에 하나님나라가 이루어지는 것을 방해하여, 성도들을 여전히 사탄의 권세 아래 묶어 둔다. 이러한 이단의 문제를 우리는 반드시 해결해야 한다.

② 교회의 역사는 이단으로부터 교회를 지키는 역사

예수와 사도들에 의한 이단들에 위험성에 대한 말씀들은 우리가 이 시대에도 여전히 이단으로부터 스스로를 지켜야 함을 보여준다. 성경시대를 지나 교회의 역사는 이단으로부터 교회를 지키는 역사였다. 현대사회에도 여전히 용인될 수 있는 성경 해석의 차이를 명백히 넘어서서 성경과 교회를 파괴하는 수많은 이단들이 있다. 문제는 그들도 성경을 사용하며, 교회와 유사한 모임을 통해 그들의 사상을 전파하기에 대단한 주의가 요구된다는 것이다. 따라서 이단의 문제는 우리에게 연구와 주의 깊은 분별을 요구한다.

③ 이단을 분별하는 지혜

교회는 교회의 순수성을 지키려고 말씀, 성례, 권징을 교회됨의 표지로 삼았지만, 이단은 이것도 그대로 답습한다. 따라서 이단을 가려내려면 성경이 가르치는 복음에 충실하면서 동시에 이단들의 특징들을 연구하여 분별하는 지혜가 필요하다. 이것은 우리의 삶을 좌우하는 중요한 문제이다.

2) 성경에 등장하는 이단의 모습들

① 성경에 등장하는 이단에 대한 용어들

이단들은 주로 세상 종교들과 철학에 이미 있었던 사상들을 답습하여 복음을 왜곡함으로 생긴다. 성경에는 다음과 같은 용어들이 등장한다.

거짓 선지자, 거짓 선생

'여호와께서 내게 이르시되 선지자들이 내 이름으로 거짓 예언을 하도다 나는 그들을 보내지 아니하였고 그들에게 명령하거나 이르지 아니하였거늘 그들이 거짓 계시와 점술과 헛된 것과 자기 마음의 거짓으로 너희에게 예언하는도다'(렘 14:14)

적그리스도

'예수를 시인하지 아니하는 영마다 하나님께 속한 것이 아니니 이것이 곧 적그리스도의 영이니라 오리라 한 말을 너희가 들었거니와 지금 벌써 세상에 있느니라'(요일 4:3)

다른 예수, 다른 영, 다른 복음

'만일 누가 가서 우리가 전파하지 아니한 다른 예수를 전파하거나 혹은 너희가 받지 아니한 다른 영을 받게 하거나 혹은 너희가 받지 아니한 다른 복음을 받게 할 때에는 너희가 잘 용납하는구나'(고후 11:4)

다른 교훈

'누구든지 다른 교훈을 하며 바른 말 곧 우리 주 예수 그리스도의 말씀과 경건에 관한 교훈을 따르지 아니하면'(딤전 6:3)

② 성경에 나타나는 다양한 이단적 주장들

예수만을 통한 구원을 부정하는 것

'어리석도다 갈라디아 사람들아 예수 그리스도께서 십자가에 못 박히신 것이 너희 눈앞에 밝히 보이거늘 누가 너희를 꾀더냐 내가 너희에게서 다만 이것을 알려 하노니 너희가 성령을 받은 것이 율법의 행위로냐 혹은 듣고 믿음으로냐'(갈 3:1-2)

유대인들에 의해서 주장된 광범위한 율법적 형식주의

'레위 계통의 제사 직분으로 말미암아 온전함을 얻을 수 있었으면 (백성이 그 아래에서 율법을 받았으니) 어찌하여 아론의 반차를 따르지 않고 멜기세덱의 반차를 따르는 다른 한 제사장을 세울 필요가 있느냐'(히 7:11)

헬라철학에 물든 자들에 의한 영지주의

'미혹하는 자가 세상에 많이 나왔나니 이는 예수 그리스도께서 육체로 오심을 부인하는 자라 이런 자가 미혹하는 자요 적그리스도니'(요이 1:7)

극단적 금욕주의나 신비한 상상력의 산물인 천사숭배

'아무도 꾸며낸 겸손과 천사 숭배를 이유로 너희를 정죄하지 못하게 하라 그가 그 본 것에 의지하여 그 육신의 생각을 따라 헛되이 과장하고… 사람의 명령과 가르침을 따르느냐 이런 것들은 자의적 숭배와 겸손과 몸을 괴롭게 하는 데는 지혜 있는 모양이나 오직 육체 따르는 것을 금하는 데는 조금도 유익이 없느니라'(골 2:18, 22b-23)

도덕적 방종을 정당화하는 사상들

'그들이 허탄한 자랑의 말을 토하며 그릇되게 행하는 사람들에게서 겨우 피한 자들을

음란으로써 육체의 정욕 중에서 유혹하는도다'(벧후 2:18)

재림을 부정하는 가르침들
'이르되 주께서 강림하신다는 약속이 어디 있느냐 조상들이 잔 후로부터 만물이 처음 창조될 때와 같이 그냥 있다 하니'(벧후 3:4)

각종 세상의 물질과 성공을 위한 신화들
'망령되고 허탄한 신화를 버리고 경건에 이르도록 네 자신을 연단하라'(딤전 4:7)

3) 이단들이 일으키는 문제들
① 이단들이 일으키는 문제들

이단들이 일으키는 문제들, 즉 이단이 만들어내는 결과물들은 이단을 분별해 낼 수 있는 중요한 단초이다. 이단들은 기독교의 전통적인 가르침들을 얕팍한 성경 해석을 통해 전면 부정하고, 기존의 교회들에 구원이 없다고 가르치면서 성도들을 하나님과 성경과 교회로부터 멀어지게 한다. 또한 신앙의 일부를 대단히 확대하여 절대적인 것으로 과장함으로 균형 있는 하나님나라의 복음 신앙을 파괴한다. 따라서 개인의 삶 뿐만 아니라 가정과 교회를 파괴하고, 사회에 윤리적 문제까지 일으키는 결과를 초래한다. 나아가 전부는 아니지만 대부분의 이단들이 큰 윤리적인 문제들을 일으킨다.

② 이단의 문제들을 해결하는 방법

이단 문제에 대한 가장 중요한 해결책은 먼저 교회가 건강함을 유지하는 것이다. 이단들은 교회의 문제와 타락으로부터 비롯되는 경우가 많았다. 대부분의 이단들은 우리도 수긍할만한 교회의 부패를 지적한다. 따라서 교회는 건강한 교리 뿐 아니라 건강한 공동체를 이루기 위해 힘써야 한다.

건강한 교회를 위해서는 건강한 비판이 필요하다. 기존 교회들의 문제들이 있을 때, 그것에 눈을 감는 것은 나치시대의 독일교회들의 문제들을 답습하는 것이다. 다만 교회 내의 비판들 중 많은 경우가 자신들의 욕망을 이루려는 의도에서 나오는 것인 만큼, 주님 앞에 신실한 마음으로 자신을 돌아보아야 할 것이다.

개인적인 해결책으로 성도들은 이단 문제들을 잘 관찰하며 분별해야 하고, 전인적이며 포괄적인 신앙의 훈련을 통해 이단에 빠지지 않도록 주의해야 한다. 무지는 이단에 빠지는 중요한 원인이다. 성도들은 올바른 성경적 가르침과 경건한 삶의 훈련에 힘써서 이단으로부터 자신을 지켜야 한다(딤후 3:13-14a).[130]

③ 이단에 빠지기 쉬운 성도들의 유형

흔히 누군가가 이단에 빠지면 사탄의 유혹에 넘어갔다든지, 무식해서 이단의 가르침에 넘어갔다고 생각하는 경우가 많다. 이는 어느 정도 일리는 있지만, 정확한 분석은 아니다. 맹목적인 종교적 열심은 있으나 성경적인 복음에 대한 체계적인 훈련이 되지 않은 사람, 자신의 주관적인 신앙 경험을 절대시하며 신비한 체험을 따르는 사람, 자신의 문제 해결에 집착하여 예수의 복음을 문제 해결의 수단으로 삼는 사람, 자신의 판단에 대해 쉽게 절대적인 믿음을 부여하는 사람, 교회와 기독교 신앙에 대한 상처가 많은 사람, 포괄적인 사고의 훈련이 되지 않아 분별력이 약한 사람이 주로 이단에 빠지기 쉽다.

---

[130] "악한 사람들과 속이는 자들은 더욱 악하여져서 속이기도 하고 속기도 하나니 그러나 너는 배우고 확신한 일에 거하라" (딤후 3:13-14a)

이단에 빠지는 것은 세상의 지식이나 사회적 지위와 아무런 상관이 없다. 다시 한 번 강조하지만 복음에 대한 포괄적이고 체계적인 훈련을 통해 기독교 신앙을 바르게 이해하고, 건강한 공동체에서 예수 복음의 능력을 체험하면 이단에 빠질 위험성을 많이 줄일 수 있다.

3. 적용 및 토론

1) 당신은 이단에 빠지지 않을 수 있는 전인적이고 포괄적인 신앙을 가지기 위해 훈련하고 있습니까?
2) 당신이 이단에 빠질 수 있다면 당신의 어떤 면이 위험성을 내포하고 있다고 생각하십니까?

4. 이단에 대한 발표

현재 주위에서 큰 문제를 일으키고 있으며, 성도들이 쉽게 접할 수 있는 이단들을 선정하여 하나씩 발표하도록 하고, 양육자가 내용을 간단히 정리한다. 발표가 힘든 경우는 양육자가 꼭 다뤄야 할 이단에 대해 강의하는 것도 좋다.

02 하나님나라 제자훈련 레포트 샘플 모음

1. 제자훈련 첫 번째 레포트 『나의 신앙여정』

샘플1 (60세 자매)

저는 유교문화에 깊은 영향을 받은 집에서 태어나 어린 시절부터 절에 다녀왔고, 배만 아파도 물을 떠놓고 잡신에게 빌고 칼을 들고 귀신을 쫓는 할머니 밑에서 자랐습니다. 어머니는 신병으로 1년을 고생하셨는데 아플 때 마다 귀신을 때내야 한다며 굿을 하였고 직장생활을 하며 번 돈을 어머니의 굿을 위해 쓰기도 하였습니다. 그 와중에 같이 사는 큰언니가 치는 사고를 대신 수습하고 보살펴야 했습니다. 그러던 중 남편을 만나 결혼을 하였지만 시댁역시 사종이 깊은 집안이라 힘든 삶이 이어졌지만 자녀를 낳고 한동안은 평온하고 행복하게 살았습니다.

갑자기 닥친 남편의 사업실패와 이혼에 자녀들의 학업 때문에 사업을 시작했지만 실패하고 어머니의 병고가 겹쳐 너무도 힘든 생활을 하게 되었고 스트레스로 인해 건강이 나빠지며 종교에 관심을 가지게 되었습니다. 어머니는 신병을 없애기 위해 여러 종교를 전전하셨고 저에게도 요구하셨지만 좀처럼 마음에 와 닿지 않았습니다.

하지만 일와 자녀교육문제, 어머니의 병간호를 다 감당하지 못했고 정신적으로도 육체적으로도 급격히 안 좋아져 이렇게 사람이 죽는구나 생각이 들었습니다. 그러던 중 울다 지쳐 잠이 들었는데 다음날 아침 예전에 들어본 적이 있는 SGI라는 불법이 내가 살길이라는 생각이 들었습니다. 그래서 114에 물어 회관에 찾아갔고 사람들이 밝고 따뜻한 모습으로 저를 반겨주는 모습에 감동을 받아 종교생활을 시작하게 되었습니다. 앞날을 열어달라고 절실히 기원하며 건강을 되찾고 원하던 직장을 구하며 이제 잘 풀려가는 구나 생각했습니다.

자녀들의 앞길을 막지 않으려고 더 열심히 기원하였고 자녀들이 졸업 후 취업하며 평화를 되찾고 친구들과 다시 만나고 등산도 하며 삶을 즐겼지만 그것이 불행으로 가는 길이었나 봅니다. 자녀들에게 노후에 부담을 주고 싶지 않아 재혼을 계속 꿈꿔왔지만 실패했고 4년 전 갑작스러운 어깨수술로 하던 일을 그만두게 되었습니다. 다단계에 투자하고 번번이 돈을 잃게 되었고 빚더미에 앉게 되었습니다. 다들 말렸지만 내 의지대로 밀고 나갔고 더 이상 손을 쓸 수 없는 상태가 되었을 때 딸이 알게 되었습니다. 저로 인해 아들과 자매들까지 빚을 지게 되었고 혼자 죽을 수가 없어 딸과 함께 지금 사는 곳으로 오게 되었습니다.

새로 구한 일이 힘들어 몸이 만신창이가 되는 것 같지만 지난날을 잊으려고 노력하며 일에 집중하고 있습니다. 나에게 종교, 기독교신앙이란 제가 법화경과 기독교를 감히 정의를 내려 보려고 합니다. 17년을 믿어온 법화경은 냉정한 종교 같다는 생각을 했습니다. 내 생명 속 불계의 생명을 끝없이 불러내어 마음을 정화해가고 마음의 거울을 깨끗이 닦아 마음을 드려다 보고 나쁜 습성과 잘못을 간파하여 변화되지 않고서는 절대 기원이 이루어지지 않는다 하였기에 스스로 모든 것을 판단하고 행동하고 결과를 얻어내야 하지만 제 자신은 마에게 항상 져서 끌려 다닌다는 생각을 하였습니다. 강인한 생명력을 만들어 내지 못하고 있는 저를 발견하게 되었습니다.

몇 개월을 교회에 다니며 느낀 것은 모든 것을 하나님께 맡기고 하나님 뜻에 따라 살아가면 하나님께서 길을 열어 주신다는 것. 그리고 무조건 어느 종교나 신을 순수하게 믿는 믿음이 중요하다는 생각이 들었습니다. 그래서 믿으려 노력 중이지만 아직은 저에게 와 닿는 뭔가가 있고 실존적인 증거를 보지 못해서 일까 생각해보았습니다. 목사님 말씀처럼 자꾸 옛 종교에서 말한 내용을 비교하지 않고 믿어야 한다는 말을 따르고 싶지만 아직은 시간이 더 필요한 것 같습니다. 아직 어떻게 하나님을 믿어야 하고 어떻게 기도를 해야 하는지. 주님을 빨리 만나는 길이 올 것인지 가끔씩 눈물로 기도해보지만 계속 연결이 되지 않고 마음에 슬픔이 찾아옵니다. 어차피 믿기로 결정한 종교이니 열심히 해서 하나님과 예수 그리스도가 살아계심을 확인해야 주변 사람들에게도 하나님을 전할 수 있을 것 같습니다. 주님께서 제 마음속에 들어와 주시기를 기도합니다. 그리고 열심히 알아가려고 노력하겠습니다.

샘플2 (30대 형제)

어렸을 때 교회는 친근하거나 좋은 이미지는 아니었고, 그렇다고 나쁘거나 싫은 곳 또한 아닌 아무런 느낌도 생각도 없는 곳이었습니다. 부모님 또한 무교에 가까운 분들이셨습니다. 아버지는 무교에서 불교 쪽에 가까운 분이셨고, 어머님께서는 결혼 전에는 교회를 다니셨지만 결혼하면서 바쁜 생활 속에서 자연스럽게 교회를 다니시지 않으셨고, 그러면서 어렸을 때에는 딱히 종교가 없는 환경 속에서 자랐습니다.

이러한 상황 속에서도 이모님, 외숙모님께서 독실한 기독교 성도셨고, 항상 집에 오시면 예배를 드려주셨습니다. 하지만 이러한 상황이 익숙하지 않아서 불편하면서 싫었고, 너무 극성맞다는 느낌 또한 들었습니다. 아무 생각 없이 지내면서 교회가 처음 좋아진 것은 어렸을 때 기독교 집안에 성장한 친구를 만나면서 교회를 다니고 예배를 드리면서 그 속에서 또 다른 친구들을 만들고 하면서 교회에 대한 인식이 점점 좋아졌습니다. 하지만 처음 교회로 인도해준 친구가 미국으로 가족들과 이사를 가면서 점점 교회를 가지 않았고 저 또한 다른 곳으로 이사를 가면서 완전히 교회를 나가지 않는 생활로 돌아왔습니다.

그렇게 초, 중, 고에서 대학교, 군대까지 교회를 나가지 않았고 평범하게 살았다고 생각했습니다. 대학교와 군대, 사회생활을 하면서 유흥업소를 다녔고 술과 담배를 배웠습니다. 막연히 남들에게 피해만 주지 않고, 나쁜 짓만 하지 않으면 된다는 생각으로 적당히 나쁜 짓도 하고 타협도 하면서 살았습니다. 이러한 생활 속에서 때로는 죄책감과 반성이 들었지만 시간이 지나면 또 다시 그러한 감정은 무뎌져갔고, 똑같은 문제를 반복하면서 살았습니다. 사회생활을 하면서 주말과 휴일에는 운동과 자격증 공부, 평소에 배우고 싶은 교육, 세미나를 듣고 남는 시간은 지인들과 시간을 보내면서 지냈습니다. 그러면서 점점 삶에 대한 무료함과 함께 지루함이 찾아왔고, 이러한 상황 속에서 누나의 권유로 처음 사랑의 교회에 들어왔습니다.

처음에는 목사님의 좋은 설교를 듣고 일주일 동안 올 바르게 살 자라는 생각으로 교회에 나오게 됐습니다. 하지만 교회에 대한 이미지가 너무 안 좋았고, 너무 기업 같은 느낌이 들었습니다. 또한 들어오기 하루 전에 KBS 추적 60분에서 담임 목사님이신 오정현 목사님에 대한 안 좋은 내용의 주제로 방송이 되었고, 그 방송을 보면서 다시 한번 더 교회에 대한 인식은 좋아지지 않았습니다. 하지만 누나와의 대화를 통해서 다시 한번 용기를 내어서 교회에 나가게 됐습니다.

처음 몇 주일은 시간이 편한 때 아니면 나가고 싶은 때 나와서 대예배, 청년예배를 돌아가면서 목사님에 설교를 들었습니다. 하지만 그것도 빠지는 시간들이 생겼습니다. 그러다가 어느 순간 무슨 이유도 없이 저도 모르게 청년예배가 끝나고 새신자 신청을 하는 장소에 와있었고, 그렇게 새신자 교육을 받게 되었습니다.

그렇게 청년부에서 새신자 교육을 받고 누나와 같이 신앙생활을 하다가 누나가 결혼을 하면서 매형이 다니시는 교회로 가면서 제가 걱정이 됐는지 누나가 아시는 행사국 국장님을 통해서 처음으로 교회 행사국에서 사역이라는 것을 해보았고 그렇게 주변에 좋은 동역자분들과 교회 생활을 했습니다. 주변에 좋은 동역자분들 덕분에 많은 경험들을 했고 신앙생활이 점점 안정되면서 세례까지 받는 순간이 왔습니다.

세례를 받고 신앙생활을 하면서 주변에 사람들은 많았지만 정작 풍요 속에 빈곤이라는 생각과 느낌이 많이 들기 시작했습니다. 또한 저에게 가장 중요하다고 생각하는 배우자와 가정에 대한 고민이 점점 깊어져 갔습니다. 이러한 상황들 속에서 누나와 많은 이야기를 했고 지금 누나와 매형이 다니시는 교회(세상의빛교회)로 와서 같이 다니자는 말을 했습니다. 처음에는 너무 낯설어서 고민했고 기도해가면서 결정하기로 마음먹었습니다.

기도해가면서 평생 동역자인 누나와 매형 그리고 태어날 조카(아인이)들이 많이 생각났고 저 또한 그러한 환경 속에서 배우자를 만나고 결혼해서 아이들을 키우면 좋겠다고 생각이 들었습니다. 목사님의 설교 말씀도 제가 생각하는 삶속에 모습과 너무 잘 맞는 느낌이 들어서 좋았습니다. 주변에 너무나 좋은 동역자(형, 누나, 청년부 친구, 동생들)분들도 많아 보였습니다. 그렇게 저의 새로운 신앙생활에 출발점이 시작 되었습니다.

나에게 종교란(기독교신앙이란)? 복음(말씀)의 방향(통로)을 알려주는 나침판

지금은 저에게 종교란(기독교신앙)? 삶속에서 나침판과 같은 올바른 방향(길)으로 갈 수 있게 해주는 기준점이 되었습니다. 무엇인가 문제가 생기면 신앙적 기준과 판단으로 생각하고 해결하려고 노력하고 있고, 주일에 목사님 설교를 통해서 느낀 문제들을 회개하고 기도하면서 제 자신을 조금씩 바꾸어 가는 시간입니다. 이 시간을 온전히 잘 견디고 가꾸어 가면서 하나님과의 관계를 알아가고 회복되면서 그로 인해서 제가 꿈꾸고 있는 복음(말씀)을 통한 가정을 만들고 싶습니다. 이런 가정에 제가 든든한 울타리가 되어서 한 가정에 복음(말씀)의 통로가 되고 싶습니다.

2. 제자훈련 두 번째 레포트 『나에게 필요한 훈련』

30대 자매 『훈련, 이종필 저, 목양』 읽고 요약 및 두 가지 주제에 대해 적용

내용요약 모든 훈련에는 노력이 필요하고 그 만큼의 시간이 소요된다. 우리를 힘들게 하려고 훈련시키는 것이 아닌 우리의 찬란하고 아름다운 미래를 위한 과정이다. 힘든 시간

을 견디고, 고생한 만큼 더 나은 인생을 위해 훈련되고 있는 것이며 의미가 있는 고생과 수고이다. 영적훈련의 방해요소에는 여러 가지가 있는데 가장 큰 원인은 영적 교만이다. 신앙인들은 말씀과 기도로 시작하는 기초적인 신앙의 훈련이 필요 없다고 생각하는데 영적 교만은 우리 인생이 위대해지는 것을 막는 가장 큰 방해요소이다. 사생활에 얽매이는 것 또한 영적훈련을 방해하는 요소 중 하나이다. 영적훈련에는 말씀과 기도가 가장 기본이며, 훈련시키는 다른 도구들은 없다. 훈련에는 많은 수고가 따르는 것이 당연한 것이며 말씀과 기도를 통하여 영적으로 훈련되어야 한다. 믿음으로 극복할 것들에는 여러 가지가 있다. 첫 번째로는 핑계의 구실로 ~때문에 라는 말을 많이 사용하는데 환경에 지배되는 신앙인이 아닌 믿음의 훈련으로 환경을 극복할 수 있어야 한다. 하나님을 생각하고, 기도로 성령의 생각을 구하며, 말씀대로 생각하는 훈련을 통하여 믿음으로 환경을 극복해야 한다. 두 번째로 상처를 극복하여야 한다. 사건이나 환경에 반응하며 마음에 생긴 상처를 안고 살아가는데 우리는 개개인의 성향에 따라 대처하는 방법을 만들어내며, 나름대로 이겨내는 방법을 찾곤 한다. 내성적이고 소극적인 성향의 사람들은 마음의 아픔을 세상과의 소통 없이 스스로 견디며, 외향적인 성향의 사람들은 사건이나 환경 자체를 무시하려 노력하며 상처받지 않는다고 당당한 태도를 유지하곤 한다. 상처는 스스로도 잘 알지 못하는 큰 병을 만들기도 한다. 이러한 상처는 함께 많은 시간을 보내며 가까운 사람들에게서 생기는 게 대부분이다. 우리는 상처를 준 사람을 미워하고 원망하는데 시간을 보내기보다는 상처를 극복하려고 노력해야 하며, 이러한 노력도 믿음 안에서 훈련이 필요한 부분이다. 하나님 앞에서 기도하며 은혜를 구하며, 상처를 하나님의 섭리로 받아들이고 나에게 특별한 계획을 가지고 주님께서 역경을 주신 것임을 믿어야 한다. 말씀대로 살며, 하나님께 위로를 구하여 하나님께 나아가 상처를 치유해야 한다. 세 번째로 분노를 극복하여야 한다. 늘 일어날 사소한 감정에도 감정은 흔들리며, 모든 사람은 결코 분노의 감정에서 자유로울 수 없는데 이러한 분노가 적절히 해결되지 않는다면 결국 큰 죄악으로 연결되기도

한다. 질투심이 분노를 일으키기도 하며, 자존심 또한 분노를 일으킨다. 자신의 잘못을 지적받았을 때 분노가 일어나기도 하며, 교만하여 다른 사람을 무시하여 분노가 일어나기도 한다. 분노를 표현하는 것 보단 영적인 훈련을 통하여 분노의 감정을 다스릴 수 있어야 한다. 분노의 원인은 외부가 아닌 질투심과 교만, 자존심을 지키려는 악한 시도에서 오는 것이며, 분노를 추방하기 위하여 악한 마음을 깨닫고 회개하여야 한다. 또한 말씀으로 마음을 훈련하여야 한다. 타인의 분노에 대처하기 위해서는 일관되게 부드럽고 겸손한 태도를 훈련하여야 한다. 네 번째로 근심을 극복하여야 한다. 성경은 두가지로 근심을 나누어 설명하는데, 하나님의 뜻대로 하는 근심과 세상 근심이 있다. 하나님의 뜻대로 하는 근심은 우리의 본질을 깨닫고 하나님께로 나아가게 하며, 회개에 도달하게 한다. 하지만 세상 근심은 우리의 탐욕만 자극하여 우리를 죄악의 길로 인도한다. 훈련을 통하여 세상 근심을 극복하여야 하며, 하나님께서는 우리에게 필요한 만큼 채워주신다. 하나님께서는 모든 것을 채우시며, 우리는 하나님나라를 위하여 살아갈 수 있도록 근심해야 한다. 하나님의 보호하심을 확신하며 말씀을 가까이 하는 것이 근심에서 벗어나는 가장 중요한 비결이며, 하나님의 뜻에 순종하여 하나님께서 약속하신 축복을 누려야 한다. 하나님을 신뢰하고 하나님의 말씀에 따라 믿음으로 성실히 살아가고 담대한 마음으로 나아갈 수 있도록 기도하는 훈련으로 근심을 이길 수 있다. 믿음으로 훈련할 것들 또한 여러 가지가 있다. 첫 번째는 신뢰를 훈련하는 것이다. 목회자들을 신뢰하고 성경은 기본적으로 부모님에 대한 신뢰감을 갖도록 가르치며, 주위에 있는 사람들을 신뢰하는 마음을 갖는것이 우리의 삶에 매우 유익하다. 성경에 따라 하나님을 신뢰하여야 하며, 신뢰하는 훈련은 매우 중요하여 하나님이 주시는 것에 무조건 감사해야 하며, 어떠한 상황을 내 생각대로 판단하지 않고 하나님의 말씀에 무조건 순종해야 한다. 우리에게 시련을 때로 주시기도 하지만, 그 시련도 적절한 시기에 주는것이며 우리를 더욱더 아름답게 빚으시기 위함이다. 하나님을 전적으로 신뢰하고 순종하며 구할 때 하나님께서는 신뢰의 결과(기도의 응답)를 주신다. 두 번째로 순종을 훈련하는 것이다. 믿음은 필수이며 순종의 행위는 선택이 아니고 성경은 믿음에 항상 순종의 행위가 따랐음을 말씀하고 있다. 순종은 성도에게 필수적인 것이며 하나님께서 우리를 구원하신 목적이다. 믿음은 순종으로 표현되며 믿음은 순종이라고 말할 수 있다. 순종은 믿음의 귀결이다. 순종은 우리의 미래를 결정하며, 이스라엘을 통하여 순종과 불순종이 성도의 미래를 결정하는 것임을 분명히 보여주고 있다. 예배에 목회자의 축복의 기도를 아멘한다고 해서 자동으로 축복이 주어지는 것이 아닌 성도 개개인이 교회를 통하여 배운 하나님의 말씀에 순종하며 용서하고 베풀고 헌신하며 하나님의 영광을 돌리는 삶을 살아가면 하나님께서 주시는 축복으로 가득할 것이다. 순종을 훈련해야하며 순종의 대상은 하나님이다. 순종한다는 것은 하나님께서 주신 성경 말씀을 지키고 따르는 것을 의미하며 하나님의 말씀을 떠난 순종은 있을 수 없다. 성경 말씀을 통하여 열심히 배워야 하며 그 말씀을 따라 살아갈 수 있도록 노력해야 한다. 순종의 대상은 사람이 되기도 하는데 선지자에 대해 순종하여야 하며, 하나님의 말씀을 전하는 선지자들의 권세를 먼저 인정하여야 한다. 선지자들을 통하여 우리의 양심을 비추시고 하나님의 뜻을 깨닫게 하신다. 다음으로 국가 위정자에 대해 순종하여야 하며, 또한 부모에 대하여 순종하여야 한다. 직장상사나 권위자, 영적 지도자에 대하여도 순종하여야 한다. 하나님께서 세우신 권세자에게 순종하는 것이 하나님께 순종하는 것이다. 순종의 한계 또한 있다. 모든 권세자들에게 무조건 순종하는 것은 성경의 가르침이 아니며, 권세자의 명령이 하나님의 뜻과 명백하게 어긋날 때만 순종의 예외가 생긴다. 인격을 존중하며 공손히 말하여 순종의 태도를 훈련해야 한다. 세 번째로 인내를 훈련하여야 한다. 우리가 너무 많은 것을 쉽게 즐길 수 있는 시대를 살고 있으며, 꿈과 비전이 사라져 현대인들은 인내심을 상실하고 있다. 인내가 사라진 시대에는 죄악만이 가득해지며, 모두가 불행해 진다. 인내를 훈련하게 되면 분명 하나님께서 목적하신 아름다운 삶을 누리게 될 수 있다. 인내는 믿음의 조건이며 인내를 이루려면 미래의 소망을 바라보는 훈련을 해야 한다. 슬픔과 고통이 찾아올 때 인내하고 위로를 구하면 하나님께서 놀라운 미래를 준비하고 계신다. 하나님께서는 의도적으로 성도들에게 시련을 주시며, 이러한 시련을 주시는 이유는 우리에게 인내를 이루게 하시기 위함이다. 네 번째로는 섬김을 훈련하여야 한다. 성경은 하나님을 사랑하는 것과 이웃을 사랑 하는 것을 가르치고 있으며, 어려운 사람과 약한 사람을 섬기는 것이 바로 성경에서 말하는 진정한 사랑이다. 리브가의 섬김을 보며 진정한 섬김의 훈련을 하여야 한다. 말과 태도에서 인격적 존중과 높임을 훈련하여야 하며, 섬기기 위하여 자신의 일을 멈추는 훈련도 하여야 한다. 또한 넘치도록 수고 하여야 한다. 섬기기 위해서는 섬기려는 마음이 가장 중요하며 상대방을 존중하고 상대방을 위해 자신이 하던일을 잠시 멈추고 상대방의 필요를 더 깊이 들여다보고 넘치도록 수고할 수 있어야 한다. 다섯 번째로는 용서를 훈련하여야 한다. 용서는 사랑과 더불어 기독교의 가장 기본적 덕목이며, 기독교신앙은 하나님께서 우리의 죄를 용서하셨다는 확신에서 시작한다. 우리는 용서받은 자로서 용서하는 것이며, 용서는 필수적이며 의무적이다. 용서의 범위에는 한계가 없으며, 기준은 예수님께서 우리에게 하신 것이 기준이 되어야 한다. 우리가 스스로의 기준으로 판단하지 않고 주님의 기준으로 하나님 말씀에 비추어 용서의 범위를 정해야 한다. 우리가 존재할 수 있는 것은 용서 때문이며, 우리도 남들에게 용서받아야만 할 일들을 계속 해왔고 우리도 모르는 사이에 남들에게 손해나 상처를 입히기도 하여 내가 용서받았다는 사실을 묵상하며, 내게 평안을 주는 것은 용서밖에 없다는 것을 인정하여야 한다. 여섯 번째로는 담대함을 훈련하여야 한다. 담대함은 영혼에서 나오며 외형적인 것을 변화시켜 영혼의 샘을 채우려 하는데 하나님을 믿는 신뢰 속에서 정서적 안정감만이 영혼의 담대함을 형성해 줄 수 있다. 우리는 하나님 없이는 담대할 수 없으며 하나님과의 교제에서 온다. 담대하게 살아가기 위해서는 하나님과의 교제를 회복해야 하며, 십자가의 은혜를 묵상하며 하나님께 나아가야 한다. 의로운 삶을 사는 것과 하나님께서 도우실 것을 확신하고, 동행하심을 믿으며 담대함을 훈련하여야 한다. 일곱 번째로 하나님의 은총을 얻고, 죄를 이기기 위하여 고백을 훈련하여야 한다. 성령은 우리에게 죄를 깨닫게 하고 죄를 깨닫게 함으로 우리 자신의 본질을 발견한다. 죄를 고백하지 않으면 교만함 속에서 불순종의 삶을 살게 되며, 결과적으로는 두려움과 염려와 좌절만 남게 된다. 하나님께서는 회개 하지 않는 모든 죄악을 언젠가는 드러내시기도 한다. 죄를 고백하는 것은 하나님의 은총을 누리는 과정이며, 죄의 고백은 새로운 삶을 살아갈 수 있도록 놀라운 힘을 주기도 한다. 또한 고백은 우리 영혼에 하나님의 축복을 넘치게 한다. 죄의 고백은 하나님의 역사하시는 능력을 강화시키며, 죄악을 이길 수 있는 힘이 생기며 기도의 능력이 더해지기도 한다.

'환경'에 대한 적용 어렸을 때부터 교회를 다녔으나 고등학교, 대학교, 공무원시험 준비를 하면서 ~때문에라는 이유로 교회를 잘 나가지 않았다. 그 당시 공부를 해야 하기 때문에, 공부를 안하면 성적이 떨어질 것 같기 때문에, 빨리 합격을 해야 하기 때문에 라는 핑계로 기본이 되는 주일 예배조차 드리지 않았던 기억이 있다. 사실 공부를 한다고 교회를 나가지 않아서 성적이 눈에 띄게 올랐던 것도 아니고, 시험에 단번에 합격했던 것도 아니다. 단순히 나의 환경에 얽매이게 되어 교회를 나가지 못함을 합리화 한 것 같은 생각이 든다. 온전히 그 당시의 나는 환경에 지배되었으며, 환경을 극복하지 못했던 것 같다. 어린 시절에는 부모님을 따라 습관처럼 교회 예배를 드렸지만, 점점 커가면서 주변 환경을 탓하며 시간이 없다며 온전한 예배를 드리지 않았던 것 같다. 또한 회사를 다니면서도 청년부 예배는 다니지 않고 주일 11시 대예배만 드리고 집에 와서 쉬곤 하였다. 내일 출근해야하기 때문에 라는 생각으로 온전히 주말에는 쉬고 싶었고 대예배만 드리면 된다고 생각을 했다. 대예배만 드리고, 빠지지 않으면 나는 교회를 열심히 다니고 있는 거라고 생각했다. 청년부 예배를 드리면 현재의 소그룹 예배처럼 셀 모임을 하는데, 온전히 주말에 나의 시간을 갖고 쉬지 못하고 참여해야 한다는 생각으로 대예배만 드렸던 것 같다. 하나님을 생각하고 말씀대로 생각해야 함을 잘 알지만 습관처럼 주말에는 대예배만 드리다 보니 쉽게 행동으로 옮겨지지 않았다. 힘드니까 대예배만 드리고 와야지, 대예배를 드렸으면 나는 온전히 주일 예배를 드린거야 라는 생각으로 지금까지 살아 왔던 것 같다. 회사를 다니면서 주말에 행사나 일이 있을 경우 예배가 우선이 되어야 하는 것도 잘 알지만 환경을 탓하며 회사에 나가기도 했다. 내가 처한 모든 상황들을 합리화 시키며, 환경에 지배 되었고 ~ 때문에 라는 여러 가지 핑계를 대고 신앙생활을 해왔었던 것 같다. 『훈련』을 읽으며 지금까지의 나의 믿음의 깊이, 정도 등을 알게 되어 좌절도 되지만 말씀과 기도를 통하여 기초적인 신앙이 훈련 되어 하나님께 더욱 더 가까워지길 소망한다.

'담대함'에 대한 적용 나에게 가장 부족한 점은 담대함에 대한 것이다. 어릴 적부터 겁도 많고, 소심하고, 소극적이며 내성적인 성격인지라 자존감 또한 낮았다. 항상 남들 앞에서 당당하지 못하고 주눅 들기 바빴고, 낯도 가려 남들 앞에서 이야기도 잘 하지 못하는 성격이기도 하다. 또한 어디서나 당당하지 못하고 걱정거리도 많고 모험을 두려워하는 성격이기도 하다. 자그마한 변화조차 싫어하고 힘든 상황이 오면 매번 좌절하기에 바빴다. 지금까지 생활하면서 무언가 가슴이 답답하고, 불안 속에서 살아가기도 했다. 늘 걱정 속에서 어떤 힘든 일이 닥치면 모든 것을 내가 해결하려 했고, 나만의 방식으로 풀어가려고 했다. 나와 하나님과의 관계에 대해서는 생각하지 않고 스스로 내 삶의 주인이 되어 살아갔고, 왠지 모를 불안감 답답함 등 내안에서 답을 찾으려 했고, 혼자 해결하려 애쓰기도 했다. 어떠한 상황이 닥치면 일단 나 자신이 해결책을 찾으려 했고, 하나님께는 답을 매번 구하지 못했던 것 같다. 나는 왜 늘 불안할까, 나는 왜 항상 힘이 들까, 나는 왜 항상 무기력할까 하는 생각을 하고 답을 찾지는 못해 답답하고 괴롭기도 했다. 항상 자존감이 낮은 나지만, 훈련이라는 책을 읽고 담대함의 근원은 하나님이고, 나와 하나님과의 관계 회복부터 되어야 담대함 또한 오는 것이라는 점을 깨닫게 되었다. 스스로에게서 담대함이 오는 것이 아닌 하나님과의 교제에서 담대함이 오는 것이라는 것도 알게 되었다. 하나님 없이는 담대할 수 없으며, 하나님의 자녀는 어떠한 상황도 두려워하지 않는 이유는 스스로의 믿음이 아닌 하나님께서 이기실 힘을 주실 것이라는 믿음이 있기 때문이라는 것을 깨닫게 되었다. 하나님께서는 늘 무기력하게 쓰러지고 좌절하는 나를 너무 잘 알고 계시기 때문에 하나님과의 교제를 통하여 하나님께서 주시는 담대함으로 나에게 일어나는 모든 상황에 감사하며, 하나님의 믿음 안에서 담대한 마음으로 살아가고 싶다.

3. 제자훈련 세 번째 레포트 『나의 미래 계획서』

30대 자매 『비전, 위대한 인생의 시작』 요약 및 나의 미래 계획서

비전, 위대한 인생의 시작

비전이란, 하나님께서 우리를 창조하실때 가지고 계신 목적에 따라 설계된 우리의 인생 계획을 말한다. 즉, 비전은 우리의 생각으로 만드는 것이 아니라, 우리를 향해 갖고 계신 하나님의 계획을 발견하는 것이다. 성경에 나오는 많은 인물들 중, 비전을 발견하여 성취한 사람들에게는 위대한 삶이 주어졌다. 대표적인 인물로 믿음의 조상 아브라함, 애굽의 총리가 된 요셉, 신실한 하나님의 종 바울, 그리고 하나님의 비전을 받아 흔들리지 않는 믿음으로 순종의 삶을 살아간 여호수아를 들 수 있다. 하나님께서 그들에게만 특별한 계획을 가지고 계셨기 때문에 그들이 위대한 삶을 살아가게 된 것이 아니다. 그들은 하나님을 믿으며, 하나님의 계획을 찾아 자신의 비전으로 받아들였으며 그것을 성취하기 위해 믿음으로 순종했기 때문이었다.

하나님은 모든 사람에 대한 특별한 계획을 갖고 계신다. 그리고 복음을 통해 하나님을 믿게된 우리는 비전을 발견하고 성취하며 살아가는 축복을 누릴 수 있게 되었다. 우리는 비전을 소망해야 하며 비전을 발견하게 해달라고 간절히 기도할때, 하나님께서 우리의 믿음을 보시고 비전을 주실 것이다.

 비전은 하나님께 기도하면서 주님이 주신 작고 구체적인 목표들을 순종하며 이루어 가는 과정 속에서 점점 구체화되어 간다. 비전을 발견하였다면 그것에 대한 확신을 가져야 한다. 그 확신이 없다면 환경에 좌지우지하면서 중도에 포기하게 된다. 우리가 비전에 대한 확신을 가지기 위해서는 하나님과 교제하는 시간을 많이 확보하는 것이 중요하다. 날마다 말씀을 묵상하고 기도하지 않으면 언제든 우리는 방황하고 확신을 잃어버리기 쉽다. 또한 비전은 하나님의 말씀을 원칙 삼아 추구할 때 성취될 수 있다. 왜냐하면 하나님의 말씀 없이는 자신의 생각과 상황에 이끌려 잘못된 길로 가게 되기 때문이다.

자신만의 비전을 발견하라

 우리는 비전이 인생의 어느 한 순간에 갑자기 주어지는 것이 아니라는 사실을 알아야 한다. 성경에서 비전을 이룬 인물들의 경우를 보면, 그들에게 구체적인 비전이 주어진 것은 인생 전체에 걸쳐서 서서히 이루어진 경우가 많다. 중요한 것은, 그들은 하나님을 알게 된 후에 하나님과 꾸준히 교제하며 하나님의 인도하심을 따라 어떠한 상황에도 순종하는 삶을 살았다는 것이다.

 하나님께서는 우리에게 주신 재능을 사용하여 그분의 계획을 이루어 가신다. 따라서 우리가 평생에 걸쳐 자신의 재능을 발견하고 개발하는 일에 최선을 다한다면 하나님께서 비전을 구체화시켜 주실 것이다. 하나님의 인도하심에 순종하기 위해 말씀 묵상과 기도하는 일에 힘써야 한다. 또한 하나님께서는 우리가 각자의 나라와 민족, 그리고 시대적 상황 속에서 서로 다른 시대적 요청을 받게 하신다. 이 시대적 요청이 우리의 비전을 결정하는 중요한 요소가 된다.

비전을 확장하라

그리스도인의 가장 큰 축복은 하나님께서 우리 인생에 계획하신 비전을 발견하는 일이다. 왜냐하면 비전을 통해 우리의 인생은 의미와 가치를 갖게 되기 때문이다. 비전은 쉽게 성취되지 않지만 하나님의 약속을 믿고 하나님을 따라가는 자에게는 반드시 이루어 진다. 비전을 성취하는 과정에서 우선적으로 비전을 확장해야 한다. 그러기 위해 먼저 비전에 대한 스스로의 결단이 필요하다. 그 결단을 행동으로 옮기기 위해선 비전을 이루는 과정에서 겪을 수 있는 수고와 헌신을 두려워하지 말아야 한다. 지금의 인생이 살만하다고 시간을 지체하지 말아야 한다. 즉각적으로 결단의 행동을 실천해야 한다.

하나님께서 주신 비전을 우리가 속한 공동체에 전달하여 비전을 확장하는 것은 비전 성취에 있어 중요하다. 하나님의 비전은 나와 이웃, 그리고 세상 모두를 유익하게 하는 일이므로 많은 사람들의 도움과 협력을 필요로 한다. 위대한 비전은 함께 이루어내는 것이다. 또한, 비전을 이루기 위한 구체적인 계획을 세워 작은 일부터 실천해야 한다.

용감하게 결단하라

우리는 성경의 라합이라는 인물을 통해 하나님이 주신 비전이야 말로 인생역전을 가능하게 하는 것임을 배울 수 있다. 비전 성취를 위해서 라합과 같이 하나님에 대한 온전한 신뢰를 바탕으로 새로운 삶에 대해 간절히 소망하고, 변화를 두려워하지 않는 용기와 기회가 찾아 왔을 때 모든 삶을 걸 수 있는 결단력이 필요하다.

하나님을 신뢰하고 모험을 감행하라

여호수아는 가나안이라는 비전의 땅으로 들어갈 준비를 마치고 백성들을 이끌고 요단강을 건너는 모험을 감행해야 했다. 이를 위해, 그는 세가지 명령을 받았는데, 첫째로 언약궤를 따르라는 명령이다. 언약궤를 좇는다는 것은 삶의 모든 영역에서 하나님의 주권을 인정하고 하나님의 인도하심에 따라 살아가는 말이다. 타락한 인간은 결코 스스로 옳은 길로 인도할 수 없기 때문에 우리는 항상 하나님께 순종하면서 가야할 길을 결정해야 한다. 즉, 우선적으로 우리 삶속에서 하나님의 뜻에 반하여 행하고 있는 일들을 제거해 나가는 것이다.

둘째로, 이스라엘 백성은 가나안 땅 정복을 위한 전쟁을 앞두고 성결할 것을 요구받았다. 하나님을 믿는 우리 삶 속에서 그분의 능력이 나타나기 위해선 거짓과 탐욕이 없는 깨끗한 삶이 되어야 한다. 즉, 세상 속에서 하나님의 백성으로의 정체성을 지켜내는 것이다.

마지막으로, 그들은 요단에 들어서라는 명령을 받았다. 강물이 언덕까지 넘치는 시기에 강에 들어선다는 의미는 하나님의 뜻과 영광을 위해 불가능해 보이는 일도 행할 수 있는 믿음이 있다는 것이다. 이스라엘 백성들이 이 명령에 순종할 때 하나님께서는 큰 일을 행하셨고 요단강에 길을 내셨다. 안정을 좇는 삶은 비전을 이룰 수 없다. 불확실한 현실 앞에서도 하나님의 뜻이라면 이루어진다는 믿음을 가질때 우리 마음에 인간적인 염려와 두려움이 아닌, 미래를 향한 열정이 넘쳐나게 된다.

현대 사회를 살아가는 우리는 모험을 하지 못하도록 안정을 강요당한다. 입으로는 하나님을 믿는다고 하지만 물질을 믿고 있고, 자신의 삶에서 아무것도 잃지 않기위해 최소한의 종교생활만을 하고 있다. 이것이 현대 사회에서 비전을 이루는 위대한 삶을 찾아보기 힘든 이유이다. 위의 세가지 명령을 따라 하나님나라를 위해 믿음의 모험을 감행해야 한다.

하나님의 능력을 기억하라

비전을 위해 믿음의 길을 가는 우리는 하나님의 능력이 나타났던 과거를 기억해야 한다. 이스라엘 백성들은 요단강을 건넌 후에 하나님의 명령에 따라 열두 개의 돌을 세운다. 그것은 그들에게 하나님의 능력을 힘입어 살아가는 백성이라는 정체성을 심어준다. 우리 삶 속에서 놀라운 일을 이루시던 하나님을 기억한다면 능히 모든 역경을 이겨낼 수 있는 힘을 얻고 승리할 수 있게 된다.

올바른 방법을 고수하라

하나님께서는 이스라엘 백성들이 가나안 땅을 정복하기에 매우 적절한 시기가 되었다고 생각할 때, 전쟁을 치르기 직전 할례를 명하셨다. 즉, 하나님께서는 가나안 땅 정복이라는 그들의 비전을 성취하기 전에 할례를 통해 하나님의 백성으로서의 정체성을 분명하게 확인하셨던 것이다. 비전의 성취보다 중요한 것은 우리의 정체성을 잃지 않고 늘 하나님의 영광을 위해 선하고 올바른 방법을 추구하는 것이다. 하나님의 비전을 품고 살아가면서 우리는 끊임없이 마음에 할례를 행하여 하나님의 백성임을 가슴에 새겨야 한다. 그리할 때 비전을 이루는 목표에 집착하는 삶이 아닌, 비전을 이루는 과정에서 하나님의 방법대로 행동하는 삶을 살 수 있다.

변화되어 성숙하라

비전을 이루기 위해서 우리는 이기적인 욕망을 떨쳐내고 세상의 유혹에 흔들리지 않는 경건하고 성숙한 신앙인으로 성장해가야 한다. 미성숙한 삶을 버리고 새롭게 되기 위해 여호수아와 이스라엘 백성들의 세가지 변화를 기억할 필요가 있다. 첫째로, 이스라엘 백성이 비전의 땅을 정복하기 전에 길갈에 정착하여 제일 먼저 유월절을 지킴으로서 자신들이 하나님의 구원 받은 백성임을 기억하고 확신하였다. 우리가 예배에 실패하고 하나님을 기억하지 못한다면 과거 이스라엘 백성이 광야에서 유월절을 지키지 않았기에 삶의 방향을 잃고 흐트러졌던 것처럼, 우리도 방황하는 삶이 되고 만다.

둘째로, 그들은 비전의 땅으로 들어가기 전, 유월절의 규례대로 무교병과 볶은 곡식을 먹었다. 즉, 성경에서 죄에 비유되는 누룩이 없는 빵을 먹으면서 과거의 죄악된 삶을 회개하며 경건한 삶을 하나님 앞에 다짐했던 것이다. 우리는 삶속에 작은 죄악의 누룩이라도 제거해야 하나님의 비전을 이루는 삶을 살 수 있다.

이스라엘 백성들이 비전의 땅으로 들어가기 전 나타난 마지막 변화는 만나를 먹는 대신 새로운 땅의 음식을 먹은 것이다. 하나님께서는 이스라엘 백성들이 만나에 의지하는 광야생활을 끝내고 비전의 땅에서 하나님의 영광을 위해 살아가기 원하셨던 것이다. 우리는 하나님과 이웃을 사랑하며 섬기는 성숙한 삶을 실천해야 한다. 이것이 비전을 성취하는 삶의 시작이다.

삶의 현장을 거룩하게 하라

하나님께서 우리로 하여금 힘겨운 현실 속에서 살아가게 하신 이유는 우리의 삶의 현장을 거룩하게 하시기 위해 우리를 세상에 보내셨기 때문이다. 우리가 마주한 삶의 현장이 바로 비전을 이루는 곳이다. 하나님께서 우리에게 새로운 인생의 비전을 주신 목적은 우리가 삶의 현장에서 일어나는 치열한 영적 싸움에 승리하며 그 곳을 거룩한 땅으로 바꾸어 가기 위함이다. '네가 선 곳은 거룩하니라'의 말씀에 따라 우리의 발걸음이 닿는 모든 곳을 거룩하게 변화시키는 승리의 삶을 소망해야 한다.

무조건 순종하라

하나님께서 주신 비전은 하나님께서 이루어가신다. 만약 우리의 비전이 하나님께서 주신 것이고 그분의 영광을 위한 것이라면 세상과의 싸움에서 승리를 확신해야 한다. 성령께서 늘 우리와 동행하시고 도와주신다는 것을 믿어야 한다. 우리가 비전을 이루어 가는 과정에서 하나님 말씀보다는 우리의 생각과 상식으로 행동해야 될 것 같은 순간들이 많이 찾아오지만 우리가 승리할 수 있는 비결은 나의 생각을 꺾고 하나님 말씀에 무조건 순종하는 데 있다.

감추어진 탐심을 제거하라

탐심이란 바로 자기 자신을 섬기는 것이다. 탐심은 인간이 하나님의 은총을 누리지 못하게 되는 근본적인 원인이다. 우리는 비전을 이루기 위해 마음 깊이 감추어진 탐심의 뿌리를 제거해야 한다. 그러기 위해 우리는 늘 말씀을 통해 나를 돌아보고 기도를 통해 하나님의 뜻을 구해야 한다. 탐심을 버리지 않는다면 하나님께서는 우리를 위해 일하시지 않을 것이며, 따라서 우리는 세상과 맞서 승리하는 삶을 살수 없을 것이다.

끝까지 비전을 완수하라

우리는 죽는 순간까지 하나님께서 주신 비전을 이루기 위한 헌신을 멈추지 말아야 한다. 물질만능주의적인 생활태도, 타락한 성문화, 그리고 다원주의 사상으로 젖은 우리의 삶의 방식을 청산해야 한다. 우리에게는 정복하지 못한 땅이 많이 남아 있다. 남아 있는 땅을 정복하는 것은 우리의 사명이다. 또한 그들의 삶의 방식을 본받지 말아야 한다.

하나님만을 사랑하라

하나님을 사랑하는 것은 말씀과 기도로 하나님과 계속 교제하고 그 분이 원하시는 것들을 삶 속에서 이루어 가라는 뜻이다. 사랑은 계속적인 것이고, 삶의 드러나는 구체적인 것이어야 한다. 세상의 문화를 경계하고 하나님이 원하시는 인생을 살아가면서 우리의 삶의 방식으로 세상 문화를 변화시켜야 한다. 하나님과의 친밀한 교제는 모든 인생의 해결책임을 믿고 진리의 기준에 선다면 비전을 이루는 삶을 살게 될 것이다. 앞으로 어떤 삶을 살아갈 것인가?

시간을 10년 전으로 거슬러 올라가본다. 당시 다니고 있던 증권회사에서 대리를 달고 자기계발에 몰두하던 시절, 나는 늘 목표지향적인 삶을 살고 있었다. 중고등학생 때 수학을 좋아했고, 대학에서 경제학을 전공했다는 이유로 스스로 금융인이 되는 것이 내가 가야 할 길이라고 생각했다. 나는 목표했던대로 자본시장의 꽃이라 불리우는 증권업계에 몸을 담게 되었고, 연말이 되면 새해를 계획하면서 각종 금융 자격증 취득과 해외 MBA 유학 등 매년 새로운 목표를 세우고 한 해 동안 그 깃발을 향해 매진했다.

그 목표들은 내 삶의 원동력이었다. 퇴근하고 집에 돌아오면 저녁을 대충 떼우고 곧장 도서관으로 향했다. 책상 앞에 앉으면 습관처럼 제일 먼저 큐티진을 펼치고 잠시 말씀 묵상과 기도를 했다. 그리고 도서관 문이 닫는 시간까지 줄기차게 앉아서 그날의 해야 할 일들을 했다. 부모님께서는 고등학생때도 그렇게 하지 않았던 공부를 직장인이 되어서 주말 주중 할 것 없이 전력질주하는 나를 종종 의아한 눈빛으로 바라보시곤 하셨다. 2008년 글로벌 금융위기로 전 세계 금융시장이 요동을 치면서 내 직장 환경은 거칠고 험난하게 변해갔지만, 외부의 그 어떤 소음에도 나는 개의치 않았다. 내 안에는 이루고자 하는 목표가 있었기 때문이다.

나의 꿈은 단순하고 막연했다. 금융인으로서 내 적성에 보다 잘 맞는 필드와 포지션을 찾아, 그 안에서 최고의 자리까지 올라가는 것이었다. 그리고 궁극적으로 하나님이 내게 주신 많은 것들을-지식이든, 재물이든, 경험이든, 그 어떤 것이라도- 이웃의 유익을 위해 사용하며 사는 것이 내가 살아가는 이유이며 이루고자하는 꿈이었다. 나는 그 꿈이 하나님께서 주신 것이라 생각하였고, 어떤 거창한 꿈을 이루어 낼 때 비로소 하나님께 영광 돌리는 삶을 살아가는 것으로 여겼다. 지금 돌이켜 생각해보면, 거창한 목표 뒤에 숨겨진 탐심을 제거하지 못한 채, 좁은 나의 생각과 계획 안에 하나님의 뜻을 가두어 놓았던 것 같다. 하나님을 사랑하는 일은 말과 사색 속에만 존재하였고, 행실로서 이웃 사랑을 실천하는 일은 먼 훗날의 일로 미루며 교묘하게 현재 내 삶의 편안함과 세상으로부터의 인정을 추구하였던 것이다. 나는 낮아진 마음으로 하나님나라를 위하여 달려가는 것이 아니라, 단지 어떤 목표를 위해 열심히 살아가는 내 모습에 도취되어 있었다.

내 인생 계획 안에는 오로지 나만이 자리하고 있었음을 고백하지 않을 수 없다. 하지만, 하나님께서 지금의 남편과의 결혼을 통해 내 삶의 주도권은 내가 아닌 하나님께 있음을 일깨워주셨다. 내가 뛰고 싶을 때 하나님께서는 멈추게 하셨고, 때로는 내 손을 잡고 한가로이 거닐고 계신 듯 했다. 결혼 후, 다니던 직장을 그만두고 미국으로 이주하여 남편도 나도 일터로부터 한걸음 뒤로 물러나 약 일 년간을 쉬었다. 우리는 쉼 가운데 하나님께 더 가까이 나아가는 시간을 보낼 수 있었지만, 불확실함 속에서 흔들림 없이 하나님만을 의지하는 일은 훈련이 되지 않았기에 쉽지 않았다. 목표가 사라졌다는 생각이 들때마다 내면의 질서는 무너졌다. 방향을 잃고 방황하던 중, 하나님께서는 과거의 내 인생 계획과는 무관하게 미국 자동차금융회사의 경영전략팀으로 나를 인도해주셨다. 새로운 문화와 업무, 그리고 언어 장벽의 문제로 하루하루 허덕였지만, 감사하게도 훌륭한 팀원들과 남편의 도움으로 그 조직 안에서 크고 작은 성취감을 맛보며 한동안 즐거운 회사 생활을 누릴 수 있었다.

  업무가 무르익을 무렵, 남편이 한국에서 직장을 얻게 되었다. 여러고민 끝에 내가 다니던 직장을 포기하고 남편을 좇아 다시 한국으로 돌아갔다. 그리고선 내 인생의 침체기를 처음 경험하게 되었다. 나의 계획을 벗어났던 문제는 직장 뿐만 아니라, 아이를 갖는 일이었다. 온갖 수단을 통해 노력했지만, 결혼 후 5년간 아이가 생기지 않았다. 일을 하고 싶었지만, 아이를 갖고 싶은 마음 또한 간절했다. 하지만, 직장을 다시 구하는 것도, 아이를 갖는 것도 내 마음대로 되질 않았다. 거의 확실시 되었던 취업도 막판에 엎어지고, 몇 달간 매달려서 준비했던 자격증 시험도 아쉬운 점수로 떨어지고, 시험관 시술을 시도했지만 실패했다. 하는 것마다 안되는 시간이 지속되다보니 내 안에 패배감이 자리 잡기 시작했다. 끝이 보이지 않는 깜깜한 터널 속을 나 혼자 걷고 있는 기분이었다. 외로웠다. 내 자신이 그 어떤 "행위"도 하지 못하고 있음에 불안했다. 내 자존감은 바닥을 향해 추락하고 있었다.

  나는 그 때부터 모든 걸 내려놓고 나의 소명에 대하여, 하나님이 날 이 땅에 부르신 이유를 알게 해달라고 정말 간절한 마음으로 기도하기 시작했다. 내 좁은 머리로 그리는 계획이 아닌, 하나님께서 내 삶을 향해 갖고 계신 그 분의 계획을 알기를 원했다. 그리고 기도하는 가운데, 지난 인생동안 미처 알지 못했던 작은 재능을 보게 해주셨다. 그저 내 관심사항으로만 있었던 분야, 인테리어 디자인쪽으로 생각의 범위를 넓혀주셨고, 늦은 나이에 커리어 체인지를 위해선 디자인 스쿨 대학원 진학이 필요하다고 생각했다. 당시 학교 지원 준비를 할 수 있는 기간이 매우 짧았고 대부분의 사람들이 불가능할 것이라 이야기 했기에 스스로 반신반의 했지만, 3개월 동안 밤낮으로 준비한 결과, 원하는 학교에 합격하게 되었다. 게다가, 합격 통보를 기다리는동안 쌍둥이 임신을 하게 되는 축복까지 더해 주셨다.

지금 내 옆엔 이제 막 15개월이 된 두 딸들이 아장아장 발걸음을 떼고 있다. 2년 전, 출산 예정일과 학교 입학 시기가 겹치게 되어 학교로부터2019년 가을까지 입학 유예 허락을 받아놓고, 현재 나는 육아에 전념 중이다. 다시 말해, 지금의 나는 10년 전 내 다이어리에 적힌 '나'의 계획과는 전혀 다른 현장에서 살아가고 있다. 그러나 정말 중요한 변화는, 이제는 더 이상 내 자신을 위한 목표지향적인 삶이 아닌, 하나님 말씀에 순종하는 삶을 살기로 결단했다는 것이다. 『비전, 위대한 인생의 시작』이라는 책을 읽고 나니, 지금 내가 서 있는 곳에서 해야 할 일들이 명확해졌다. 그리고 내 인생의 비전을 발견하려면 간절히 기도하는 것만이 전부가 아니라는 것을 알게 되었다. 내 안에 감추어진 탐심을 모두 내려놓고 싶다. 하나님 앞에 깨끗하고 순전한 마음이 되기를 원한다. 그러기 위해선, 성령님의 도우심을 끊임없이 구하면서 날마다 하나님 말씀 안에 거하고, 기도와 예배를 통해 주님과 늘 가까운 거리를 유지해야 한다. 믿음을 가지고 그 분의 말씀에 순종하는 삶을 살아야 한다. 내가 서 있는 삶의 현장에서 현실에 타협하지 않고, 영적 싸움에서 승리해야 한다. 자꾸만 편한 쪽으로 기우려고 하는 생각의 습관을 바로 잡아야 한다. 주님께서 주신 재능을 개발하는데 평생 힘써야 한다.

인테리어 디자인 분야에서 어떤 역할을 하는 것이 하나님께서 주신 나의 비전인지는 더 많은 시간을 두고 주님의 인도하심을 구해야 할 문제인것 같다. 하지만 분명한 것은, 나의 만족과 내 욕심을 채우기 위한 꿈을 하나님나라를 위한 것으로 포장하지 않고, 하나님이 주신 은사를 통해 내가 속한 사회와 시대 안에서 무너진 영역을 회복시키고 이웃을 진정으로 섬길 수 있는 길로 나아가기를 소망한다는 것이다. 또한, 이제는 내 개인의 비전만이 아닌, 우리 가정을 향해 갖고 계신 하나님의 계획을 발견하고 사랑하는 남편과 두 아이들과 그것을 함께 성취해가는 건강하고 아름다운 공동체적 삶을 꿈꾸게 되었다. 내 불확실한 미래가 더 이상 두렵지 않다. 주님과 친밀한 관계 속에서, 하나님나라를 이루어 가는 일에 쓰임 받고자 하는 마음을 잃지 않고 오늘 내게 주어진 하루를 낭비함 없이 최선을 다해 충실히 살아가다보면, 하나님의 타이밍에 그 분께서 계획하신 그 길로 내 발걸음을 인도해주실 것을 확신하기 때문이다.

03 테스트 문제 샘플

1) 중간시험 (워크북 1권 1과~2권 4과)

1. 하나님의 통치를 벗어난 인간의 세 가지 본질적 문제는 무엇이며, 그 문제들은 이 세상을 어떻게 만들었는가?
2. 기독교 세계관이란 무엇이며, 그것이 중요한 이유는 무엇인가?
3. 진리는 어떤 방식으로 주어지는가?
4. 기독교 세계관의 특징은 무엇이며, 우리에게 무엇을 요청하는가?
5. 영혼을 가진 인간의 세 가지 특징들은 무엇인가? 이 세 가지 특징들은 인간의 특성을 올바르게 설명한다고 생각하는지 자신의 의견을 제시하라.
6. 세상 역사에 대한 기독교적 설명에 대해 간략히 약술하시오.
7. 언약의 세 가지 개념에 기초하여 그리스도인이 된다는 것의 의미를 설명하시오.
8. 기독교 신앙의 메커니즘과 잘못된 메커니즘에 대해 비교해서 설명하시오.
9. 세상과 기독교인의 관계를 네 가지로 설명하시오.
10. 세상의 여섯 영역, 사업, 정치, 스포츠, 예술, 교육, 학문은 어떻게 왜곡되어 있는가? 기독교 신앙은 이 여섯 영역을 어떻게 회복하는가?

2) 마지막시험 (2권 5과~3권 7과, 이단)

1. 예수께서 가르치신 기도를 네 가지로 정리하고, 샤머니즘적 기도와 비교하라. 그리고 자신의 기도생활에 대한 결단을 쓰시오.
2. 그리스도인이 증거해야 할 복음의 내용을 두 가지로 약술하라. 그리고 이웃들을 교

회로 인도해야 하는 이유 5가지를 제시하라.
3. 현대 사회의 성경에 대한 의심들은 왜 생겨나며 그 근거는 무엇인지 적고 평가하라. 성경이 하나님의 말씀임을 증거하는 내적, 외적 증거들을 무엇인가?
4. 창조에 대한 믿음의 중요성을 간단히 제시하고, 타락의 본질과 결과에 대해 약술하라.
5. 우리 신앙에 있어서 이스라엘의 역사로서의 구약이 중요한 이유는 무엇인가? 구약의 결론으로 제시된 복음은 어떤 내용인가?
6. 예수는 어떻게 구약에 약속된 복음을 성취하셨는가? 예수의 죽음과 부활은 우리에게 어떻게 구원을 주는지 설명하시오.
7. 예수께서 성취하신 하나님나라와 관련하여 교회는 무엇이라 정의할 수 있는가? 교회 공동체의 지체인 우리가 영적으로 성장하기 위해서 필요한 네 가지는 무엇인가?
8. 성령은 어떤 분이시며, 어떻게 우리의 구원을 이루시는가? 당신이 성령의 인도하심을 따라 살아가면서 하나님나라를 누리기 위해 필요한 결단은 무엇인가?
9. 이 세상의 역사는 어떻게 끝이 나는가? 주님의 재림을 통한 하나님나라의 완성을 기다리는 성도들이 종말을 살아가는 삶의 자세를 3가지로 정리하고, 자신의 삶을 평가해 보라.
10. 성경에 나타나는 이단에 대한 용어들은 어떤 것들이 있는지 정리하고, 자신이 발표한 이단에 대해 간단히 적어 보자.

04 양육 PPT자료 다운로드

하나님나라 제자훈련을 진행하는 양육 인도자와 하나님나라 복음 공동체를 세워 가려는 분들에게 도움을 드리고자 양육 PPT자료를 제공하고 있다. 킹덤처치연구소 홈페이지에 접속하거나, 앱을 설치하여 접속 해 다운로드 받을 수 있다.

1) 양육 PPT 다운로드(홈페이지 접속 또는 앱 설치)
 - 킹덤처치연구소 홈페이지(www.kcinst.org)에 접속 ➡ 회원가입 및 로그인 ➡ 안내 ➡ 킹덤자료실 ➡ 양육자료(제자훈련, 15주성경관통, 12주성경통독) 자유롭게 다운로드
 - 안드로이드 : 구글플레이스토어 ➡ 킹덤처치연구소 검색 ➡ 설치 및 회원가입 후 다운로드
 - 애플 : 앱스토어 ➡ 킹덤처치연구소 검색 ➡ 설치 및 회원가입 후 다운로드

2) PPT자료 활용법
 PPT자료는 워크북에 있는 말씀과 도표 중심으로 되어 있으며, 제자훈련 각 과를 진행하면서 중간 중간 시각적으로 내용을 정리하는 데 도움을 줄 것이다.

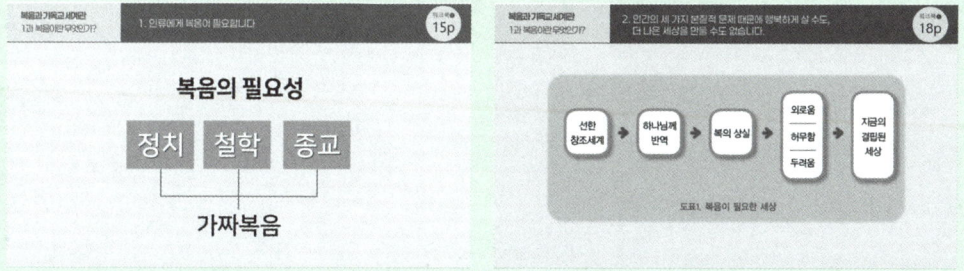

『하나님나라 제자훈련』은 하나님 나라 관점으로 건강한 교회를 세우는 킹덤처치운동의 한 부분이다. 하나님 나라를 구현하는 킹덤처치운동을 주도적으로 감당하는 사역기관이 킹덤처치연구소(대표 이종필목사)이다. 킹덤처치연구소는 하나님 나라 관점의 총체적 복음으로 목회자와 교회가 건강하게 세워지도록 돕고, 세상 속에서 하나님 나라가 구현되어 확장되기를 꿈꾼다. 하나님나라 신학을 기반으로 하는 건강한 교회를 세우고, 목회자의 성장을 돕는 다양한 컨텐츠를 제공하는 킹덤처치연구소의 세미나와 강의는 100% 온라인 접속으로 공부할 수 있다. (문의 : 송민정간사 010-8794-1417)

하나님나라를 구현하는 건강한 교회를 세워가는

킹덤처치세미나

100% 온라인강의! 앱평생회원권!

과 정	1) 등록과 동시에 강의듣기 (8과목 / 118강의 / 기간제한 없음) 2) 줌 대면 멘토링
과 목	킹덤처치 이론과실제	하나님나라 신학원리	하나님나라 성경관통 하나님나라 제자훈련	킹덤처치 목회특강	양육과정 강의실황 (3과목)
등 록	22만원 (미자립교회 15만원) 강의안, 인터넷강의 수강권 제공 / 도서구매 별도 국민 079801-04-145283 킹덤처치연구소
문 의	송민정간사 010 8794 1417

강사_이종필 목사
세상의빛교회담임
킹덤처치연구소 대표
칼빈대학교 교수
저서 [킹덤처치]외 다수

킹덤처치 이론과실제 [9개 강의]	떠오르는 질문을 위한 신학	시대에 대해 고민하며 대안을 제시하는 복음사역	킹덤처치 신학 킹덤처치 교회론	킹덤처치 사역들	순수복음비판	하나님나라 복음 설교법	천국게임이론...외
하나님나라 신학원리 [13개 강의]	하나님나라신학 서론	하나님나라에 대한 신학적 개괄	구약과 신약 잇기	복음의 기원에 대한 정리 사도들의 복음 전파방식	이 시대에 하나님나라 복음 전하기	메시야를 통한 죄사함의 구원을 예고하는...외
하나님나라 성경관통 [20개 강의]	하나님나라로 성경관통 1-2	하나님나라로 구약관통	하나님나라로 신약관통	모세오경 1-2 역사서 1-3	시가서	선지서	신약의 역사지리적 배경	신약, 하나님나라의 성취와 완성	복음서 1-4 ... 외
하나님나라 제자훈련 [21개 강의]	왜 제자훈련을 해야하는가?	복음이란 무엇인가?	기독교세계관의 유일성	기독교세계관의 특징 기독교세계관의 기본 내용 1-2	그리스도인이 된다는 것의 의미	신앙과 삶의 일치	세상 속의 그리스도인 ... 외
킹덤처치 목회특강 [8개 강의]	킹덤처치 개혁 및 전통교회 혁신 전략 1-2	중소형교회 목회 리더십 빌드업 1-2 민주화세대 MZ세대 복음사역법 1-2	중소형교회 목회자의 자기관리와 설교준비 1-2
킹덤양육 강의실황	하나님나라 제자훈련 강의실황	12주 성경통독 강의실황	15주 성경관통 강의실황

[킹덤처치연구소] 홈페이지

킹덤 인문학 세미나

100% 온라인강의!
앱 평생회원권!

과정
1. 홈페이지 또는 App 접속 온라인강의 수강
   과목: 서양인문학개관, 작품소개및적용 (총116강의)
2. 줌 대면 멘토링

내용
1. 복음사역을 위한 서양인문학 개관
2. 서양고전 작품 해설 및 묵상
3. 양육과 설교에 인문학 적용

등록
20만원 (미자립교회 30% 할인) 도서구매 별도
국민 079801-04-145283 킹덤처치연구소
PDF강의안 (700p분량), 평생온라인수강권 제공

문의 송민정간사 010-8794-1417
TALK ID : kciinst

서양인문학 개관 및 설교 [12개 강의]	인문학, 특히 서양인문학! | 인문학의 시작은 신화 | 서양인문학 흐름의 개요 서양인문학의 뿌리, 그리스로마신화의 특징 | 흥미로운 이야기들 | 신화 속에서 나온 수많은 용어들 성경 속의 세계관 충돌 | 인문학 어떻게 활용할 것인가 | 복음사역의 놀라운 무기, 인문학 | 서양고전과 설교 1-2
서양고전의 시작 [8작품 / 24개 강의]	일리아스 | 오딧세이아 | 그리스로마신화 | 변신이야기 | 소포클레스 비극 | 아이네이스 | 신곡 | 데카메론
고전중의 고전 [7작품 / 31개 강의]	돈키호테 | 셰익스피어 4대 비극 | 파우스트 | 레미제라블 | 죄와 벌 | 카라마조프 형제들 | 부활
여성 고전 [6작품 / 22개 강의]	안나 카레니나 | 오만과 편견 | 제인에어 | 여자의 일생 | 보바리 부인 | 주홍글씨
필독 고전 [8작품 / 29개 강의]	데미안 | 어린왕자 | 걸리버여행기 | 폭풍의 언덕 | 변신 | 인간의 굴레 | 분노의 포도 | 위대한 유산
추가 작품 [작품은 계속 추가됩니다]	바람과 함께 사라지다 | 라일라

App Store | Google Play | [킹덤처치연구소] 홈페이지

강사_이종필 목사
세상의빛교회 담임
킹덤처치연구소 대표 / 칼빈대 교수
월간 <교회성장> '목회자의인문학교실' 연재
저서 <서양고전관통> 1,2,3,4